Manfred Lütz

GOTT

Manfred Lütz

GOTT

Eine kleine Geschichte
des Größten

PATTLOCH

In diesem Buch ist aus rein pragmatischen Gründen der Lesbarkeit stets die männliche Sprachform gewählt worden, wofür ich Leserinnen um Verständnis bitte. Der Paartherapeut Jürg Willi konstruierte den Satz: »Wenn man/frau mit seiner/ihrer Partner/in zusammenleben will, so wird er/sie zu ihr/ihm in ihre/seine oder sie/er in seine/ihre Wohnung ziehen«, um deutlich zu machen, dass eine befriedigende Lösung des Sprachproblems nicht möglich ist. »Ich ziehe die einfache Sprache der zwar korrekten, aber unübersichtlicheren vor.« Diese Auffassung teile ich.

Bibliografische Information: Deutsche Nationalbibliothek
Die Deutsche Nationalbibliothek verzeichnet diese Publikation in der Deutschen Nationalbibliografie; detaillierte bibliografische Daten sind im Internet über http://dnb.d-nb.de abrufbar.

Umschlaggestaltung: ZERO Werbeagentur, München
Lektorat: Bernhard Meuser
Satz und Herstellung: Hartmut Czauderna
Druck und Bindung: Ebner & Spiegel, Ulm
Printed in Germany

ISBN 978-3-629-02158-8

www.pattloch.de

4 5 3

Inhaltsverzeichnis

»Gott – ich brauche diese Hypothese nicht mehr.«

Laplace vor Kaiser Napoleon

»Gott allein genügt.«

Teresa von Ávila

»Gott sei Dank, Gott existiert nicht.
Wenn aber, was Gott verhüten möge,
Gott doch existiert?«

RUSSISCHES SPRICHWORT

Vorwort

Alle Welt redet bedeutsam von der Wertefrage, von den Tugenden, vom Kampf der Kulturen, ja sogar von der Gottesfrage. Doch kaum jemand packt die Frage bei den Hörnern und versucht, direkt zu antworten. Es hat – zugegeben – auch etwas Größenwahnsinniges, eine Frage zu beantworten, der sich jahrtausendelang die gescheitesten und weisesten Menschen gewidmet haben, ohne zu abschließenden Ergebnissen gekommen zu sein. Nun muss ich als Psychiater nicht allzu viel Angst vor Größenwahnsinn haben. Dennoch glaubt man sich als schwacher Mensch nur nach der Lektüre von Bergen von hochgelehrten Büchern berechtigt, sich der Frage überhaupt zu nähern. Man hat Sorge, geistig aus den Latschen zu kippen, um ein bekanntes religionsgeschichtliches Motiv zu benutzen, wie Moses, der sich vor dem brennenden Dornenbusch in der Gegenwart Gottes seiner Sandalen entledigte.

Nun bin ich über fünfzig Jahre alt, habe im Laufe meines Lebens und meiner verschiedenen Studien doch eine ganze Reihe von Büchern gelesen und vor allem einige Lebenserfahrung gesammelt. Da mich die Frage nach Gott seit früher Jugend ganz besonders interessierte und ich nach und nach beide Standpunkte – den atheistischen und den gläubigen – selbst erlebte, kam mir der Gedanke, einfach auf dem Stand, auf dem ich gerade bin, ein Buch über dieses gewaltige Thema zu schreiben.

Dabei kommen mir die vielen Gespräche zugute, die ich gerade über diese Frage mit vielen gläubigen und zweifelnden, hochintellektuellen und ganz normalen, skeptischen und frommen Menschen geführt habe. Solche Gespräche gehen, wenn sie ernsthaft geführt werden, immer an die Substanz. Man kann sich da persönlich nicht raushalten, so wie etwa bei Gesprächen über die Gasvorkommen in Ostsibirien oder die eigene Briefmarkensammlung.

Ich habe mir also einfach vorgestellt, mit einem gescheiten, aber nicht überkandidelten Zeitgenossen ein Gespräch über Gott zu führen. Sicher geht es dabei nicht bloß um Theorien, sondern die Frage nach Gott ist unter uns gesagt für jeden eine Frage auf Leben und Tod. Manche Menschen, die andere Bücher gelesen haben als ich und anderen Menschen begegnet sind, würden ein ganz anderes Buch über dieses Thema schreiben. Ich kann hier nur meinen Beitrag zu dieser großen Frage leisten. Und ich lasse mich gerne von Ihnen, lieber Leser, am Schluss eines Besseren belehren.

Und dann schreibe ich ein ganz neues Buch. Bis dahin gibt es aber nur dieses Buch.

Einleitung

Wider schlampigen Atheismus und frömmelnden Glauben

Warum überfallen Sie eigentlich keine Bank – wenn Sie absolut sicher sein könnten, dass Sie niemand erwischt? Was macht Sie so sicher, dass Sie demnächst nicht mit milder Spritze entsorgt werden? Es könnte doch sein, dass die Behandlungs- und Pflegekosten Ihrer demnächst festgestellten komplizierten Krankheit der Gesellschaft beim besten Willen nicht mehr zugemutet werden könnten. Warum kippt man Leichen nicht in den Sondermüll und macht aus Friedhöfen Kinderspielplätze? Woher wissen Sie, dass Ihr Mann Ihnen gerade treu ist? Woher wissen Sie, dass das Kind Ihrer Frau auch Ihr Kind ist? Also ganz im Ernst – was spricht dafür, dass Gott existiert oder dass er nicht existiert? Denn »wenn es Gott nicht gibt, ist alles erlaubt« (Dostojewski, Die Brüder Karamasow). Oder etwa nicht?

Ein Buch über Gott, das heute ernst genommen werden will, muss sich solchen Fragen aus dem wirklichen Leben stellen, die ganz unvermeidlich jeden Mann, jede Frau und jedes Kind angehen. Denn eines ist klar: Wer wirklich an Gott glaubt, lebt anders als der, der nicht an Gott glaubt. Dennoch sind Menschen nicht immer konsequent. Atheisten verplempern kostbare Zeit für irrationale Bedenken und leben manchmal so, als gäbe es Gott vielleicht ein bisschen doch. Und Gläubige leben oft die meiste Zeit ihres Lebens so, als gäbe es Gott nicht. Wenn wir davon ausgehen, dass jeder Moment des Lebens unwiederholbar ist, dann ist beides fatal. Man verschwendet unwiederbringliche Lebenszeit für einen Gott, den es gar nicht gibt, oder ganz im Gegenteil, man verpasst sehenden Auges die große Chance seines Lebens, sich nämlich für das ewige Leben bei Gott würdig zu erweisen.

Zugegeben, Religion hat heutzutage offensichtlich mit solchen Fragen wenig zu tun. Religionsvertreter treten in der Regel dann auf, wenn keiner mehr weiterweiß, zum Beispiel nach großen Katastrophen. Und sie sagen dann freundlicherweise oft, dass sie selber auch nicht weiterwissen. Religion ist für viele: langweilige Festansprache, mal langweiliger Kindergottesdienst, mal betuliches Gutmenschentum. Religion ist nichts für Männer, kaum noch was für Frauen und wenn überhaupt etwas für Kinder. In Talkshows treten die Religionsvertreter meist als Bedenkenträger auf; sie reden unverständlich und finden jedenfalls, dass das alles nicht so einfach ist. Sie haben eine Sprache, die sie nur noch selber verstehen: Sie sind »ein Stück weit« ... »betroffen«, finden das alles »gleichsam« merkwürdig und »lassen sich ein« auf Menschen, Gebäude und ganze Völker. Kein Metzger und auch keine Konditoreifachverkäuferin würden normalerweise so reden. Dennoch geht die Frage nach der Existenz Gottes, um die es eigentlich geht, ausnahmslos alle an – oder keinen.

Ich habe mir daher vorgenommen, in diesem Buch normales Deutsch zu reden. Sollten Leser dennoch unverständliches oder unerklärtes Fachchinesisch entdecken, bitte ich um angemessene Beschimpfung des Autors. Manchen Theologen wird die Vermeidung von Unverständlichkeit unverständlich sein, haben sie doch ihre eigene Bedeutung unter anderem durch die Erfindung von unverständlichen Sätzen erworben. Sehr beliebt war bei uns im Theologiestudium der Satz »Ein Gott, den es gibt, den gibt es gar nicht«. Wow! Wer diesen Satz kannte, bewies, dass er schon im höheren Semester war, und wer den Satz zu allem Überfluss auch noch erklären konnte, bewies Examensreife. Natürlich ist der Satz richtig, denn er will besagen, dass Gott kein Gegenstand ist wie zum Beispiel Ihr rechter Schuh, lieber Leser. Ich gehe jetzt aber mal davon aus, dass Sie auch nie auf die Idee gekommen wären, mit dem lieben Gott einfach mal Abendessen zu gehen und ihn dann in den Schrank zu stellen.

Wer fragt »Gibt es Gott oder gibt es ihn nicht?« stellt eine ihm wichtige Frage und muss sich nicht sofort von den Theologen belehren lassen, wie er eigentlich fragen sollte, damit man dann die Frage auch gerne beantworten würde. Wenn man sofort anfängt, den Leuten eine strenge sprachliche Hausordnung vorzuschreiben, kommen sie sich vor wie einst in der Jugendherberge, wo man aus gutgemeinten Gründen alle möglichen Pflichten auferlegt bekam. Seitdem freut man sich, in Hotels übernachten zu können, in denen man machen kann, was man will, in denen es einen freundlichen Service gibt und vor allem nicht mehr diesen schrecklichen Tee, der mich jetzt noch in die Alpträume verfolgt.

Je wichtiger die Dinge für alle Menschen sind, desto allgemeinverständlicher und einfacher muss man sie ausdrücken können. Auch Akademiker, die für ihren Glauben aufs Schafott gehen, können ihre Gründe für diesen existenziellen Schritt auf ganz einfache Weise kurz und bündig und ohne Fremdwörter ausdrücken, und ebenso können das Atheisten, die sich zum Freitod entschließen. Dennoch sind das die wichtigsten Argumente, die sie jemals in ihrem Leben gehabt haben.

Ich habe in meiner Studienzeit in Rom Akademiker durch die Ewige Stadt geführt. Da ich mich mit der römischen Kunstgeschichte gut auskannte, fiel mir das vergleichsweise leicht. Als ich dann eine Gruppe von behinderten und nichtbehinderten Jugendlichen durch Rom führte und den Anspruch hatte, denen genauso das Wesen der Renaissance und des Barock zu vermitteln, merkte ich, dass das intellektuell eine viel größere Herausforderung war, da man sich nicht auf irgendwelchen gängigen Fachbegriffen ausruhen konnte, sondern Tacheles reden musste. Aber ich versichere Ihnen, ich fand die Behindertenführung erheblich befriedigender, freilich geistig viel anspruchsvoller.

Es wird hier also darum gehen, verständlich, aber dennoch nicht banal über Gott zu reden. Nichts ist schlimmer als schlampiger Atheismus und frömmelnder Glaube. Es sollen also sorgfältig alle gängigen Einwände gegen die Existenz Gottes beachtet werden. Umgekehrt sollen alle überzeugenden Argumente für Gott bis hin zu den berühmten »Gottesbeweisen« dargestellt werden. Jeder mag dann selbst entscheiden, was ihm unter Berücksichtigung seiner persönlichen Lebenserfahrung plausibler erscheint.

Wer mich kennt, wird nicht überrascht sein, dass ich es selbst bei einem solchen Thema nicht lassen kann, die Lust am Leben und den »Spaß an der Freud« (alter rheinischer Fachbegriff) durchblicken zu lassen. Es mag Leser geben, die erwarten, dass man unter einem solchen Titel bloß bierernst und mit schreckgeweiteten Augen in die Abgründe unserer Existenz starren kann. Die aber gehören wohl zu den Menschen, für die es besser ist, die Zauberflöte nicht zu hören, sondern nur den Text zu lesen – ohne die Dialoge des Papageno und natürlich ohne die ergreifende Musik von Wolfgang Amadeus Mozart. Doch wie kann man als Europäer wirklich über Gott reden ohne den heiteren Ernst der Musik von Mozart im Ohr?

Musik und Kunst – Elton John und die nackte Venus

1. Sein oder Nichtsein

Elton John setzte sich ans Klavier. Nicht für die Massen bei einer seiner spektakulären Welttourneen, nicht in einer gigantischen Konzerthalle, nicht bei einem vor Lebensfreude strotzenden Musikfestival. Er spielte für einen einzigen Menschen, in einer Kirche, in Westminster Abbey, und Elton John sang vom Tod dieses Menschen. Doch das Lied war zugleich der Höhepunkt der gewaltigsten Totenklage seit Bestehen der Menschheit, es war das Requiem für Lady Diana, the Princess of Wales.

Es war eine Totenklage ohne Gott. Zwar wurden bei den Trauerfeierlichkeiten traditionelle christliche Formen gewählt, doch die Verzweiflung rund um den Erdball war ohne Hoffnung. Man hat sich gefragt, warum eine so unglaubliche Explosion des öffentlichen Entsetzens durch eine so mittelmäßige Frau ausgelöst werden konnte, die sich selbst nicht als ausreichend schön empfand, die sich kaum königlich verhielt und deren vielgepriesenes soziales Engagement keineswegs dazu geführt hatte, dass sie ihr Vermögen oder auch nur Teile desselben für die Armen dahingab.

Doch vielleicht war das Geheimnis ihrer Wirkung gerade diese Mittelmäßigkeit, die sie jedem so nahebrachte, und zugleich die königliche Entrückung. Vor allem aber war es wohl der Schock, dass eine ganz offensichtlich lebensdurstige vitale junge Frau schlagartig – zur Leiche wurde. Die Drastik dieses Todes angesichts des unzählige Male abgebildeten prallen Lebens, das war zu viel für eine Gesellschaft, die den Tod fein säuberlich verdrängt. »Der von uns Gegangene«, sagt man wohlerzogen bei uns, als hätte sich da jemand irgendwie verlaufen. In Wirklichkeit handelt es sich um nichts anderes als um eine verwesende Leiche.

To be or not to be, that is the question. Sein oder Nichtsein, das ist hier die Frage. Aus den Urgründen der Weltliteratur steigt diese eindringliche Frage Hamlets auch zu jedem von uns auf. Sind wir am Ende nur flüchtige Existenzen auf dem Weg zu einem alles verschlingenden Tod? Material für Würmer und anderes Getier, das sich unserer Skelettierung annimmt? Bleibt uns nur zu leben – tapfer, zynisch, gedankenlos – im Angesicht der unabwendbaren Katastrophe unserer selbst? Oder gibt es noch irgendetwas über den Tod hinaus?

Der Text Elton Johns vertrat eindeutig die zynische Variante in Sachen Leben: »Wie eine Kerze im Wind ...«, »Sterben – schlafen – nichts weiter!« (Hamlet) Aber Elton John sang. Da war Musik, und diese Musik erhob sich in diesem Moment über Ozeane und Kontinente und einte eine trauernde Menschheit. Nichts übersteigt so sicher und selbstverständlich die rein materielle Basis unserer Existenz wie Musik. Selbst in äußerster Verzweiflung kann Musik uns über den Moment hinausheben – nicht gleich zu Gott, aber wenigstens weg von einer simplen Sicht der Dinge, die nur Messbares, Wiegbares, Betastbares kennt, die also nur Physik und Chemie, Verwesung und Würmer zu sehen vermag. Die Sphäre der Musik ergreift die Menschen aller Zeiten und aller Länder, und sie erhebt sie über sich selbst hinaus – ins Land der großen Illusion?

Vielleicht.

Massenkonzerte erinnern häufig an religiöse Veranstaltungen. Feuerzeuglichter werden geschwungen, rituelle Handlungen vollzogen, und im großen gemeinsamen Gefühl strebt die Masse über sich hinaus ... nach nirgendwo?

Vielleicht.

2. Ein Steinhaufen vereinigt die Menschheit

Doch auch anderswo kann sich plötzlich der Himmel öffnen. Der Parthenon in Athen ist eigentlich ein kaputter heidnischer Tempel, der Göttin Athene geweiht, an die man bei der Erbauung kaum noch glaubte, ein Haus, das bei kultischen Handlungen vor Regen schützen konnte, jetzt ruiniert von der Zeit und von der Explosion eines türkischen Munitionsdepots.

Doch gehen Sie einmal zu diesem antiken Tempel hinauf. Sie schreiten den feierlichen Aufgang zur Akropolis hinan. Rechts von Ihnen der exquisite Niketempel, dann der Eingang zum Heiligen Bezirk, der Säulenwald der Propyläen und dann ... ein unglaublicher Anblick: der Parthenon. Ein schwebendes Gebäude in gleißendem mittelmeerischem Licht. Sie haben gewiss schon viel bedeutende Architektur in Ihrem Leben gesehen: kraftstrotzende, erdverbundene mittelalterliche Burgen, himmelstürmende gotische Kathedralen. Doch dieses Schweben über die Erde hinaus, aber dennoch nicht bis hinauf zu Gott – zu welchem auch! –, das können Sie wohl nur beim Parthenon erleben. Das war es, was ihn zu allen Zeiten zum bewunderten Glanzstück griechischen Geistes machte.

Es gab einige künstlerische Tricks, mit denen die genialen antiken Architekten diesen unvergesslichen Eindruck erzielten. Die Säulen hatten eine Entasis, eine leichte Wölbung mit dem größten Umfang im unteren Drittel. Und die Tempelfront war ein wenig nach oben gebogen, so dass die mittleren Säulen größer waren als die Ecksäulen. Wer es nicht weiß, dem fällt es nicht auf. Doch die überirdische Wirkung ist kein bloßer Trick, sonst gäbe es solche Wunderwerke in Serie. Es ist vielmehr der einmalige künstlerische Entwurf, die Gesamtkomposition, die Menschen aller Jahrhunderte und aller Religionen im Angesicht des Parthenons ergriffen hat.

Der Parthenon ist kein Gottesbeweis. Ob der große Phidias, der die Arbeiten beaufsichtigte, die krude griechische Götterwelt ernst nahm, kann man mit Gründen bestreiten. Aber das Erleben der Wirkung dieser genial angehäuften Steine, die wir Parthenon nennen, vereinigt die Menschheit in der Gewissheit, dass es über Steine, architektonische Tricks und Kosten für die Erbauung eines Hauses für kultische Handlungen hinaus etwas gibt, was man nicht messen und berechnen kann, das aber Menschen über das rein Irdische erhebt. Doch wohin?

Darauf antwortet die griechische Kunst nicht.

Die Fähigkeit, der Materie zu spotten, zeichnet die Kunst des klassischen Griechenland aus, macht sie zu großer Kunst. Auch die Bildhauer vermochten, der Materie ihre eigene Überwindung zu entlocken. Warum in aller Welt sollte man dem Menschen, diesem Säugetier, diesem Organismus, diesem Materiehaufen überhaupt eine herausragende Rolle zuschreiben? Die Antwort darauf war der stolze Wagenlenker von Delphi, waren die schönen selbstgewissen Mädchengestalten des Athener Erechtheions, die mühelos auf ihrem Haupt eine Welt zu halten vermochten, war der Diskuswerfer, dieses unsterbliche Kunstwerk des Myron.

Immer wieder erstaunt die scheinbare Leichtigkeit dieser genialen Kunst. Da ist keine schweißtreibende Mühe, ehrgeizige Protzerei, kein geschwätziges Bildungsbürgertum. Da ist Kunst, von Menschen geschaffen, aber über diese Menschen doch irgendwie hinausweisend. Nicht jeder versteht das, der bei so genannten Studienreisen seine Begeisterung nach der Zahl der Sternchen im Reiseführer dosiert. Auch die alten Römer, die die alten Griechen sehr bewunderten, aber eher ein bisschen nach dem Motto »Europe in five days pope included«, hatten etwas Mühe mit großer Kunst. Sie waren ein Volk von Bauern und Soldaten und hatten einige Erfahrung mit wirksamer Machtpolitik. Griechenland zu erobern war ihnen ein besonderes Anliegen, denn wenn man schon selber nicht sonderlich kultiviert war, war es doch schön, wenigstens ein kultiviertes Land zu erobern. Der Konsul Mummius machte seine Sache gut und gründlich. Er eroberte Griechenland nach allen Regeln der soldatischen Kunst, zerstörte Korinth nach Strich und Faden und wollte ganz gerne auch noch etwas für das eigene Marketing tun.

So ließ er seine Soldaten einpacken, Kunst natürlich, griechische Kunst. Er wollte sich in Rom als kunstsinniger Weltbürger darstellen, der Senat und Volk von Rom mit reichen Kulturgütern beschenkte. Und vor der Überfahrt nach Italien hielt er eine flammende Ansprache an seine Soldaten, in der er nachdrücklich auf pfleglichen Umgang mit den Kunstschätzen drang. Sollte jemand irgendein griechisches Kunstwerk kaputtmachen, was die Götter verhüten mögen, so müsse er es eigenhändig wieder neu machen.

Die Soldaten müssen sich da auf eine Weise ratlos angeschaut haben wie die Römer bei Asterix und Obelix. Man stelle sich vor: ein echter Phidias von der Hand eines römischen Legionärs! Merke also: Nicht jeder hat Sinn für Kunst, und niemand behauptet, das sei schlimm. Aber wer die Fähigkeit besitzt, sich von echter Kunst wirklich berühren zu lassen, der hat Zugang zu einer erhebenden fruchtbaren Irritation, die ein allzu spießiges Weltbild unmöglich macht.

Das Römische Reich ging unter, und manche traditionsbewussten Römer behaupteten, die Christen mit ihren Schwärmereien seien schuld an diesem Desaster. Augustinus, der größte christliche Denker der Antike, musste eigens noch am Ende seines Lebens eine ausführliche Widerlegung dieser Beschuldigung verfassen, seinen »Gottesstaat«: Doch der war mehr als die Widerlegung einer missgünstigen These. Er war der große Entwurf einer christlichen Welt, in der es Sinn, Ordnung, eine zielgerichtete Geschichte – und eben Gott gab. Der »Gottesstaat« des Augustinus wurde das große Lehrbuch des christlichen Mittelalters.

Man wandte nun den Blick wirklich mehr dem Himmel zu als der Erde. Kunst mit direktem Zeigefinger nach oben wurde üblich. Die alten Griechen wurden vergessen und auch ein bisschen gefürchtet. Lenkte die Befassung mit irdischer Schönheit nicht ab vom Eigentlichen, von der Bestimmung zum Himmel? In Ravenna kann man sehen, wie im Untergang des Weströmischen Reiches das tiefe diesseitige Blau als Bildhintergrund im christlichen Grabmal seiner letzten großen Kaiserin Galla Placidia nur wenige Schritte entfernt übergeht in den jenseitigen Goldhintergrund der Bildwerke der Kirche San Vitale. Sie war eine Schöpfung des Kaisers Justinian, der mit der Auflösung der platonischen Akademie in Athen im Jahre 529 in gewisser Weise die Antike beendete.

Dieser Goldhintergrund sollte nun tausend Jahre lang die Kunst bestimmen. Die Faszination des Himmels wirkte so stark auf die Menschen dieser Zeit, dass der Schönheit der Welt kaum mehr Beachtung geschenkt wurde. Herrliche Kunstwerke entstanden, die den Menschen in ihren schwierigen Lebensverhältnissen die Hoffnung auf den Himmel sinnlich gegenwärtig hielten.

3. Nackte Tatsachen und die Lust am Leben vor dem Tod

Doch im »Herbst des Mittelalters« meldete sich mit Macht das Diesseits zurück. Die Theologen entdeckten die Schöpfung neu, die Philosophen relativierten den Himmel, und die Künstler stellten wieder dar, was sie wirklich sahen. Sie erinnerten sich dabei der Antike, die das so großartig gekonnt hatte. Renaissance sollte man diese Zeit später nennen, Wiedergeburt der Antike.

Glücklicherweise hatten sich noch wenige Quadratkilometer Antike erhalten, denn fast vergessen existierte am Bosporus immer noch die Hauptstadt des Oströmischen Reiches, das man jetzt byzantinisch nannte, Konstantinopel. Die Stadt lag in ihrem Todeskampf gegen die anstürmenden Osmanen, denen sie 1453 erliegen sollte. Und ihre großen Geister flüchteten sich vor allem nach Italien, wo sie der Neuentdeckung der Antike kräftigen Rückenwind gaben. Der Goldgrund verschwand, der Himmel wurde wieder blau, wie an schönen Abenden in der Toskana. Gott, der im Mittelalter allein im Zentrum stand, geriet an den Rand. Er wurde zum Alibi für die neue Freizügigkeit. Man malt noch die alten heiligen Geschichten, aber oft bloß noch in ganz weltlicher Absicht: Adam und Eva, wie Gott sie geschaffen hatte, die nackte Susanna im Bade aus dem Alten Testament, Jesus predigend in herrlichen Landschaften und immer wieder Maria mit den Zügen zauberhafter italienischer Schönheiten. Sandro Botticelli lässt alle Rücksichten fahren und stellt die Geburt der nackten Venus dar, das Urbild der Renaissance. Doch die alten Kräfte schlagen zurück. In Florenz lässt der fanatische Dominikaner Savonarola all den neuheidnischen Tand verbrennen. Botticelli »bekehrt« sich und wirft viele seiner eigenen Bilder in die aufgerichteten Scheiterhaufen. Die Kirche lässt sich in dieser Situation nicht auf die Seite der Fanatiker ziehen. In Rom herrschen recht weltliche Päpste, die sich ganz dem Geist der Renaissance geöffnet haben. Im frommen Deutschland sollten sie damit später Schwierigkeiten bekommen, doch die Künstler ihrer Zeit lieben sie dafür. So kommen sie in immer größerer Zahl nach Rom, und gerade die bedeutendsten unter ihnen.

Das Jahr 1508 wird zum großen Jahr der Weltkunstgeschichte. Nicht nur beginnt der junge Michelangelo mit der Freskierung der sixtinischen Decke. Der junge Raffaelo Sanzio aus Urbino erhält den Auftrag zur Ausmalung der Stanza della Segnatura im Vatikanischen Palast. Was der noch ganz junge geniale Künstler da schafft, umfasst nicht mehr und nicht weniger als die Darstellung des gesamten strahlenden Selbstbewusstseins seiner Zeit.

Als Jugendlicher bin ich zum ersten Mal in diesen vergleichsweise kleinen Raum gekommen. Ich hatte damals kaum Zeit und war wenig berührt. Doch als ich dann wenig später mit einem hervorragenden Führer diesen Raum sah, war ich zutiefst ergriffen und konnte stundenlang meine Augen nicht von den prachtvollen Fresken lassen. Von diesem Tag an war mein Interesse an Kunst wirklich geweckt und auch meine Überzeugung, dass man durch Kunst der Wahrheit über einen Menschen oder eine Zeit vielleicht näher kommen kann als durch irgendwelche Texte. Später, als ich dann in den Semesterferien Reisegruppen durch Rom führte, war die Stanza della Segnatura immer der Höhepunkt des Romprogramms.

Auf einer Wand des weltberühmten Raums ist die gesamte damalige Sicht der Wissenschaft dargelegt. »Schule von Athen« hat man dieses Fresko genannt, aber es ist viel mehr als die Erinnerung an alte Zeiten. Dass Raffael den epochalen Geistern der Antike bisweilen die Gesichter seiner großen Zeitgenossen gab, zeigt das enorme Selbstbewusstsein der damaligen Gegenwart: in der Mitte Platon und Aristoteles als die beiden großen Protagonisten der griechischen Philosophie, Platon nach oben auf das Reich der Ideen deutend, für ihn die Quelle der eigentlichen Wahrheit, Aristoteles mit herrscherlicher Geste auf den Boden erfahrbarer Tatsachen zeigend. Umgeben sind sie von Sokrates, der eindringlich einem eitlen Menschen etwas erklärt, Pythagoras, Euklid, Heraklit, Epikur und schließlich Diogenes, der unberührt von dem geistreichen Trubel um ihn herum auf den Stufen der Treppe herumlümmelt. Jeder der Philosophen ist mit seinem ganz eigenen – philosophischen – Charakter getroffen, der vergeistigte Platon, der um den Einzelnen bemühte Sokrates, der pessimistische Heraklit, der lebensfrohe Epikur. Zugleich trägt Platon die Gesichtszüge des Leonardo da Vinci, des von Raffael bewunderten, damals noch lebenden Universalgenies, der das gesamte Wissen seiner Zeit in sich versammelte. Der pessimistische Heraklit aber hat die Züge des Michelangelo, des Titanen der neuen Kunst.

Die künstlerische Großleistung besteht darin, dass hier nicht nur einige Charaktere nebeneinandergestellt wurden, sondern dass sie bei aller Unterschiedlichkeit in eine Einheit zusammengefasst wurden, die von einer Vision des künftigen Petersdoms überwölbt wurde, dessen Grundstein zwei Jahre zuvor gelegt worden war. Gegenüber dieser großartigen universalen Darstellung der Wissenschaft hat Raffael die »Disputa« geschaffen, die Disputation über das Altarssakrament. Das ist der Ort der Theologie. Nicht bloß in demütiger Anbetung kann man da die großen theologischen Gelehrten der Vergangenheit und der Gegenwart sehen, sondern vor allem im nachdenklichen Gespräch. Da sieht man die abendländischen Kirchenväter, Ambrosius von

Mailand, Augustinus, Hieronymus und Gregor den Großen, in großartigen aufeinander bezogenen Gesten, aber auch Thomas von Aquin, Bonaventura und viele andere. Im Himmel ist die Schar der Heiligen zu sehen und der dreifaltige Gott. Auch dieses Fresko umfasst die gesamte vergangene und gegenwärtige theologische Wissenschaft.

Diese beiden großen Panoramen werden auf den kleineren Fensterseiten verbunden mit dem Parnass, der Versammlung der Dichter aller Zeiten, Homer, Vergil, Ovid, aber auch Dante, Petrarca, Ariost, und auf der anderen Seite mit den Repräsentanten der Jurisprudenz, Kaiser Justinian und Papst Gregor IX., die ihre Gesetzesbücher vorlegen.

Blickt man schließlich bewegt von den ergreifenden Wandgemälden nach oben an die Decke, so gewahrt man dort über den vier Wänden die zugehörigen Allegorien der bücherstolzen Philosophie, der geistbewegten Theologie, der beflügelten Schönheit und der das Schwert führenden Gerechtigkeit, geistreich in den Ecken verbunden mit dem Urteil des Salomon, dem gerechten weisen König (zwischen Philosophie und Jurisprudenz), der Vertreibung aus dem Paradies, dem gerechten Gottesurteil (zwischen Theologie und Jurisprudenz), dem Wettstreit von Apoll und Marsyas, die die geistliche und weltliche Kunst repräsentieren (zwischen Schönheit und Theologie), und schließlich der Astronomie, der poetischsten aller Wissenschaften (zwischen Schönheit und Philosophie). Und damit verbindet die Decke der Segnatura die großartigen Wandgemälde zu einem universalen Ganzen, zu einer Sicht der Welt, wie sie war und wie sie ist.

Wer sich mit der Stanza della Segnatura intensiv befasst hat, wer sie geistig und sinnlich in sich aufgenommen hat, der hat die Atmosphäre und das Denken des Jahres 1508 verstanden. Da ist kein frommes Denken, denn das antike Heidentum hat machtvoll sein Haupt erhoben. Da ist das kraftvolle Selbstbewusstsein von gebildeten Genussmenschen, die sich nicht auf ein Jenseits vertrösten lassen wollten, sondern der Auffassung waren, dass es auch ein Leben vor dem Tod gibt. Die Lebensfreude von solchen

Renaissancemenschen ließ sich so wenig durch die Kirche bremsen wie heute die Exzesse der Münchner Schickeria durch den Erzbischof von München und Freising.

Was Gott betrifft, so kommt er zwar vor, aber nur schwebend über dem Altar der Disputa. In der Stanza della Segnatura ist Gott eingeordnet in ein Weltsystem, das vielleicht auch ohne ihn auskommen würde. Auf ihren Wänden waren genügend Männer abgebildet, die nichts von ihm hielten. Und ob die kleine Kirche, die auf der Disputa zu sehen ist, in Gerüsten steht, weil sie dringend reformbedürftig ist oder ob wegen Baufälligkeit der Abriss droht, ist jedenfalls in diesem Weltgemälde des Jahres 1508 nicht klar auszumachen.

So weist auch die Stanza della Segnatura nicht eindeutig auf Gott, obwohl sie uns in ergreifender Weise herausreißt aus dem täglichen Allerlei durch die Kraft großer Kunst. Von dieser Kraft und nicht von Gott ist in der Grabinschrift des allzu jung verstorbenen Raffael im Pantheon die Rede. »Ille hic est Raphael, timuit quo sospite vinci rerum magna parens et moriente mori«, hatte der Humanist Pietro Bembo gedichtet: »Dieser hier ist Raffael; es fürchtete die Natur, als er noch lebte, von ihm besiegt zu werden; als er aber starb, meinte sie selber, mit ihm sterben zu müssen.«

Was den kundigen Betrachter in der Stanza della Segnatura bewegt, ist gewiss nicht bloß durch materielle Phänomene erklärbar, es handelt sich auch nicht um einen Hormonstau, einen gebahnten Hirnreflex, eine durch Baedeker und Co. erzeugte Massensuggestion. Die Wirkung der Stanza della Segnatura wie jeder großen Kunst weist zweifellos über all das hinaus. Doch tut sie das wirklich, oder ist all dieses Kunsterleben nichts anderes als eine wunderbare, ergreifende, beglückende – große Illusion?

Die Psychologie und Gott – Über einen kleinen Mann im Ohr

1. Der Vatermord des Sigmund Freud

Die Zukunft einer Illusion« nannte Sigmund Freud sein großes religionskritisches Werk, und seitdem glauben die Menschen, die Psychologie habe irgendwie entdeckt, dass der liebe Gott so eine Art kleiner Mann im Ohr sei, den man bei Bedarf durch gute Psychologie wegmachen könne. Doch wenige haben Freud wirklich gelesen und kennen den heutigen Stand der Wissenschaft über die Effizienz der Therapiemethode, die ihn bekannt gemacht hat. Soeben wurde mit allgemeinem Festjubel der 150. Geburtstag des Gründervaters der modernen Psychologie begangen. Ein Rundfunksender rief bei mir an, man suche händeringend jemanden, der bereit sei, auch mal ein paar andeutungsweise kritische Bemerkungen zur Psychoanalyse zu machen, man halte es einfach nicht mehr aus mit den hymnischen Lobgesängen.

Nun besteht vom heutigen Stand der Wissenschaft aus nicht viel Anlass, kritiklos zu jubeln. Zwar hat Sigmund Freud ohne Zweifel mit seinen Thesen zum Unbewussten und vor allem zur Sexualität eine in absurden künstlichen Verrenkungen verknotete bürgerliche Gesellschaft erfolgreich aufgemischt. Zwar hat er ebenso erfolgreich eine originelle neue Therapiemethode propagiert, die allerdings in ihren entscheidenden Aspekten von anderen erfunden wurde. Doch hat die klassische Methode der Psychoanalyse den nüchternen Untersuchungsmethoden der neuesten Therapieeffizienzforschung nicht standgehalten. Klaus Grawe untersuchte schon vor zehn Jahren im Auftrag der Bundesregierung die Effizienz der gängigen Therapiemethoden. Dabei kam heraus, dass die große Psychoanalyse allenfalls für Gesunde geeignet ist. »Der Spiegel« berichtete darüber in einer aufsehenerregenden Titelgeschichte. Natürlich hatte das einen Aufschrei der Psychoanalytikerzunft zur Folge, als habe da jemand Gott oder doch wenigstens Freud gelästert. Die klügeren Psychoanalytiker nahmen freilich die unbestreitbaren wissenschaftlichen Ergebnisse zum Anlass, ihre Methode zu modernisieren und sich nicht in Nibelungentreue an den Urvater zu klammern.

Doch warum fällt es gerade Psychoanalytikern so schwer, sich neuen Erkenntnissen zu stellen? Das hat damit zu tun, dass Freud die Psychoanalyse nicht als eine mehr oder weniger erfolgreiche Psychotherapiemethode konzipierte, sondern als einen geheimnisvollen Königsweg, der den Eingeweihten zur Erkenntnis der Wahrheit über alles und jedes führt. Er schrieb über Kunst und Kultur, über Paläontologie und Völkerkunde, über Krieg und über Frieden. Die Psychoanalyse wurde zu einer Weltanschauung, zu einer Ideologie des an solchen Wahrheitslehren so reichen 19. Jahrhunderts, die auf alle Fragen eine Antwort wusste.

Ideologien sind aber nicht wirklich veränderbar, sie können sich kraftvoll durchsetzen, sie können Länder und Sprachen erobern, aber sie haben keine Ohren. Sie haben nur Sprachrohre, und irgendwann sterben sie, plötzlich manchmal. Doch genau diese scheinbar unbeirrbare Selbstgewissheit, ihre Durchsetzungskraft und die Überzeugung, mit diesem Gedankengebäude buchstäblich alles zu erklären, das machte und macht noch heute die Faszination der Psychoanalyse für viele aus. Der Psychoanalyse-Gläubige meint, über ein überlegenes Wissen darüber zu verfügen, wie es, wie alles, »eigentlich« ist. So betreibt die Psychoanalyse nicht, wie es einstmals ihre Absicht war, Aufklärung, sondern vielmehr Mystifikation.

Ich erinnere mich in meiner psychoanalytischen Ausbildung an die gläubigen Gesichter mancher Auszubildender, wenn sie fragten, was denn nun eigentlich und immer im zweiten Lebensjahr eines Menschen, natürlich jedes Menschen, vorgehe, und an die stubengelehrte Antwort des Dozenten, selbstverständlich nie ohne Freudzitat. Das Ganze hatte etwas Betuliches und war irgendwie voll rührender Naivität. Wie will man in einer solchen Atmosphäre seriöse Wissenschaft betreiben, die sich nach Sir Karl Popper gerade auf die »Falsifizierbarkeit« ihrer Ergebnisse etwas zugute hält, das heißt darauf, dass man gegebenenfalls beweisen könnte, dass das erreichte Ergebnis falsch ist? Wissenschaft ist in diesem Sinne die spannende Bemühung, mit Argumenten Irrtümer über die Wirklichkeit zu beseitigen – im selbstverständlichen Bewusstsein, dabei selber irren zu können. Ideologien ticken da anders. Ideologien irren nie, da kann sich die Wirklichkeit auf den Kopf stellen. Zugegeben, Freud selbst war in vielem erheblich wandlungsfähiger als seine späteren Fans. Dennoch, die Ursache für die Unflexibilität dieses letzten noch lebenden geistigen Dinosauriers aus dem 19. Jahrhundert lag in Freuds eigener Grundintention, alle Seelenvorgänge auf zugrunde liegende neurologische, materielle Triebkräfte zurückzuführen und von da aus dann die ganze Welt zu erklären. Schon Jürgen Habermas hat ihm dafür das berühmt gewordene »szientistische Selbstmissverständnis« vorgeworfen. Nach Habermas, der ansonsten die Psychoanalyse durchaus schätzte, ist die Psychoanalyse nämlich keine »Scientia«, keine Wissenschaft im naturwissenschaftlichen Sinne. Sie ist vielmehr eine so genannte hermeneutische Methode, das heißt: Sie ist eine für Patienten mehr oder weniger nützliche Art der Bildbeschreibung. Die Wahrheit kann man mit der Psychoanalyse nicht erkennen.

Damit werden aber auch die religionskritischen Schriften Freuds zur Makulatur. Und in der Tat sind sie für den heutigen Leser langweilige ewige Wiederholungen derselben schlichten Thesen, die mit mageren und inzwischen überholten Literaturangaben belegt werden. Vom religionsstiftenden Vatermord der Urhorde sprechen dennoch gewisse Psychoanalytiker noch heute, als existierte eine in Stein gemeißelte überzeugende Gerichtsakte über jenen urzeitlichen Gewaltakt.

Man tut Freud sicher kein Unrecht, wenn man behauptet, die

Belege für diesen Vatermord seien erheblich ungewisser als alles, was sogar er als Hinweis auf die Existenz Gottes verstehen könnte.

Freud versucht mit seiner Methode, den Glauben an Gott als eine psychische Störung darzustellen. Natürlich ist ein solches Unterfangen genauso denkbar wie die berühmte satirische Bemerkung von Karl Kraus, die Psychoanalyse sei die Krankheit, für deren Therapie sie sich halte. Die Methode, die Freud dabei wählt, ist ausgesprochen schlicht. Wenn man einfach voraussetzt, Gott existiere nicht, dann ist jedem sofort klar, dass die religiösen Verhaltensweisen von Menschen unter dieser Voraussetzung ziemlich merkwürdig, wenn nicht gar verrückt erscheinen müssen. Regelmäßig absurde Ritusveranstaltungen zu besuchen, ohne dass das zu irgendetwas nutze ist, und damit und mit rituellen Gebeten etc. viel Lebenszeit zu vergeuden, ist so gewiss erheblich einschränkender fürs Leben als ein zünftiger Waschzwang. Dass Religion als kollektive Zwangsneurose bezeichnet wird, ist – immer unter der Voraussetzung, dass Gott nicht existiert – dann eigentlich gar nicht sehr zu kritisieren.

Umgekehrt könnte man übrigens unter der gegenteiligen Voraussetzung, dass Gott existiert, die atheistischen Verhaltensweisen als völlig absurde Fluchtreflexe, mangelnde Stabilität einer Persönlichkeit mit Wirklichkeitsverlust und Unfähigkeit zu verlässlichen Beziehungen beschreiben – also ebenso als schwere Pathologie. Das ganze großartige antireligiöse Gebäude Sigmund Freuds steht und fällt also mit einem tönernen Fundament, der völlig unbewiesenen Behauptung, Gott existiere nicht. Insofern stellt Freud zwar ein Modell zur Verfügung, wie man religiöse Phänomene vielleicht erklären könnte, wenn es Gott nicht gäbe. Zur entscheidenden Frage selbst, ob es Gott gibt oder ob es Gott nicht gibt, hat Freud absolut nichts zu sagen.

Dennoch, an der Frage des Freudschen Atheismus schieden sich die Geister. Er selbst erkannte dieses Problem früh und publizierte Teile seiner religionskritischen Schriften erst, als er im sicheren englischen Exil angelangt war. Doch es war ihm offenbar wichtig, mit der von ihm erfundenen Grammatik auch sein Weltbild ohne Gott durchzubuchstabieren. Manche freilich sahen in den religionskritischen Schriften Freuds eine Hilfe, ihren eigenen Atheismus zu begründen. Doch das war ein Irrtum. Begründen kann man den Atheismus mit Freud ja gerade nicht. Freud ist bloß eine Möglichkeit, den eigenen, längst entschiedenen Atheismus mit neuen Bildern und Worten auszudrücken.

2. Was C. G. Jung und Viktor Frankl mit einem Pornostar verbindet

Andere jedoch fanden, dass die Unterbelichtung der Religion bei Freud ein Nachteil sei. Sein Meisterschüler C. G. Jung entdeckte und erforschte die Fülle der Religionen und entzweite sich genau an diesem Punkt mit seinem tyrannischen Übervater. Man mag das einen geistigen Vatermord nennen.

Manche, durch all den Gegenwind frustrierte und in die Enge getriebene Christenmenschen sahen in C. G. Jung, diesem Ketzer der Psychoanalyse, geradezu ihren Erlöser von all den Unbilden, die ihnen der garstige Meister des Unbewussten zugemutet hatte. Während Religion bei Freud im Grunde nur negativ vorkommt, ist das bei Jung nun tatsächlich ganz anders. Religiöse Bilder aller Zeiten und Völker prägen seine Schriften, umfangreiche Studien förderten eine Unmenge an religionskundlichem Material zutage. Und C. G. Jung schmolz all das ein in seine Lehre vom kollektiven Unbewussten der Menschheit, von den Archetypen, den Urbildern des Menschengeschlechts in den Bildern der Völker und den Bildern der Träume der einzelnen Menschen. Das Reich C. G. Jungs ist bunt ausgemalt mit einer Fülle von Göttern und geheimnisvollen Symbolen.

Doch wer glaubt, wo viel von Religion und religiöser Staffage die Rede sei, gehe es um die Frage nach Gott, der irrt. Vielleicht ist es sogar die Religionswissenschaft, die dem Glauben an Gott am meisten zu schaffen macht. »Dieser Gott wurde natürlich wie üblich von einer Jungfrau geboren«, meinte wie beiläufig Professor Mensching, einer der Gründerväter der Religionswissenschaft, in einer Vorlesung, die ich noch bei ihm hören konnte. Es ist zweifellos legitim, alle Religionen sozusagen vom volkskundlichen Standpunkt aus zu betrachten, als seien sie verschiedene Formen von Folklore, deren Gemeinsamkeiten und Unterschiede man über alle Völker hinweg gewissenhaft erforschen kann. Es ist ja auch vielleicht ganz amüsant, verschiedene Sorten von Mord buchhalterisch zu dokumentieren: den klassischen Giftmord, den Raubmord, den Mord aus Eifersucht und wie sie alle heißen. In dem köstlichen Hollywoodstreifen »Arsen und Spitzenhäubchen« bringen zwei allerliebste ältere Damen einige Menschen, die ihrer Meinung nach jetzt lange genug gelebt haben, auf possierliche Weise um die Ecke. Der Film lebt von dem letzten Unernst, dem über der unterhaltsamen Vielfalt der äußerlichen Phänomene der ungeheure Ernst der Tötung eines Menschen aus niederen Motiven völlig entgeht. Mord, wirklicher Mord, kommt in »Arsen und Spitzenhäubchen« also im Grunde auch nicht annähernd vor. Man sitzt in der Loge und schaut sich ein unterhaltsames Schauspiel an. Auf gleiche Weise schauen sich der Religionswissenschaftler die Religionen und C. G. Jung die Mythen der Völker an. Gott als der allmächtige Schöpfer des Himmels und der Erde kommt in diesen reich bebilderten Darstellungen im Grunde überhaupt nicht vor. Im Gegenteil, das Gefühl der überlegenen Kenntnis des religionsgeschichtlichen Materials und des Eingeweihtseins in die Mythen der Völker machen es wahrscheinlich schwieriger, sich selbst höchstpersönlich der existenziellen und für das eigene Leben alles entscheidenden Frage zu stellen, ob es Gott wirklich gibt oder nicht. Es ist – man verzeihe mir den Vergleich – wahrscheinlich das Problem, das Pornodarsteller mit der Frage haben, ob sie jetzt einen bestimmten einzelnen Menschen wirklich lieben, ihn erotisch anziehend finden, ihn heiraten und mit ihm Kinder haben wollen. Mit anderen Worten: C. G. Jung und die Religionswissenschaft helfen bei der Frage, ob Gott wirklich existiert, überhaupt nicht weiter.

Ganz unverständlich ist vor allem, dass Christen so gerne auf C.G. Jung hereinfallen. Die esoterische Unbestimmtheit seines Denkens löst die Klarheit und Härte der Gottesfrage in Sphärenmusik auf, und dass er vorschlägt, die göttliche Dreifaltigkeit entweder um den Teufel oder um Maria zu erweitern, ist bestenfalls amüsant, schlechtestenfalls absurd. Befasst man sich für unsere Frage nach Gott mit dem Bilderfeuerwerk des C.G. Jung, ist man am Ende froh, wieder den nüchternen Juden Freud zur Gottesfrage zu lesen. Man versteht das Gottesgebot vom Sinai besser – von Gott soll man sich kein Bild machen!

Jude war auch Viktor Frankl, der Begründer der so genannten Logotherapie. Ihm verdanken wir nicht nur geniale Erfindungen in der Psychotherapie, sondern auch sein ergreifendes Werk »Ein Psychologe erlebt das Konzentrationslager«.

Auf den ersten Blick scheint Frankl ein machtvoller psychologischer Anwalt in der Gottesfrage zu sein. Frankl selbst hat sich als Gegen-Freud stilisiert. Doch schüttet er das Kind mit dem Bade aus. Zwar betonte er zu Recht die Bedeutung des Sinns (Logos) und auch des Glaubens an Gott für den Menschen. Aber er versuchte sozusagen, dem Sinn mit Psychologie und der Psychologie mit Sinn beizukommen. Mit beidem ist er gescheitert. Dass Menschen, die an Gott glauben, mehr innere Selbstgewissheit haben mögen, vielleicht auch weniger an Ängsten leiden, mag stimmen und erfreulich sein. Doch sagt dies nichts darüber aus, ob Gott existiert oder nicht. Man sollte ja nicht per se ausschließen, dass auch veritable Lebenslügen mit feister psychischer Gesundheit einhergehen können – sonst müssten alle Zuhälter depressiv sein, wovon mir nichts bekannt ist.

Wer sich wegen guter psychohygienischer Effekte entscheiden sollte, an Gott zu glauben, glaubt nicht an Gott, sondern an die hohe Bedeutung des eigenen Wohlbefindens – und das hat mit Christentum rein gar nichts zu tun. Sollte sich herausstellen, dass das Wohlbefinden bei Christen besser wäre als bei anderen Menschen, müsste das nachdenklich machen. Christen sollen ihren Mitmenschen aufopferungsvoll und schweißtreibend dienen und ihr Leben einsetzen für Arme und Bedürftige. So etwas schont weder die Kräfte noch die Nerven, noch den Teint und bringt einen schlimmstenfalls früher ins Grab, bestenfalls sicherer ins ewige Leben.

Mir scheint, je mehr eine Psychotherapierichtung Ganzheitlichkeit, den Sinn des Lebens, oder gar Gott im Munde führt, desto weniger hat sie mit der ernsten Frage nach der Existenz Gottes wirklich zu tun. Diejenigen, die in der Psychotherapie Erlösung suchen, haben die Türklingel verwechselt. Psychotherapeutisch hergestellter Glaube wäre von ähnlicher Qualität wie der Homunculus, das menschengemachte kleine Menschlein aus der Retorte, dessen mickrige Existenz Goethe im »Faust« der Lächerlichkeit preisgibt. Heilung durch Glauben, sollte es das geben, hat jedenfalls mit nach wissenschaftlichen Prinzipien vorgehender Psychotherapie nicht das Geringste zu tun.

Wie kann nun die Psychotherapie so vorgehen, dass sie solche unzuträglichen Vermischungen vermeidet, dass sie nicht mit den ihr eigenen Methoden im Bereich religiösen Glaubens wildert? Und wie kann man sicherstellen, dass andererseits der Glaube nicht totalitär wird, sich übermütig zur eigentlichen Psychotherapie stilisiert und wissenschaftlich gesicherter Psychotherapie ihren legitimen Raum nimmt?

3. Gott und ein Blumenstrauß

Im Jahre 1995 organisierte die Klinik, an der ich damals Chefarzt war, einen großen Kongress für über tausend Teilnehmer. Unter den Vortragenden waren Paul Watzlawick aus Palo Alto, einer der Gründerväter moderner systemischer Psychotherapie, und Steve de Shazer, der vielleicht radikalste Neuerer der Psychotherapie aus Milwaukee. Ich hatte einen Vortrag zum Thema »Psychotherapie und Religion« zu halten. Die vergangenen Jahre hatte ich mich intensiver mit systemischen Therapieansätzen befasst. Vor allem hatte mich die lösungsorientierte Kurztherapie

Steve de Shazers überzeugt. Auch wissenschaftstheoretisch. Freilich wurde gerade der systemischen Therapie und auch dem von der Hypnotherapie Milton Ericksons inspirierten Therapieansatz Steve de Shazers nicht selten Technizismus vorgeworfen. Man sehe den Patienten nur wie einen Apparat, den man durch eine vergleichsweise kleine Intervention wieder ans Laufen bekam. Auch die Kürze der Therapie löste Bedenken aus. Bei de Shazer war eine Behandlung im Durchschnitt nach wenigen Sitzungen beendet. Man gewähre den Patienten nicht genügend Zeit, hieß es, man speise sie mit Fast Food ab.

Je länger ich die Frage bedachte, desto überzeugender schien mir aber gerade ein solcher Ansatz geeignet, die eigene Bedeutung der Religion zu respektieren. Die systemische Therapie kennt keine Wahrheiten, sondern nur mehr oder weniger nützliche unterschiedliche Perspektiven auf eine Realität, deren Eigentlichkeit man dahingestellt sein lässt. In therapeutischer Absicht ist diese pragmatische Sicht zweifellos außerordentlich fruchtbar. Symptome nicht als feste Realitäten, sondern als flüchtige Phänomene zu verstehen, ist für eine erfolgreiche Therapie erheblich nützlicher als therapiebedürftige Menschen erst auf ihre Symptome zu fixieren, um diese vielbesprochenen Gebilde dann in mühsamer Arbeit wieder wegzuschaffen.

Etwas Weiteres kommt hinzu: Oft sagen Patienten, wenn sie über ihren psychischen Zustand sprechen: »Ich habe wieder meine Depression.« Was sie in diesem Satz mit dem Wort »Depression« eigentlich meinen, kann niemand, auch kein noch so erfahrener Psychotherapeut nach noch so langen Gesprächen jemals erfahren. Dieses höchst persönliche quälende Gefühl eines einmaligen Menschen kann kein anderer Mensch jemals wirklich »wissen«. Man wird bei sich selbst vielleicht ähnliche Gefühle zu kennen meinen, man hat von anderen Menschen von vielleicht vergleichbaren Zuständen erfahren. Doch möglicherweise ist mit all dem die höchst individuelle Färbung dieser »Depression« eines anderen Menschen auch nicht annähernd getroffen. Steve de Shazer jedenfalls war der Auffassung, dass man niemals wirklich wissen kann, was irgendjemand meint, wenn er sagt, er sei depressiv.

Daraus folgt zweierlei: Zum einen ist es dann im Grunde sinnlos, große Theorien darüber zu entwickeln, wie »die Depression« eigentlich sei, was »der Depressive« fühle und was er nicht fühle, was für alle »Depressive« nützlich sei und was für sie nicht nützlich sei etc. Solche großen Theorien verfestigen »die Depression«, behandeln sie wie einen wahren Gegenstand und machen sie durch all das wenig veränderungsfähig. Je mehr theoretisches Material auf den armen Depressiven aufgehäuft wird, desto mehr wird er sozusagen eingemauert vom angeblichen Wissen um seine Depression. Im Sinn der so genannten Self-fullfilling-prophecy, der sich selbst erfüllenden Prophezeiung, erreicht man es auf diese Weise, die Depression gerade nicht zum Verschwinden zu bringen, sondern sie sozusagen erst richtig herzustellen, sie auszubauen und ihr ein möglichst tiefes Fundament zu geben. Denn Sprache schafft psychologische Wirklichkeit, und je mehr man über ein Problem spricht, desto »realer« lässt man es werden. Daher: keine große Depressionstheorie, sondern Respekt vor der Individualität des Leidens.

Zum Zweiten aber gilt: Wenn uns die eigentliche innere Wirklichkeit der Depression eines Menschen von außen prinzipiell nicht zugänglich sein kann, dann kann auch die therapeutische Veränderung nicht nach einem von außen auferlegten, von einem Therapeuten klug ausgedachten allgemeingültigen Plan erfolgen. Kompetente Therapie für einen einzelnen depressiven Menschen muss also stets individuell und passgenau erfolgen. Wenn man demnach das Problem nicht eigentlich erkennen kann und Veränderung nicht von außen Schritt für Schritt planen kann, wie kann man dann überhaupt noch Psychotherapie machen? Steve de Shazer sagt: Indem man den Scheinwerfer der Aufmerksamkeit auf die in der langen Depression vergessenen oder nicht beachteten Kräfte und Veränderungspotenziale, die im Patienten stecken, richtet. Wenn der Patient seine eigenen Kräfte wahrnimmt und dann nutzt, kann er in vergleichsweise kurzer Zeit nützliche Veränderungen erreichen und dadurch seine Probleme lösen. Der Psychotherapeut wird zum Beleuchtungskünstler.

Bei unserem Kongress stellte Steve de Shazer einen spektakulären Fall dar. Eine Patientin kam zu ihm mit einem Problem, das ihr so peinlich war, dass sie darüber nicht reden könne. Normalerweise würde man eine solche Therapie ablehnen. Nicht so de Shazer. Er stellte ihr die üblichen Fragen, insbesondere die Skalenfragen: Wo auf einer Skala von null bis zehn befinden Sie sich jetzt bezüglich Ihres Problems? Null bedeutet, es geht so schlecht, schlechter geht es gar nicht, zehn bedeutet, Ihr Problem ist gelöst. Wo auf dieser Skala befinden Sie sich jetzt? Die Patientin nannte die Zahl drei. Warum nicht auf zwei?, fragte de Shazer und bat die Patientin, sich die Antwort bitte nur ganz konkret vorzustellen, da sie sonst ja vielleicht das geheime Problem verraten würde. Er fragte dann, ob sie sich in letzter Zeit mal auf vier gefühlt habe, wann das gewesen sei und was sie da gemacht habe, auch das solle sie sich ganz intensiv vorstellen. Schließlich gab er ihr bis zum nächsten Mal die »Aufgabe der ersten Stunde«, sich bis dahin vorzustellen, was im Leben bei ihr zurzeit so laufe, dass sie es nicht ändern wolle. Außerdem solle sie sich merken, was sie in Situationen tue, in denen sie auf vier oder gar auf fünf sei. Auch viele andere Fragen wurden gestellt, die die Patientin auf die gelingenden Aspekte ihres Lebens konzentrierten. Die Therapie entwickelte sich gut, der Patientin ging es immer besser. Als sie auf acht war, fand die Patientin, es sei jetzt genug, und sie beendeten die Therapie. Monate später traf eine Urlaubskarte der Patientin ein: Sie sei jetzt auf zwölf ... Nie hat Steve de Shazer erfahren, um welches Problem es sich eigentlich handelte, er hatte nur hochprofessionell am Scheinwerfer gearbeitet. Über das Problem wurde in diesem Falle überhaupt nicht geredet, aber es wurde dennoch überzeugend gelöst.

Psychotherapie verfestigt bei diesem Ansatz die Symptomatik nicht dadurch, dass sie ihr einen Namen, eine Genealogie und viele Depressionsgeschichten gibt. Sie nimmt der Depression die Suggestion des Dauerhaften, Unveränderbaren, sie nimmt ihr das

Gegenständliche und sie verflüssigt die Depression in sich ändernde zeitweilige Zustände, die unvermeidlich vorübergehend sind. Zugleich aber nimmt sie das Subjektive der Depression wirklich ernst. Nur der Patient selbst kann wissen, was ihm, ihm ganz persönlich, hilfreich war und hilfreich ist. Der Therapeut regt ihn nur hochsuggestiv an, darauf intensiver zu achten – und natürlich dadurch mehr von dem zu tun, was gut funktioniert. Das Ziel bei einer solchen therapeutischen Haltung bestimmt ausschließlich der Patient selbst, und der Therapeut dient dem Patienten, ein solches Ziel zu erreichen. Die Methode ist gerade durch das Aufgreifen der hypnotherapeutischen Geniestreiche von Milton Erickson hochsuggestiv. Aber sie suggeriert nichts Fremdes, insbesondere keine Auffassungen des Therapeuten von Gott und der Welt, wie man »normal« zu sein hat, was ein »gutes« Ziel und was kein gutes Ziel ist.

Für mein Thema »Psychotherapie und Religion« war die Vorgehensweise von Steve de Shazer außerordentlich fruchtbar. Denn in vorbildlicher Weise vergriff sie sich nicht pseudokompetent an der Religion, sondern achtete jede in einem langen Leben errungene Überzeugung des Patienten. Durch diese mit aller Konsequenz durchgehaltene respektvolle Abstinenz von jeder inhaltlichen Vorgabe und die nüchterne Konzentration auf eine subtile Fragetechnik ist diese Methode weltanschaulich völlig neutral. Ein Buddhist mag so ein besserer Buddhist, ein Christ ein besserer Christ und ein Atheist ein besserer Atheist werden. Und die Therapie wird so kürzer, denn der Patient wird nicht auf ein ihm im Grunde fremdes Terrain gezerrt, das der Therapeut für »die Normalität« hält, sondern er darf bei sich bleiben und sich sofort ganz auf seine eigenen Kräfte und die Lösungen konzentrieren, ohne wieder, wie schon so oft, im Problem zu versinken. Therapien nach dem Motto: Sie haben ein Problem, da hätt' ich noch eins für Sie! mögen zwar manchmal auch effektiv sein, aber sie dauern jedenfalls länger. Und lange Therapien würdigen keineswegs, wie manche meinen, das Leid des Patienten, sondern sie suggerieren dem Patienten die hohe Bedeutung des

Therapeuten für ihn – und damit die eigene Unfähigkeit. Kürze der Therapie ist damit nicht nur Kennzeichen einer bestimmten Therapierichtung, sondern eine ethische Forderung an jede Psychotherapie.

In meinem Statement auf dem Kongress plädierte ich dann dafür, jede Psychotherapierichtung um ihrer eigenen Seriosität willen auf ihre direkten und indirekten, beabsichtigten und unbeabsichtigten religiösen Wirkungen und Nebenwirkungen zu überprüfen.

Der Preis der hohen Effizienz der oben beschriebenen Therapiemethoden ist die konsequente Konzentration auf das, was wirkt, unter absichtlicher völliger Vernachlässigung der Frage, was wahr ist und damit auch der Frage nach Gott. Nun mag das für therapeutische Situationen nützlich sein. Doch kann man so leben?

Eines Tages fragte ich Steve de Shazer, wie er denn noch seiner Frau – Insoo Kim Berg, die auch viel zur Entwicklung lösungsorientierter Therapie beigetragen hat – ein Kompliment machen könne. Denn »Komplimente«, wertschätzende Bemerkungen über – wirkliche! – Fähigkeiten des Patienten, sind wichtige Instrumente seines Therapieansatzes. Er sah mich unter seinen buschigen Augenbrauen eine Weile ernst an und sagte dann: »Keine Worte, ich glaube, ich würde ihr Blumen schenken …«

Die Frage nach Gott ist – wirklich ernst genommen – natürlich nicht eine Frage nach einer mehr oder weniger nützlichen Perspektive. Die Frage nach Gott ist eine existenzielle Frage. Eine Frage nicht nur nach einer mehr oder weniger wirksamen Wirklichkeit, sondern die Frage nach der existenziellen Wahrheit. Existiert Gott in Wahrheit oder existiert er in Wahrheit nicht? Das ist eine Frage außerhalb jeder kunstvollen, aber eben doch nur künstlichen Psychotherapie, es ist eine Frage auf der Ebene des Blumenstraußes von Steve de Shazer.

Nach dem Durchgang durch die moderne Psychologie und Psychotherapie können wir damit ein vielleicht erstaunliches, aber doch klares Ergebnis feststellen: Die moderne Psychologie und die Psychotherapie haben zu der Frage, ob Gott existiert, absolut nichts beizutragen. Doch manchmal ist die Erkenntnis, dass man etwas in einer bestimmten Gegend ganz sicher nicht findet, wo alle immer wieder gesucht haben, viel hilfreicher als unsichere Funde, über die man sich dann immer wieder den Kopf zerbrechen muss.

Zu behaupten, die Psychologie könne etwas über Gott aussagen, hieße, man könne etwas über die Zauberflöte sagen, wenn man genau die Bühnenmaschinerien untersucht hat, die Bühnenausstattung inspiziert hat und vielleicht noch über den psychischen Befund aller Sänger verfügt. Was weiß man dadurch über die Zauberflöte, über Mozart, über den Zauber der Musik? Man wird wohl kaum übertreiben, wenn man die Antwort mit einem kurzen Wort zusammenfasst, nämlich: Nichts!

Die Frage –
Expeditionen durch den Feuerbach

Es ist eine trügerische Hoffnung, über die Psychologie eine gültige Antwort auf die Frage nach der Existenz Gottes zu bekommen. Dass man das überhaupt versucht, hat vielleicht damit zu tun, dass die gründlichste und wirksamste Widerlegung der Existenz Gottes zwar von einem Philosophen vorgetragen wurde. Diese Widerlegung argumentiert in ihrem entscheidenden Kern aber psychologisch.

Die Rede ist von Ludwig Feuerbach (1804–1872). Feuerbach war noch Schüler von Georg Wilhelm Friedrich Hegel, dem großen Denker des deutschen Idealismus. In seinem Hauptwerk, der »Phänomenologie des Geistes«, hatte Hegel sich bemüht, nach dem Zusammenbruch der Erkenntnisgewissheit in der Philosophie des 18. Jahrhunderts noch einmal ein großes philosophisches System zu entwickeln. Die Anlage des Hegelschen Werkes hat tatsächlich versucht, das Denken von Philosophie, Theologie und der gesamten Wissenschaft in ein imposantes philosophisches Gebäude zu überführen. Liest man Hegel, ist man beeindruckt, wie hier eins ins andere greift. Sogar die zentralen Aussagen des Christentums werden in Philosophie gegossen, die Dreifaltigkeit, der Kreuzestod und die Auferstehung Christi.

Noch heute können es auch bedeutende Theologen nicht lassen, Hegel zu plündern, um das Christentum dem zeitgenössischen Denken verständlicher zu machen. Doch wer es unternimmt, den Glauben ganz auf philosophische Flaschen zu ziehen, läuft stets Gefahr, das Eigentliche des Glaubens an Gott zu verpassen. Zwar mag man fordern, dass, wenn es denn Gott gäbe, auch dem stolzen Licht der menschlichen Vernunft ein Zugang zu Gott möglich sein müsste. Da hat Hegel gewiss recht. Doch ein Gott, den man ganz genau begreift, den man vom hohen Philosophenthron aus souverän überblickt, dem man von da aus zuweist, was er kann und darf und was er vielleicht auch nicht kann oder nicht darf, wäre natürlich niemals der allmächtige Gott, nach dem wir hier fragen. Er wäre ein putziges Göttchen für die nächste philosophische Seminararbeit. Ein solcher Gott, dem ein Professor an der Berliner Universität die Arbeitsplatzbeschreibung geschrieben hat, ist dann aber auch vergleichsweise schnell wegzuargumentieren – am besten mit Argumenten aus dem gleichen Brain-Trust. Und genau das tat man im Schülerkreis Hegels. Daher berufen sich nicht nur christliche Theologen, sondern vor allem auch die Begründer des modernen Atheismus auf den Berliner Professor, der dem Weltgeist auf die Schliche kommen wollte: Georg Wilhelm Friedrich Hegel.

1. Ein Sahnetortenbeweis

Ludwig Feuerbach war deren herausragendster Vertreter. Für ihn war Gott im Letzten in der Tat ein psychologisches Phänomen. Feuerbach beschreibt den Menschen als Wesen mit unermesslichen Wünschen und Sehnsüchten. Wünschen kann man viel; erfahrungsgemäß gehen aber die meisten Träume nicht in Erfüllung. Deshalb – so Feuerbach – verfällt der Mensch auf einen Trick. Er denkt sich die Erfüllung seiner Wünsche im Himmel. Gott ist die Gestaltwerdung der unerfüllten Wünsche des Menschen, also eine im Kopf des Menschen entstandene Projektion. Punkt. Feuerbach, das ist aber damit recht besehen keine Kritik an der Religion, sondern der Versuch ihrer Erklärung – ihrer Erklärung allerdings vom atheistischen Standpunkt aus.

Eine solche Erklärung war gerade zu Beginn des 19. Jahrhunderts dringend fällig. Die Französische Revolution hatte kurzen Prozess gemacht mit der Religion. Fouché hatte in Lyon mit brachialer Gewalt die Kirchen schänden lassen, groteske gotteslästerlliche Exzesse organisiert, und das war nur einer der Höhepunkte einer gnadenlosen Verfolgung von Christentum und Kirche. Die Kirche hatte ihre Unterstützung durch die Herrschenden, durchs Ancien Régime verloren, und als der Papst 1799 als Gefangener der Revolutionstruppen in Valence in Südfrankreich starb, schien der Zeitpunkt gekommen, den der Aufklärer Diderot herbeigewünscht hatte: dass der letzte Pfaffe mit den Gedärmen des letzten Fürsten erdrosselt würde.

Doch von einem Zusammenbruch der Religion konnte gar keine Rede sein. Irgendwie schien die Religion unverwüstlich, es kam zu einem ungeahnten Wiederaufstieg des Christentums in Europa. Und zwar nicht als oktroyierte Staatsreligion, sondern als Volksbewegung von der Basis her. So viele Kirchen wie im 19. Jahrhundert wurden nie gebaut. Warum glaubten die Menschen noch an Gott, wo das keinen selbstverständlichen Vorteil mehr bedeutete, wo es nicht mehr gefährlich war, sich zum Atheismus zu bekennen und wo Gott nach all den Lästerungen der Revolution nicht voller Wut gegen die Menschheit dreingeschlagen hatte, wie noch in Sodom und Gomorrha?

War es die Kraft der Wahrheit des Glaubens an Gott, die sich gegen alle Widrigkeiten immer wieder siegreich durchsetzte? Oder war es ein psychisches Massenphänomen, welches das Phantom Gott immer wieder neu hervorbrachte? Auf diese Frage antwortete Ludwig Feuerbach – und hielt Gott für ein Phantom. Auch vor ihm hatte es atheistische Autoren gegeben, doch Feuerbach ging das Thema ganz grundsätzlich, geradezu akribisch an. Er lieferte dem Atheismus vor allem das, was diesem noch zu fehlen schien, die – psychologische – Erklärung der Religion.

Sein Ansatz wurde dann dadurch epochal, dass Karl Marx ihm zwar in manchem widersprach, aber seinen Atheismus mit den Thesen Feuerbachs begründete. So wuchs dem modernen Atheismus in Ludwig Feuerbach sein Kirchenvater zu, der auch noch heute gern zitiert wird, wobei Pannen vorkommen. Ließ die »freidenkerische« ehemalige Ministerin Renate Künast doch ein Abnehmbuch, das vor allem für verbesserten Schulunterricht eintritt, mit einem Zitat von ihm beginnen – wobei sie den Hegelschüler Ludwig Feuerbach mit dem Maler Anselm Feuerbach verwechselte.

Kern der Feuerbachschen Argumentation ist wie gesagt das Projektionsargument: Es könnte doch sein, dass es Gott nicht gibt und dass dann all die Vorstellungen von Gott aus unseren gestaltgewordenen Wünschen und Sehnsüchten bestehen. Es könnte doch sein, dass es Gott nicht gibt und dass all unsere Hoffnung auf Erlösung sich in einem liebenden Gott ein Gebilde geschaffen hat, das uns das Leben erträglicher macht. Es könnte doch sein, dass es Gott nicht gibt und dass alles Unerklärliche in dieser Welt in Gott seine phantasierte Lösung findet. Es könnte doch sein, dass es Gott nicht gibt und dass wir zum Schutz vor allen Ängsten, vor Blitz, Donner und Hagelschlag und vor allem vor dem Tod, uns in der Idee eines Gottes eine Beruhigung geschaffen haben? Könnte doch sein, oder?

Doch das Problem der Feuerbachschen Argumentation ist: Feuerbach begründet damit gar nicht den Atheismus, er setzt ihn einfach voraus und versucht bloß psychologisch zu erklären, warum es Menschen geben kann, die sich nicht zum Atheismus bekennen. Dass es psychologische Gründe geben kann, einen Gegenstand zu wünschen, sagt freilich aus logischen Gründen gar nichts darüber aus, ob es den Gegenstand in Wahrheit gibt oder nicht. Man kann sich intensiv Sahnetorte wünschen. Das heißt selbstverständlich nicht, dass diese Torte hier und jetzt existiert. Aber es heißt natürlich – glücklicherweise – überhaupt nicht, dass sie nicht existiert. Freilich müssen starke Wünsche vorsichtig machen, damit man sich nicht aus großem Hunger heraus eine vorschnelle oder übermäßige Befriedigung herbeizwingen will. Man sollte bekanntlich nie hungrig einkaufen gehen, man kauft dann eher zu viel.

Auch der Versuch Ludwig Feuerbachs fällt also unter das Verdikt, dass Psychologie zwar gewisse psychische Mechanismen erkennen kann und Psychotherapie Methoden entwickeln mag, diese Mechanismen zu beeinflussen. Doch zur existenziellen Wahrheit und zu Gott, so hatten wir schon sehen müssen, können Psychologie und Psychotherapie, wenn sie sich ihres wissenschaftlichen Status bewusst bleiben, nie wirklich vordringen.

Das bei Feuerbach zentrale Projektionsargument ist also gar kein Argument für den Atheismus. Es ist nur eine Weise der Möblierung des atheistischen Wohnzimmers, wenn man sich denn einmal entschlossen hat, aus welchen Gründen auch immer, nicht an Gott zu glauben. Dennoch gibt die Feuerbachsche Hypothese dem Atheismus bis heute viel Auftrieb und vor allem das Gefühl eingeweihter Überlegenheit gegenüber den kleinen ängstlichen und so leicht verführbaren Geistern, die – aus den Feuerbachlesern nun wohlbekannten Gründen – der Religion bedürfen. Im dunklen Wald einer Welt ohne Gott dröhnt beruhigend laut das Räderwerk des Feuerbachschen Mechanismus. Und die ineinander greifenden Rädchen suggerieren dem Leser gerade durch die Systematik, mit der sie ineinander passen, er selbst habe nun alles verstanden und entlarvt. Dabei hat man durch diese Erklärung noch überhaupt nichts wirklich verstanden und entlarvt. Dennoch, es gab und gibt ihn, den praktischen und auch den theoretischen Atheismus, und die Menschen hatten und haben Gründe dafür, Gründe, die vielleicht nicht bei Feuerbach nachzulesen sind, aber die schwer wiegen, so schwer wie die Erfahrung eines Lebens.

2. Immer Ärger mit dem Höchsten

Ludwig Feuerbach versucht nicht mit Polemik, sondern mit viel Respekt den Glauben an Gott psychologisch zu erklären, unter der Voraussetzung, dass Gott in Wahrheit nicht existiert.

Es kann also demnach nicht verboten sein, mit dem gleichen Respekt und den gleichen Mitteln den genau umgekehrten Versuch zu machen, nämlich psychologisch zu erklären, warum jemand nicht an Gott glaubt – unter der Voraussetzung, dass Gott in Wahrheit existiert.

a) Sturmfreie Bude

Wie es die Sehnsucht und den Wunsch junger Menschen gibt, endlich mal »sturmfreie Bude« zu haben, so ist der Wunsch verständlich, mal ohne ein allpräsentes »Über-Ich« zu leben, welches immer darauf achtet, dass man sich nicht danebenbenimmt. Moralisch zu sein, macht zwar ab und zu auch mal Freude. Oft ist das aber eher mühsam und mit erheblichen Nachteilen fürs eigene Wohlbefinden verbunden. Es sollen schon Leute gestorben sein, weil sie das Versprechen gehalten haben, ein Geheimnis nicht auszuplaudern. Wenn es da keine Instanz gibt, außer dem eigenen Ich, kann man sich viel leichter selber eine Entschuldigung ausstellen und wenigstens mal ab und an »die Sau rauslassen«. Atheismus und Libertinage, völlige sittliche Freizügigkeit, gingen oft zusammen. Schon Bossuet hat im 17. Jahrhundert das psychologische Erklärungsmodell Feuerbachs verwandt – und umgekehrt auf die Atheisten seiner Zeit bezogen: *»Sprecht mir nicht von den Libertins, ich kenne sie: Alle Tage höre ich sie schwatzen; und ich bemerke in all ihren Reden lediglich eine falsche Geschicklichkeit, eine verschwommene und oberflächliche Wissbegier oder, um es offen zu sagen, schiere Eitelkeit; dahinter stehen unbezähmbare Leidenschaften, die aus Furcht, von einer allzu mächtigen Autorität unterdrückt zu werden, die Autorität des Gesetzes Gottes angreifen, das sie aus einem Irrtum, wie er dem menschlichen Geist natürlich ist, umgestoßen zu haben glauben, weil sie es sich ständig wünschen.«* Atheismus als Wunschvorstellung! War Feuerbach vielleicht doch nicht so originell, wie manche denken?

Wenn Geld die Welt regiert, dann ist der liebe Gott für den ökonomischen Erfolg eher ein garstiger Spielverderber. Heute bemisst man den Wert von Sachen und auch von menschlichen Leistungen hauptsächlich im Geldwert. Doch die Zeiten, in denen man mit Glaubensdingen noch wirklich Geld machen konnte, sind endgültig vorbei. Die Tetzels haben mit ihrem Ablasshandel genug Schaden angerichtet. Und der angebliche Skandal der Vatikanbank war kein wirklicher Skandal, sondern die Verbindung von grenzenloser Naivität und völligem Dilettantismus. So konnte man in der gewöhnlich kirchenkritischen »taz« lesen.

Das große Geld jedenfalls beherrscht heute die globalisierte Welt machtvoller als vielleicht jemals zuvor. Politiker müssen am Ende ihrer Tätigkeit erkennen, dass sie viel weniger bewegen konnten, als sie gedacht hatten. Nicht selten mussten sie sich der Macht der Wirtschaft beugen. Fast allmächtig scheint heute die Wirtschaft zu sein. Die Instanz eines allmächtigen Gottes ist da natürlich für die unbeschränkte wirtschaftliche Expansion fremd und – schlimmer – hinderlich.

Der Altkommunist und bekennende Atheist Gregor Gysi erklärte vor einiger Zeit, er habe Sorge vor einer gottlosen Gesellschaft. Denn er befürchte, einer solchen Gesellschaft werde die Solidarität abhandenkommen. Damit bestätigte er die hier durchgespielte antifeuerbachsche Hypothese: Auch wenn es Gott gäbe, gäbe es gute wirtschaftliche Gründe für die Propagierung des allgemeinen Atheismus. Denn Skrupel, moralische Rücksichten und das Bewusstsein, dass das Leben auch noch anderes zu bieten hat als wirtschaftlichen Erfolg, können einen solchen Erfolg zweifellos hemmen. Allenfalls über »Werte« darf man da reden, Werte, die die Welt in Ordnung halten – damit der Rubel in gesicherten Verhältnissen weiterrollen kann, denn »Geld ist scheu wie ein Reh …«.

Für die Welt der Wirtschaft ist es psychologisch verständlich, dass man Gott, wenn es ihn denn gibt, möglichst unschädlich macht. Eine gute Idee ist dabei, Gott zur Privatsache zu erklären. Wir werden später noch mit solchen kastrierten Gottesvorstellungen fürs bürgerliche Wohnzimmer zu tun bekommen. Schon hier muss aber festgestellt werden: Ein Gott nur fürs Privatleben ist gar kein Gott, er ist eine Witzfigur – wie Kaiser Romulus Augustulus in »Romulus der Große« von Dürrenmatt, der sich im Wesentlichen für die Frühstückseier interessiert.

b) Einmal Lagerfeld sein

Wem an der grenzenlosen Größe des eigenen Ego gelegen ist, dem ist ohnehin jede Stellenbeschreibung oberhalb seiner selbst ein Dorn im Auge. Im »Zeitalter des Narzissmus«, wie man unsere Epoche einmal genannt hat, fühlt sich manch einer gestört von einem Gott, von dem es heißt, er sei der allmächtige. Bei der grandiosen Selbstinszenierung des eigenen Lebens, wie sie selbstverliebten Narzissten ein Bedürfnis ist, stören schon Kinder, da die kleinen Süßen skandalöserweise die Aufmerksamkeit der Partnerin respektive des Partners vom wichtigsten Menschen ablenken, den es überhaupt gibt, nämlich von einem selbst. Und wenn die ganze Gesellschaft von dieser narzisstischen Atmosphäre durchseucht ist, dann funktioniert eine normale Partnerschaft oft nicht mehr, weil die vom Partner selbstverständlich erwartete völlige Aufopferung des eigenen Ich nicht rückhaltlos erfolgt.

Das »Drama des begabten Kindes« ereignet sich dann, wenn sich beim bis dato depressiv unterwürfigen Partner irgendwann ein gewisses Bedürfnis zeigt, selbst ein wenig Liebe zu bekommen. Wie soll der alternde Narziss, dessen ganzes Leben bisher um die unersättliche gierige Zusammenraffung von Aufmerksamkeit für sich selbst organisiert ist, plötzlich von sich aus etwas geben? Nicht wenige Partnerschaften scheitern an solchen Entwicklungen. Wo aber kann es in einem solchen nur um sich selbst kreisenden Leben noch einen Platz für Gott geben? Der »Modezar« Karl Lagerfeld, der sich mit schönen Stoffen, aber vor allem mit sich selbst befasst, wurde nach Gott gefragt. Und als Antwort sprach er natürlich von sich: »Es fängt mit mir an, es hört mit mir auf, basta!« Ein Gott, der Gerechtigkeit für jeden, nicht nur für einen selbst, sondern auch für die anderen fordern wollte, ist in einem solchen Lebenskonzept zweifellos ein Störfaktor.

Die vollendete narzisstische Gesellschaft wird wahrscheinlich völlig versingeln. Durch das Internet miteinander vernetzt, werden diese Exemplare der Spezies Homo sapiens in einem gut geheizten, dennoch eiskalten Zuhause sitzen und miteinander »chatten«. So entgehen sie der Gefahr, mit der grenzenlosen Sehnsucht nach totaler Zuwendung immer wieder allzu sehr enttäuscht zu werden. Und sie vermeiden auf diese Weise, stets aufs Neue zu spüren, vom Leben und von den anderen Menschen für sich selbst zu wenig zu bekommen. Der Kosmos solcher Narzissten ist ganz vom eigenen überblähten Ich ausgefüllt, das wie ein monströses schwarzes Loch alles an sich reißt. Und wenn dieser Egozentrismus nicht bloß ein ab und zu durchbrechendes Laster, sondern die eigene irgendwie ganz selbstverständliche Lebensform ist, dann sind andere, gar wichtigere Zentren bloß Konkurrenz, der man wütend entgegentritt. Der öffentlich hinausgeschriene Gotteshass mancher medienbekannter Narzissten ist auf diese Weise psychologisch ohne weiteres zu erklären.

Ein Gott jedenfalls, der ja für sich selbst eine eigene Bedeutung in der Welt beanspruchen würde und als gerechter Gott darüber hinaus ein Gott auch für die anderen wäre, ist für den radikalen Narzissten ein Greuel.

c) Fernsehgötter

Und damit berühren wir ein Problem, das der liebe Gott mit dem Fernsehen hat. Das Fernsehen ist das ideale Medium für Narzissten. Sicher, nicht alle, die im Fernsehen auftreten, sind ausnahmslos Meister der Selbstliebe. Doch dieses Medium ist zweifellos eine besondere Versuchung für solche, die nicht wirklich in sich selbst ruhen, sondern unersättlich und im Übermaß jene Streicheleinheiten suchen, mit denen sie vielleicht in ihrem frühen Leben zu wenig bedacht wurden. Sie suchen, ohne jemals wirkliche Befriedigung zu erlangen. Wo aber kann man maximale Aufmerksamkeit auf sich konzentrieren? Natürlich bei einer Fernsehsendung, möglichst mit hoher »Quote«. Die Narzissten im Fernsehen sind zwar nicht die wirklich Großen. Sie sind gehandikapt durch ihre Abhängigkeit vom Zuspruch, durch ihr schwaches eigenes Profil. Der Mangel an echter Ausstrahlung kann sich dann zum Beispiel im Trubel einer Live-Sendung zeigen, in der sie plötzlich einer echten menschlichen Tragödie begegnen. Darauf müssten sie in diesem Moment nicht mit routinierter Technik reagieren, sondern echt. In einem solchen Moment muss man, gerade als »alter Hase«, die Fähigkeit besitzen, ganz man selbst zu sein. Doch das können Narzissten gar nicht, denn sie wissen im Grunde nicht, wer das eigentlich ist: »Ich selbst«. Dennoch bestimmt eine narzisstische Mentalität das Medium der Fernsehgötter und -göttinnen. Und das Publikum betet sie an.

In einer derart selbstgebastelten Welt ist kein Platz für Gott. Daran ändern auch die religiösen Nischen nichts, etwa die Übertragung von Fernsehgottesdiensten oder das »Wort zum Sonntag«. Solche Sendungen führen eine Ghettoexistenz. Sie bestätigen in ihrer Isolierung die These von der Fernsehwelt ohne Gott. Denkbar, dass der Moderator am Beginn einer beliebten Fernsehshow alle Anwesenden in der riesigen Halle auffordert, im Sinne political correcter Gesundheitsreligion einige gesundheitsfördernde Gymnastikübungen zu machen: Tolle Idee, das wird allen sicher gut tun ... Undenkbar freilich, dass der Moderator alle fröhlich zu einem Gebet auffordert – obwohl Menschen, die beten, doch sogar angeblich älter werden als Leute, die nicht beten ...

Das Fernsehen ist eine virtuelle Welt ohne Gott. Es ist nicht die wirkliche Welt, das weiß jeder. Für Zuschauer, die sich lange Zeiten ihres wachen Lebens in dieser Fernsehwelt aufhalten, wird diese Welt dann doch praktisch die wirkliche Welt und die Welt da draußen beginnt virtuell zu werden. Ist nicht fast jeder zunächst ganz selbstverständlich der Auffassung, dass es die Tagesschau auch am Tag nach dem eigenen Tod geben wird? Und empfindet er dann den Gedanken nicht als beunruhigend, dass das für ihn im Grunde gar nicht stimmt, dass es nämlich nach seinem eigenen Tod in Wirklichkeit gar nichts mehr gibt – da das eigene wirkliche Leben in Wahrheit wirklicher ist als das Fernsehen? Und dieses wirkliche Leben ist vorbei. Wenn es Gott wirklich gibt, dann ist seine künstliche Abwesenheit zum Beispiel im Fernsehen und in anderen virtuellen Welten, in denen wir so leben, ein Problem. Diese Abwesenheit kann dann psychologisch sehr gut erklären, warum viele Menschen an einen Gott nicht glauben können, der in der Welt ihres Lebens nun einmal so wenig vorkommt, obwohl er in Wirklichkeit existiert.

d) Trendsurfing

Gläubige Menschen werden sagen, dass auch den Bewohnern dieser Fernsehwelt irgendwann einmal die Frage nach Gott begegnen wird. Selbst dann könnten sie freilich an ihrem Atheismus festhalten. Und falls sie sich bekehrten, werden sie trotzdem die meiste Zeit ihres Lebens atheistisch gelebt haben. All das hat große Auswirkungen für die Menschen einer demoskopiebesessenen Gesellschaft. Wie viele an Gott glauben und wie viele nicht an Gott glauben, das ist zwar für die Frage, ob Gott wahrhaftig existiert, völlig irrelevant. Aber für die Frage, ob sich jemand zum ausdrücklichen Glauben an Gott entschließen kann, ist das nicht ohne Bedeutung.

Wir hören das nicht gerne, aber wir sind erheblich davon beeinflusst, was »man« so denkt und »man« so glaubt. Dieses »man«, das dem Philosophen Martin Heidegger so sehr zuwider war, hat zu allen Zeiten Menschen in ihren Auffassungen beeinflusst. Heute wird es absichtlich massenhaft genutzt, um Zuschauer, Zuhörer und Leser zu erwünschten Meinungen und Handlungen zu bewegen. Die ganze Werbung lebt davon, den möglichen Kunden zu suggerieren, ein bestimmtes Produkt müsse »man« kaufen, weil es viele andere schon tun, auch ganz bekannte Meinungsführer, die immerhin die Nachrichten vorlesen und jetzt sicher sehr kompetent wissen, welches Deo das richtige ist.

Sogar Parteien, die sich sonst viel auf das Lob der Freiheit des

Menschen zugutehalten, stellen im Wahlkampf Plakate in die Fußgängerzone, die der Öffentlichkeit nicht etwa entscheidungsrelevante Argumente zur Kenntnis geben. Nein, sie wollen den hochgeschätzten Wahlbürgern im Grunde nur mitteilen, dass sie nun gefälligst das tun sollen, was »man« so tut, wenn man den Trend nicht verpassen will: nämlich diese Partei zu wählen. Wenn das Girlie auf dem Wahlplakat später auf Befragen erklärt, es wähle natürlich eine ganz andere Partei, ist das eine kleine Panne, die aber nicht weiter ins Gewicht fällt. Wichtig für die Beeinflussung der Meinung der Menschen ist jedenfalls der Eindruck, viele würden etwas Bestimmtes machen, meinen oder wählen.

Wie stark solche massenpsychologischen Effekte sind, zeigt sich regelmäßig vor Wahlen. Da kämpfen nicht mehr Parteien, sondern demoskopische Institute um den Wähler. Wenn eine Partei in Umfrageergebnissen einen Trend nach unten zeigt, dann ist dieser Trend selbst der Motor, die Partei noch weiter nach unten zu ziehen, obwohl in der Zwischenzeit politisch gar nichts Relevantes passiert ist. Und eine Trendumkehr trat bei Ereignissen ein, die mit wirklicher Politik gar nichts zu tun hatten, zum Beispiel eine schicksalshafte Überschwemmung und ein Kanzler, der zur richtigen Zeit mit den richtigen Stiefeln vor der richtigen Kamera steht. Es gibt demokratische Länder, da ist die Veröffentlichung von Umfrageergebnissen kurz vor den Wahlen verboten, um wenigstens den Anschein eines Mindestmaßes an Rationalität bei der Wahlentscheidung zu erwecken.

Man befragt inzwischen das Volk auf allen Kanälen zu jedem Unsinn. Die Trends ändern sich wie der Wind und oft aus den gleichen Gründen wie der Wind, nämlich aus keinen nachvollziehbaren. Der Trend ändert sich, weil jemand sagt, der Trend ändert sich. Da es hier um allgemeine psychologische Phänomene geht, ist nicht einzusehen, warum solche Effekte nicht auch die Frage nach dem Glauben an Gott betreffen sollen. Wenn die meisten an Gott glauben und sich zu ihm aktiv bekennen, dann gibt es eine starke psychologische Tendenz, das auch zu tun. In Gesellschaften, die noch ganz religiös geprägt waren, erforderte ausdrücklicher Atheismus Mut und war begründungsbedürftig, während der Glaube bisweilen widerstandslos vor sich hin plätscherte. »Man« glaubte halt. In Gesellschaften, in denen Gott außer in abgegrenzten zeitlichen und örtlichen Bezirken kaum mehr vorkommt, erfordert ausdrücklicher Glaube inzwischen Mut und ist begründungsbedürftig, während der praktische oder theoretische Atheismus eines dahinplätschernden Lebens ohne Gott jetzt keiner Begründung mehr bedarf. Das Bedürfnis, zur Mehrheit, zu den Siegern zu gehören, ist bei vielen übermächtig.

Gott lag lange Zeit nicht im Trend. Die Kirchenaustrittszahlen stiegen unverdrossen an, der Gottesdienstbesuch nahm stetig ab. Die führenden Repräsentanten des Glaubens an Gott waren keine Siegertypen und jammerten außerdem noch mehr, als es selbst Deutschen angenehm ist. Seit kurzem ist hier eine Trendwende zu verzeichnen. Uns sei »der Glaube an die Gottlosigkeit« abhanden gekommen, befand jüngst SPIEGEL-Vordenker Alexander Smoltczyk. Spricht damit wieder mehr für die Existenz Gottes? Natürlich nicht. Solche massenpsychologischen Phänomene sagen nämlich bekanntlich über die Wahrheit, ob Gott existiert oder ob er nicht existiert, überhaupt nichts aus.

Sie sagen etwas aus über die demoskopische Beeinflussbarkeit des Menschen. Doch die Wahrheit liegt nicht unbedingt im Trend und sie ist der Demoskopie jedenfalls nicht zugänglich, auch wenn man demnächst irgendwo eine Umfrage zur Frage machen wird, wie viel zwei plus zwei ist. Wenn wir optimistisch sind, dann wird die Umfrage wohl wahrscheinlich einen Betrag in der Nähe von vier ergeben. Wenn wir pessimistisch sind, wird man dann glauben, dass wir jahrtausendelang mit der glatten vier den wahren Wert nur annäherungsweise getroffen haben. Es gibt also hervorragende massenpsychologische Gründe, warum unter der Voraussetzung, dass Gott in Wahrheit existiert, viele Menschen dennoch Atheisten sind.

e) Ein explosives Gemisch

Nennen wir zum Schluss aber noch die Gründe, die mir selbst persönlich am häufigsten begegnet sind, wenn Menschen mir davon berichtet haben, wie sie den Glauben verloren haben. Es sind Erfahrungen, zum Beispiel mit einem merkwürdigen Pfarrer. Man muss diese Gründe sehr ernst nehmen, denn wenn das Christentum darauf besteht, dass man in der Begegnung mit Menschen Gott begegnen kann, dann ist die Begegnung mit einem bestallten Religionsvertreter nicht irgendeine Begegnung.

Die besondere Brisanz kann man nicht einfach schnell mit der üblichen Antwort wegwischen: Man tritt doch nicht wegen einem blöden Pfarrer aus der Kirche aus! Denn, Hand aufs Herz, wer oder was ist denn die Kirche für viele? Die Theologen sagen: Die Kirche sind wir alle. Stimmt! Doch für den Einzelnen hat die Kirche mit konkreten Gesichtern zu tun und da ist der Pfarrer nun mal der Fels in der Brandung oder der Stein des Anstoßes. Denn was der durchschnittliche Christenmensch sonst so in der Öffentlichkeit und in den Medien von seiner Kirche erfährt, ist jedenfalls in der Regel nicht geeignet, schlechte Erfahrungen mit seinem Pfarrer oder anderen Berufschristen vergessen zu machen. Andererseits sind aber auch Pfarrer nur normale Menschen. Bloß dass die Schäfchen von ihnen normalerweise erwarten, dass sie normalerweise immer gut drauf sind, uneigennützig, Tag und Nacht aufopferungsvoll tätig für ihre Herde – wie der Gute Hirte, von dem Jesus so eindringlich erzählt.

Es trifft hier also ein so außerordentlich hohes Idealbild, wie es von keiner anderen Berufsgruppe erwartet wird, auf allzu oft überforderte, erschöpfte und frustrierte Kirchenrepräsentanten. Ein explosives Gemisch, zumal die Ereignisse, wegen deren man den Pfarrer aufsucht, in der Regel für einen Menschen in seinem Leben besonderes Gewicht haben, für den Pfarrer aber notgedrungen mehrfach täglich stattfinden. Jedem psychologisch Erfahrenen muss klar sein, dass es auch beim besten Willen beider Seiten hier häufiger krachen muss.

Doch was nützt die bekannte Klage, die Gemeinden müssten die Pfarrer mehr unterstützen? Dem einzelnen gekränkten Christenmenschen auf dem Weg in die atheistische Resignation hilft das herzlich wenig. Er mag jetzt einen Weg »Christus ja, Kirche nein« beschreiten, Sie wissen schon: Gott im Wald und so ... Doch auch das funktioniert auf Dauer nicht – wie die unvermeidliche Demoskopie nachweist: Menschen ohne jede Bindung an die Institution Kirche verlieren bald auch den Glauben. Das sehr ernst zu nehmende psychologische Problem beim Protest eines von der Kirche Enttäuschten ist, dass es keine Appellationsmöglichkeiten gibt. Die Kirche verfügt über keine Beschwerdekultur, die solchen Ärger in geordnete Bahnen lenken könnte. Und wenn man wegen des Papstes oder wegen eines unsympathischen Bischofs empört ist, dann sind die in der Regel telefonisch überhaupt nicht zu erreichen. So bleibt die wütende Entfremdung von der Kirche und irgendwann der Austritt.

All das hat mit der Frage, ob es Gott gibt oder ob es Gott nicht gibt, nichts zu tun. Es sind aber sehr gut nachvollziehbare psychologische Gründe, wie man Atheist werden kann, selbst dann, wenn Gott existierte.

Die Situation des hilflosen Protestes gibt es auch sonst im Leben. Es gibt Menschen, die fühlen sich vom Leben schlecht behandelt, die haben Unglück oder nicht das Glück, das sie sich erhofft haben. In unserer kalten Massengesellschaft findet Protest dagegen keinen Adressaten mehr. Und so kann sich hier Verzweiflung, Wut und Hass gegen alles und jedes anstauen. Im extremen Fall künden manche die Öffentlichkeit erschreckenden Amokläufe von solchen scheinbar ausweglosen Hexenkesselsituationen. In milderer Form kann sich die Enttäuschung vom Leben auch im Protest gegen Gott ausleben. Man reinszeniert sozusagen den Vatermord der Urhorde im gleichgültig, zynisch oder gar lustvoll vorgestellten Gottesmord. Schon C. S. Lewis hatte allein in Freuds Ödipuskomplex genügend psychologische Gründe gesehen, einen väterlichen Gott ein wenig abzumurksen, selbst wenn es ihn gäbe. Atheismus aus Hass auf Gott, auf den einmal nicht (wie noch bei Feuerbach) die Wünsche und Sehnsüchte der Menschen projiziert werden, sondern die Aggressionen und Enttäuschungen eines ganzen menschlichen Lebens.

3. Eine Frage auf Leben und Tod

Doch beides – Gott als Objekt von Sehnsüchten und Wünschen und Gott als Objekt von Aggressionen und Enttäuschungen – sind bloß denkbare psychologische Erklärungen. Sie erklären, warum man an Gott glaubt, obwohl es ihn in Wahrheit nicht gibt oder aber umgekehrt, warum man nicht an Gott glaubt, obwohl es ihn in Wahrheit gibt. Zur alles entscheidenden Frage, ob Gott existiert oder ob er nicht existiert, darüber sagen beide Erklärungen nicht das Geringste aus.

Ohnehin ist es in philosophischen oder anderen grundsätzlichen Debatten nicht die feine Art, die andere Überzeugung psychologisch wegzuerklären und sie damit als ernstgemeinte existenzielle Überzeugung nicht wirklich ernst zu nehmen. Weder haben Menschen, die an Gott glauben, irgendeinen Psychodefekt, noch leiden Atheisten, nur weil sie Atheisten sind, an einer psychischen Störung. Man darf es sich nicht zu einfach machen mit unserer Frage. Was da oben als mögliche Begründung des Gottesglaubens nach Auffassung Ludwig Feuerbachs zitiert wurde, trifft zum Beispiel beim derzeitigen Papst gewiss nicht zu, der psychisch einen erschreckend normalen Eindruck macht. Noch als Kardinal Ratzinger hat er ein außerordentlich tiefgehendes und respektvolles Gespräch mit dem gleichfalls psychisch höchst stabilen Jürgen Habermas geführt. Dessen religiöse Unmusikalität hat andererseits ganz sicher auch nichts mit den möglichen Gründen zu tun, die wir für den Glaubensverlust mancher Menschen genannt haben. Dennoch gibt es Gottesgläubige, bei denen sich die Feuerbachsche Sicht geradezu aufdrängen mag, und gewisse Atheisten, die ganz offensichtlich mit dem lieben Gott nur ein psychologisches Problem haben.

Damit ist auch das Ergebnis dieses Kapitels negativ. Die psychologische Philosophie von Ludwig Feuerbach taugt nicht zur Begründung des Atheismus. Aber auch der gegenteilige Versuch einer psychologischen Erklärung des Atheismus kann die Wahrheit des Glaubens an Gott nicht begründen.

Das Ergebnis von Psychologie und psychologischer Philosophie für unsere Frage nach Gott fällt so hinter das Ergebnis zurück, das wir vorher erhalten hatten. Musik und Kunst nämlich hatten uns zumindest erhoben über die rein materielle Basis unseres Lebens hinaus. Mit Psychologie und der Feuerbachschen Philosophie bleiben wir trotz aller intensiven Bemühungen um Höhe und Tiefe hilflos am Boden kleben. Die psychologische Sicht liefert nämlich, wie wir sahen, einfach die falschen Instrumente für die Suche nach Gott. Das erinnert an die berühmte Geschichte von der Kerze, mit der Diogenes von Sinope am helllichten Tage durch Athen zog und rief: Ich suche einen Menschen ... Auf diese Weise also treiben wir die Frage nach Gott nicht wirklich weiter – oder vielleicht doch?

Nehmen wir ein Beispiel aus der Medizin: Ein Aneurysma ist die Aussackung einer Arterie, eine Sackgasse, die viele Turbulenzen auslöst und den Blutstrom im Hauptgefäß dadurch manchmal lebensgefährlich hemmt. Wenn es gelingt, die Sackgasse zu verschließen, kann der Blutstrom wieder mit Kraft in die richtige Richtung fließen. Wir konnten erkennen, dass der psychologische Ansatz bei der Frage nach der Existenz Gottes eine viel befahrene Sackgasse ist, die viele Turbulenzen verursacht hat und die Denkkraft der Menschen in die falsche Richtung abgelenkt hat. Damit haben wir aber ein außerordentlich wichtiges Ergebnis erreicht. Wir können nämlich jetzt diese Sackgasse verschließen und im Folgenden umso kraftvoller der eigentlichen Frage nachgehen.

Eine Hemmung des Denkstroms bei der Frage nach Gott ist jedenfalls nach der Meinung des großen Mathematikers Blaise Pascal mindestens ebenso lebensgefährlich wie die Hemmung des Blutstroms hinter dem Aneurysma. Denn bei der Frage nach

Gott geht es um alles oder nichts. Wenn man so lebt, als gäbe es Gott – und in Wirklichkeit gibt es Gott nicht, dann hat man vielleicht einen gewissen Verlust an Lebensfreude zu beklagen, was mit einem egoistischeren Leben nicht passiert wäre. Wenn man aber leichtsinnigerweise so lebt, als gäbe es Gott nicht – und es gibt ihn in Wirklichkeit doch, dann würde man mit dem ewigen Nichts bestraft. Das ist die berühmte »Wette Pascals«. Wenn die Dinge so liegen, sagt der geniale Mathematiker Pascal, dann würde er, selbst wenn er keine anderen Informationen über die Existenz Gottes hätte, aus Vernunftgründen mit dem ganzen Einsatz seines Lebens auf die Existenz Gottes wetten. Im Fall, dass Gott existiert, wäre der Gewinn unendlich, im Falle er existierte nicht, der Verlust gering. Würde man jedoch darauf wetten, er existiere nicht, dann wäre im Falle, er existierte wirklich nicht, der Gewinn gering. Falls es ihn aber in Wirklichkeit doch gibt, wäre der Verlust der ewigen Glückseligkeit eine selbst verschuldete unendliche Katastrophe.

Die dreihundert Jahre alte Wette des Blaise Pascal überzeugt auch heute noch zweifelnde Menschen. Sie zeigt aber vor allem, wie einer der zweifellos intelligentesten Denker in der Geschichte der Menschheit die Frage nach Gott für die wichtigste Frage des Lebens hielt, für eine Frage, der niemand wirklich dauerhaft ausweichen kann, für eine Frage auf Leben und Tod. Doch auf eine Frage, die eine wirkliche existenzielle Frage ist, kann es immer verschiedene Antworten geben. Und auf die Frage, ob Gott existiert oder ob Gott nicht existiert, hat es unterschiedliche ernstzunehmende Antworten gegeben, die atheistische und die gläubige.

Der Gott der Atheisten – Ein großartiger Protest

Freilich gibt es bei der atheistischen Antwort ein Problem. Sie ist eben eine a-theistische Antwort, ihrem Wesen nach also eine Negation. Sie leugnet ausdrücklich Gott und muss sich daher irgendein Bild von dem machen, den sie doch leugnet, nämlich von Gott. Es ist deshalb nicht ganz so unsinnig, wie es im ersten Moment wirken mag, vom »Gott der Atheisten« zu sprechen.

1. Ich denke, was ich will

Seit wann gibt es überhaupt Atheisten? Die Antwort auf diese Frage ist kontrovers. Manche ernstzunehmende Wissenschaftler meinen, der Atheismus sei bloß eine kurze Episode der jüngsten Zeit und das auch nur in einem vergleichsweise begrenzten geographischen Raum, nämlich insbesondere in Mittel- und Nordeuropa. Andere weisen darauf hin, dass freie Menschen sich wohl zu allen Zeiten erlaubt haben, gegen herrschende Meinungen aufzubegehren. Auch von einem gläubigen Standpunkt aus mag die Auffassung, es habe eine Zeit ohne jeden »Atheisten« gegeben, zweifelhaft erscheinen. Wie hätte dann der Glaube an Gott eine freie Entscheidung sein können? Informationen über die frühe Menschheitsgeschichte, aus der wir über nichts Schriftliches verfügen, sind vage. Höhlenzeichnungen, Zehntausende Jahre vor Christi Geburt in Südfrankreich an Begräbnisorten entstanden, künden zumindest davon, dass man diesen materiellen Relikten von Menschen irgendeine Bedeutung über den Tod hinaus gab.

Dafür eine jenseitige irgendwie göttliche Instanz anzusetzen, liegt nicht fern. Ein eventueller gegen die herrschende Auffassung protestierender früher Atheismus, wenn es ihn denn gegeben haben sollte, hätte es in schriftloser Zeit erheblich schwerer gehabt, sich zu artikulieren. Wie um Gottes willen soll man die Leugnung des Vorhandenseins irgendeines »Gegenstandes« abbilden? Man muss also in der Vereinnahmung der frühen Perioden der Menschheit für oder gegen das Vorhandensein von Gottesleugnern ausgesprochen vorsichtig sein. Andererseits gibt es dann in Zeiten schriftlicher Äußerungen schon frühe Zeugnisse für vom allgemeinen Gottes- beziehungsweise Götterglauben abweichende vereinzelte Protestpositionen, die man vielleicht mit einiger Mühe als atheistisch bezeichnen könnte.

Will man hier weiterkommen, muss man kurz innehalten und wenigstens versuchen, den vagen Begriff »Atheismus« etwas näher zu fassen. Atheismus ist in neuerer Zeit im Allgemeinen die Leugnung dessen, was man für den christlichen Gottesbegriff hielt, die Leugnung eines allmächtigen Schöpfers des Himmels und der Erde, der diese Schöpfung weiter in Händen hält und am »Jüngsten Tag« über die Menschen Gericht halten wird, bei dem er die Guten von den Bösen unterscheiden wird, den Guten das Paradies, den Bösen die Hölle zuweisend. Gehen wir in die Begriffsgeschichte zurück, stoßen wir jedoch auf verwirrende Phänomene. So lautete der Vorwurf gegen die Christen, die sich ja der Verehrung der Staatsgötter und vor allem des vergöttlichten Kaisers widersetzten: Atheismus. Auch Sokrates, der in seiner existenziellen Tiefe das burleske Gewimmel im griechischen Götterhimmel nicht wirklich ernst nehmen konnte und als Philosoph auf dem Weg zum Glauben an einen einzigen Gott war, starb unter der Anklage des Atheismus.

Wollte man mit unserem heutigen, weitgehend christlich geprägten Gottesbegriff die Frühzeiten der Menschheit sondieren, würde man eine beeindruckende Fülle von »Atheismus« finden. Denn wie sollte man damals Gott schon so sehen, wie wir ihn heute sehen? Andererseits bezeugt die gesamte Menschheitsgeschichte eine bunte Überfülle an Götter- und Gottesglauben. Man muss also aufpassen, dass man nicht durch Begriffsmanipulationen geistigen Imperialismus betreibt und so das Reich des Atheismus oder des Gottesglaubens unsachgemäß weit ausdehnt. Der Begriff Atheismus bleibt also vage und wird vielleicht umso konsistenter und unmissverständlicher, je mehr man sich unserer Gegenwart nähert.

Doch auch da sind allzu simple Entgegensetzungen nicht möglich. »Atheismus aus Respekt vor Gott« hat der Theologe Karl Rahner eine Haltung von Menschen genannt, die von ihrer ganzen Lebenshaltung her so leben, als gäbe es Gott. Doch der ihnen allzu oberflächlich erscheinende Betrieb der »Frommen« und manches gläubige Geschwätz sind für sie so abstoßend, dass sie lieber mit der Selbstdefinition als »Atheisten« leben. Aus Respekt vor Gott lehnen sie im Grunde nur diesen Gottestrubel ab, der ihrer eigenen, tiefen religiösen Erfahrung widerspricht.

Die Konsequenz aus all dem ist, dass wir also auch hier den Begriff Atheismus etwas vage halten werden, vor allem, um keine wichtigen Phänomene auszuschließen. Das tut auch der französische Historiker Georges Minois, der in seinem im Jahre 2000 auf Deutsch erschienenen 700 Seiten starken brillanten Werk »Die Geschichte des Atheismus von den Anfängen bis zur Gegenwart« umfassend und so spannend erzählt, wie das heute wohl nur französische Historiker können. Minois, dem dieses Kapitel wichtige Impulse verdankt, sympathisiert mit dem atheistischen Standpunkt, versucht aber dennoch nicht, parteiische Polemik zu betreiben, was ihm auch über weite Strecken eindrucksvoll gelingt. Er unterscheidet einen praktischen von einem theoretischen Atheismus. Ein praktischer Atheist mag sich bekennen zu was immer er will, er lebt aber so, als gäbe es Gott nicht. Selbst in allerchristlichsten Zeiten war eine solche Haltung in allen Bevölkerungsschichten erstaunlich verbreitet. Ein theoretischer Atheist bekennt sich auch ausdrücklich zu seinem Atheismus und hat gewöhnlich gewisse theoretische Argumente dafür.

Über weite Strecken ist der von Minois dargestellte Atheismus ein Atheismus der Dissidenz, also des Protests gegen das zu bestimmten Zeiten mehr oder weniger rigide herrschende Glaubensdiktat. Eine solche Haltung war trotzig, mutig oder auch nur von affektierter Extravaganz. Und der Atheismus zog demnach je nach Epoche ganz unterschiedliche Charaktere an.

2. Eine Wohngemeinschaft geht in Rente

Schon das Alte Testament berichtet von handfestem Atheismus. In Psalm 10 heißt es: »Überheblich sagt der Frevler: Gott straft nicht. Es gibt keinen Gott.« Ausformulierte atheistische Positionen finden wir dann insbesondere bei den Griechen. Das Erwachen des griechischen Geistes geschah im Betrachten und Erforschen der Natur. Für die vorsokratische griechische Philosophie war die akribische Suche nach den Gesetzmäßigkeiten der Natur unvereinbar mit dem damaligen Götterhimmel. Der ähnelte mehr einer chaotischen Wohngemeinschaft voll unerzogener und vor allem unberechenbarer Psychopathen, die ab und zu mal Blitz, Donner, Krieg oder andere Unbill über die Menschheit brachten. Da etwas anderes aber als diese Vorstellung von »Gott« nicht zur Verfügung stand, waren die philosophierenden frühen Naturwissenschaftler im damaligen Sinne nicht selten »Atheisten«.

Am bekanntesten ist hier Demokrit (um 460–ca. 370 v. Chr.), der zur Erklärung der gesamten Natur einen konsequenten Materialismus entwickelte, in dem die Götter oder gar ein einziger Gott, von dem man noch gar nichts gehört hatte, selbstverständlich nur störend gewirkt hätten. Im Blick auf die Unendlichkeit des Weltraums und auf die Verwesung der menschlichen Leiche ruft schon Demokrit all die Themen auf, die die Atheisten in allen späteren Jahrhunderten motivieren werden: die anfanglose und endlose Ewigkeit der Materie und damit der Welt, in der alles aus Atomen besteht und nichts als Zufall und Notwendigkeit herrschen und in der der Mensch entsteht und dann für immer vergeht. Den Glauben an Götter erklärt bereits Demokrit psychologisch. Es sind durch Naturerscheinungen erzeugte Trugbilder. Freilich, die »Götter« dieser »Atheisten« waren die eher peinlichen Operettenfiguren des olympischen Götterhimmels, die sie als nüchtern denkende, vernünftige Menschen ablehnten – wie das auch später im Grunde alle ernstzunehmenden Philosophen taten. Die Vorstellung eines einzigen transzendenten Gottes lehnten sie allerdings nicht ab, sie war ihnen vielmehr völlig unbekannt.

Ein folgenreicher Sonderfall war Epikur. Er wurde vor allem von manchen Christen später als Lüstling diskriminiert. Dabei vertrat er eine subtile Lebenskunst, die nicht für grenzenlosen Lustgewinn eintrat, sondern für das rechte Maß in allem. Wer maßlos viel isst oder trinkt, ist kein Meister epikureischer Lebenskunst, sondern ein stümperhafter Banause. Der epikureische Weise ist Herr seiner selbst – wobei freilich irgendwelche herrischen und willkürlichen Götter eher störend wären.

Doch sogar der Atheismus von Epikur ist maßvoll. Für ihn mag es durchaus Götter oder einen Gott geben, der vielleicht sogar irgendwann einmal diese Welt geschaffen hat, der sich aber dann freundlicherweise entschlossen hat, die Menschen nicht weiter zu stören und sich sozusagen selbst in Rente geschickt hat. Einen Gott anzunehmen, der apathisch und mitleidslos vor sich hin lebt und sich um diese Welt nicht mehr kümmert, bedeutet aber praktisch nichts anderes, als keinen Gott anzunehmen. Für den großen späteren römischen Verehrer des Epikur, Lukrez, war die Konsequenz aus dem Denken Epikurs allerdings letztlich dann doch nicht Lebensfreude, sondern Lebensüberdruss. Ohne die Angst vor den Göttern blieb da doch die existenzielle Angst – die Angst vor dem Nichts.

Fazit: Der Gott, den die Atheisten der Antike ablehnten, das war die wirre Götterwelt des Olymp. Der Gott, den die Atheisten der Antike dafür erfanden, das war der Rentnergott des Epikur, also wenig mehr als nichts.

3. Eine Religion feiert den Atheismus

Nicht so merkwürdig also, wie man meinen könnte, dass das aus den religiösen Trümmern der Antike emporsteigende Christentum sich vor allem auf die antiken Denker berief, die dazumal als Atheisten gebrandmarkt worden waren. Der hochgeehrte Kirchenvater Clemens von Alexandrien preist gar die Nüchternheit und Klarheit dieser »Atheisten«. Auch später hat man gerade in den »atheistischen« antiken Philosophen die kraftvolle Sehnsucht nach dem wahren Gott am Werk gesehen. Den Sokrates nennt Justin gar umstandslos einen Christen. Wem der christliche Gott noch nicht offenbart worden war, der war also für seine vernünftige Kritik an allen brüchigen religiösen Hilfskonstruktionen der Antike nicht zu schelten, sondern zu loben.

Doch mit dem Eintritt des christlichen universalen Monotheismus (= Glaube an einen einzigen Gott) in die Weltgeschichte war eine solche Situation für immer vorbei. Atheismus, das musste zumindest im christlichen Abendland nun etwas ganz anderes sein. Der Gott, den die Atheisten des Mittelalters ablehnten, war, ob man es wollte oder nicht, ein völlig anderer Gott, nämlich der personale eine Gott der Botschaft des Christentums. Darum musste auch der Atheist des Mittelalters ein Atheist ganz anderen Kalibers sein. Aus dem christlichen Glauben heraus war eine neue Kultur entstanden. Kirchen und Kathedralen strebten fast grenzenlos in den Himmel. Begeisterte junge Menschen traten zu Tausenden in Klöster ein. Kaiser und Könige empfingen ihre Kronen aus der geweihten Hand von Päpsten und Bischöfen. Die »Civitas Dei«, der Gottesstaat, den Augustinus von Hippo dem morschen Römischen Reich literarisch entgegengesetzt hatte, gewann Gestalt.

Atheismus im Mittelalter, das scheint vom äußeren Eindruck her ein leeres Kapitel zu sein. Doch Georges Minois widmet ihm immerhin 40 dicht bedruckte Seiten. Denn auch im Mittelalter nahmen sich freie Menschen die Freiheit, anders zu denken. Zugegeben, das war im Mittelalter zum Teil leichter als in der beginnenden Neuzeit, als machtvolle Staatsgebilde sich mit Inquisition und anderen rigiden Methoden den inneren Frieden und die Einheit des Bekenntnisses der Staatsbürger zu sichern versuchten.

Das mitunter aus Unkenntnis als »dunkel« geschmähte Mittelalter ist in Wirklichkeit in mancher Hinsicht höchst liberal. An den theologischen Schulen und Universitäten wird auf höchstem rationalem Niveau kontrovers und heftig gestritten. »Entgegen der allzu lange herrschenden Meinung schwärmen die Intellektuellen des Mittelalters für die Vernunft« (G. Minois). Und »heidnische« Philosophen werden mit der größten Selbstverständlichkeit und mit hohem Respekt zitiert. Für den Titanen des mittelalterlichen Denkens, Thomas von Aquin, ist Aristoteles »der Philosoph« schlechthin. Aristoteles nun hatte zwar manchen auch für Christen brauchbaren Gedanken formuliert; er weiß aber nichts von einer Schöpfung, er geht von einer sterblichen Seele aus und kennt kein Weiterleben im Jenseits.

Doch Thomas von Aquin ist es auch, der dann ein großes Werk gegen »die Heiden« verfasst, ein Hinweis, dass es zu seiner Zeit atheistische Positionen gab, mit denen man sich auseinandersetzen musste. Atheismus war also auch ein mittelalterliches Thema. Manche Verurteilung wegen »Atheismus« zeugt ebenfalls davon. Namen wie Siger von Brabant, Abaelard und Egidio Romano sind Belege. Mit einigem Überschwang versuchten sie unter Zuhilfenahme der Vernunft das ganze großartige Glaubensgebäude mit dem Bulldozer einzurammen oder auf subtile Weise zu untergraben. Georges Minois spürt gar mit moderner Unerbittlichkeit noch mehr Atheisten im Mittelalter auf, als es die damaligen Behörden nötig fanden.

Wen wundert dieser mittelalterliche Atheismus auch wirklich? Denn wenn es der menschlichen Freiheit zu allen Zeiten aufgegeben ist, sich der Frage nach Gott zu stellen, dann muss es zum Protest reizen, wenn man nur deswegen an Gott glauben soll, weil das nun einmal alle tun. So kennt auch das christliche Mittelalter sie alle, die tapferen, die trotzigen, aber auch die eitlen

Gottesleugner. Und es kennt ebenso auch die vielen praktischen Atheisten, die einfach nicht in die Kirche gingen und denen selbst die Exkommunikation gleichgültig war.

Originelles, gar wirklich Kraftvolles, hat der mittelalterliche Atheismus nicht hervorgebracht. Der Rentnergott des Epikur feiert mit der Theorie von der »doppelten Wahrheit« fröhliche Urständ: Man verfrachtet den armen alten Mann mit all seinen neuerdings christlichen Attributen nur zeitgemäß in den christlichen Himmel, ohne Freigang. Dort hat er mit der von der Vernunft erkannten, nach eigenen Gesetzen funktionierenden, diesseitigen Welt keinerlei Verbindung. Es tauchen also letztlich immer noch die alten, wieder aufgewärmten und mit mittelalterlicher Sauce servierten Thesen des antiken Atheismus auf. Die Thesen etwa eines Demokrit von der Anfangs- und Endlosigkeit einer materiellen Welt ohne Jenseits. Sie kehren dann auch später immer wieder, wie der ruhelose Hausvampir, der fromme Seelen verschreckt.

4. Eine Champagnerparty geht vor die Hunde

Kein Wunder, dass es in der Epoche, die wie keine andere die Antike wiederentdeckt, in der Renaissance, chic wird, ein wenig atheistisch zu parlieren. Man war gescheit genug, um das so zu tun, dass es nicht allzu gefährlich werden konnte. Aber es gab gewiss auch damals schon den Reiz des Verbotenen und den Kitzel, ganz an den Rand des gerade noch Tolerablen zu gehen. Man leugnete im kleinen Kreis den christlichen Gott, handelte mit atheistischen Antiquitäten und verehrte wieder heidnische Götter, glaubte die unglaublichsten Dinge oder gab sich schierem Aberglauben hin. Vor allem Pantheismus lag im Trend, also der schon in der Antike verbreitete Glaube, dass die Natur irgendwie Gott sei, und auch der Deismus, den man den »kleinen Atheismus« genannt hat und der einen Gott vorsieht, der der Welt völlig gleichgültig und einflusslos gegenübersteht: eine Neuauflage von Epikurs Rentnergott. Das damals schon garstig klingende Wort Atheismus konnte man mit diesen etwas gesellschaftsfähigeren Auffassungen vermeiden. Aber die Haltung, »den lieben Gott einen guten Mann sein zu lassen« und zu tun und zu lassen, wozu man Lust verspürte, lief auf geschmackvoll verpackten praktischen Atheismus hinaus.

Auf diese Weise konnte man versuchen, sich mit dem Champagnerglas in der Hand elegant aus den ewigen Streitereien herauszuhalten, jenem Kampf auf Leben und Tod, zu dem gerade zu dieser Zeit die christlichen Konfessionen angetreten waren. Mit denen war nämlich damals nicht gut Kirschen essen. Der freudlose Reformator Jean Calvin errichtete in Genf ein Terrorregime und auch die im Konzil von Trient reformierte katholische Kirche war bemüht, die damals überbordende Lust am Leben in einigermaßen geordnete Bahnen zu lenken. Das wirkte nicht immer sehr lustig. In den konfessionellen Auseinandersetzungen versuchten sich die Streitparteien einerseits gegenseitig an Glaubensernst zu übertreffen. Andererseits witterten sie im je eigenen Einflussgebiet bei vergleichsweise geringen Abweichungen vom eigenen konfessionellen Wahrheitsanspruch nicht nur Irrlehre, sondern waren schnell mit der Anklage des Atheismus bei der Hand. Papismus und Atheismus, das war für Jean Calvin ein und dasselbe. Die Heftigkeit des Streits zog den Staat mit hinein und wurde ihrerseits auch von den erstarkenden Staaten genutzt, mehr Einfluss auf die Untertanen zu gewinnen. In diesen Kämpfen ging es zumeist nicht mehr um die Wahrheit, sondern um die Macht. Und gegen einen Glauben an Gott, der von Staat und Kirche machtvoll auferlegt erschien, protestierte der erwachende freie Geist des Individuums.

Dem Mittelalter verdanken wir zwar die schmerzvoll erstrittene Unterscheidung zwischen Sakralem und Profanem, zwischen Papst und Kaiser, zwischen Kirche und Staat. Doch dieses kostbare Gut, das ein Fundament »westlicher« Geisteshaltung werden sollte, hat sich in der Neuzeit erst nach und nach durchsetzen können.

Damals jedenfalls, in der aufgeladenen Atmosphäre der Konfessionskriege des 16. Jahrhunderts, standen den freiheitsliebenden Individuen bei abweichendem Verhalten staatliche und kirchliche Instanzen gleichermaßen machtvoll gegenüber. Da war es geraten, theoretischen und praktischen Atheismus nicht allzu provozierend zu zeigen – oder sich zu tarnen. Dennoch gibt es viele Zeugnisse für einen erwachenden Atheismus im 16. Jahrhundert. In England glaubt der Schriftsteller Christopher Marlowe an nichts. In Frankreich weiß man bei Michel de Montaigne diesbezüglich nicht so recht, wo man dran ist. In Italien lässt sich ein Söldnerführer ein silbernes Brustschild anfertigen mit dem Spruch: »Feind Gottes, des Mitleids und der Barmherzigkeit.« In Deutschland zieht in gleichem Geist Georg Frundsberg, Feldherr Seiner katholischen Majestät, des Römischen Kaisers Karls V., gegen Rom mit dem Kampfruf: »Ich will den Papst hängen sehen.« Die Zeit ist aus den Fugen. Italien gilt als Hort des Atheismus. Leonardo da Vinci, dem unsterblichen Schöpfer des Letzten Abendmahls im Refektorium von Santa Maria delle Grazie in Mailand, spricht Vasari den Glauben an den christlichen Gott ab. Katharina von Medici wirft man vor, atheistischen Ungeist an den französischen Hof exportiert zu haben. Vor allem von Frankreich aus werden dann in den kommenden Jahrhunderten die Impulse für den Atheismus ausgehen.

Doch geistig ist dieser Atheismus der beginnenden Neuzeit unproduktiv. Er lebt von antiken Zitaten und von einem antichristlichen Affekt, der weit verbreitet ist und mehr an mangelndem Glaubenswissen liegt – verbreitet bis in den Klerus hinein – als an ernsthafter Ablehnung des Christentums. Das kennt man im Grunde kaum noch wirklich. All die Widersprüche in der Bibel, die schon tausend Jahre vorher die außerordentlich frei denkenden Kirchenväter zu einem tieferen Verständnis biblischer Texte gebracht hatten, werden jetzt auf freilich intellektuell erheblich niedrigerem Niveau aufgekocht. Sozialpsychologisch gesehen ist es nicht eigentlich der Protest gegen Gott, sondern der Protest gegen die herrschende Meinung, besser gesagt, gegen die Meinung der Herrschenden, der sich in atheistischen Positionen artikuliert. Der Lebenswandel dieser Herrschenden im Staat und nicht selten auch in der Kirche ist nicht gerade dazu angetan, den von ihnen verkörperten Glauben besonders glaubwürdig zu finden.

Ansonsten sind die frühneuzeitlichen Atheisten ein Sammelsurium von tragischen skurrilen Gestalten, affektierten Höflingen, trotzigen Freigeistern, Leuten, die sich irgendwie für was Besseres hielten, oder halsstarrigen Rebellen ohne wirklich schlüssige Argumente, wie etwa Giordano Bruno. Der wurde zwar in viel späterer Zeit zum Märtyrer der Wissenschaft stilisiert, zu seinen eigenen Lebzeiten aber mit seinen Ideen von einem spiritualisierten ewigen Universum noch nicht einmal von den damaligen Freidenkern ernst genommen.

Auch die dunklen Seiten des Atheismus werden sichtbar. Man stellt mit Schrecken fest, dass die Freigeisterei in manchen Städten eine Zunahme der Selbstmorde zur Folge hatte. Für Staatsämter seien Atheisten ungeeignet, schreibt Thomas Morus in seiner »Utopia«, da ihre Moralität in Frage stehe. In diesen Kreisen breitet sich ein Gefühl des Lebensüberdrusses und der existenziellen Angst des Individuums aus: allein zu sein in einer Welt ohne Gott und ohne Sinn. Das macht aus einem Atheismus, der einmal angetreten war, die Menschen zu einem ungehemmt lustvollen Leben zu befreien, plötzlich einen Alptraum. Manche berühmten Gottesleugner bekehren sich noch auf dem Sterbebett wie der Engländer John Wilmot, zweiter Graf von Rochester, andere werden daran von atheistischen Kumpanen gehindert, wie der damals bekannte Ungläubige Romainville. Als ein Franziskaner kommt, um ihm die Beichte abzunehmen, schaut der in den Gewehrlauf eines militanten atheistischen Freundes des Entschlafenden: »Ziehen Sie sich zurück, Pater, oder ich töte Sie: Er hat wie ein Hund gelebt und wie ein Hund muss er sterben.« Ein solcher Atheismus ist gewiss nicht sehr geistreich, sondern eher rüpelhaft mit Freude am deftigen Eklat.

5. Die lustvolle Rache des kleinen Pfarrers

Wir befinden uns hier schon im 17. Jahrhundert, und das ist die Zeit, in der der Atheismus einen stärkeren Drang in die Öffentlichkeit zeigt. Vor allem ist es der Siegeszug der Vernunft und der Wissenschaft, der nun den Glauben an Gott in Frage zu stellen scheint. Dabei hatten merkwürdigerweise gerade Christentum und Kirche diesen Siegeszug zunächst ermöglicht.

Der christliche Gott war nicht mehr identisch mit der Natur und der Glaube an ihn auch unvereinbar mit in der Natur wirkenden eifersüchtigen Naturgeistern. Das machte einerseits die Natur zu einem sozusagen hemmungslos erforschbaren Objekt. Der Glaube an die Menschwerdung Gottes erhob andererseits den Menschen und seine Fähigkeiten, das heißt auch seine Vernunft, in geradezu göttlichen Rang. Wir hatten schon von der Vernarrtheit des christlichen Mittelalters in die Vernunft gehört. Aus alldem zogen aber erst Descartes, Pascal und Newton im 17. und 18. Jahrhundert die folgenreichen Konsequenzen.

Hinzu kam, dass, wie Georges Minois hervorhebt, das Konzil von Trient die für das Christentum charakteristische Unterscheidung zwischen Profanität und Sakralität weiter vorantrieb. Das Konzil rief die Christen zu verstärkter innerlicher Frömmigkeit auf und meinte damit auch, sie sollten sich nicht mehr allzu sehr in die Äußerlichkeiten der Welt verstricken. Das war zwar kein »Dualismus«, wie Minois meint, aber vielleicht wirkte es so.

Jedenfalls machte sich die »weltliche« Wissenschaft immer unabhängiger vom Christentum und wurde ihm dadurch wohl auch fremder. Ihre großen Protagonisten waren zwar immer noch Christen, doch änderte das nichts daran, dass alles, was sich vor dem Gerichtshof der Vernunft und des Descartesschen Zweifels nicht hinreichend zu rechtfertigen schien, ins Abseits geriet. Schon im 16. Jahrhundert war Atheismus bisweilen der Protest gegen Vorstellungen, die, wie man glaubte, rationalen Ansprüchen nicht genügten. Das eigentliche Christentum traf man dabei nicht, allenfalls das Bild, was man sich von ihm machte. Noch

Leibniz, der letzte Universalgelehrte, verteidigte das Christentum auf dem Stand der damaligen Wissenschaft.

Abgesehen vom Fall Galilei, der bekanntlich mehr psychologische und propagandistische Gründe und vor allem Folgen hatte, war das Verhältnis von Kirche und Wissenschaft vergleichsweise entspannt. Papst Benedikt XIV. (1740–1758) war selbst ein aufgeklärter Intellektueller, ein offener Bewunderer Newtons und korrespondierte mit den geistigen Größen der Zeit. Wenn man meinte, man müsse gegen das Christentum Stellung beziehen, wenn man für die Wissenschaft eintreten wollte, blieb das Problem, dass man auch in gebildeten Kreisen oft gar nicht mehr wusste, was das Christentum eigentlich war.

Noch am Vorabend der Französischen Revolution erkannten die Generalversammlungen der französischen Kirche in sehr differenzierten Beschlüssen die Dringlichkeit der Erneuerung des christlichen Glaubenswissens. Als der alte atheistische Graf Gramont 1706 ans Sterben kam, hörte er seine Frau das Vaterunser beten und fragte: »Comtesse, dieses Gebet ist sehr schön, wer hat es denn verfasst?« So war also der Gott der Atheisten damals bloß eine Karikatur, ein Gott, über den der aufgeklärte Mensch der Zeit nicht sehr aufgeklärt war und der von den Herrschenden geschaffen schien, das Volk in Gehorsam zu halten. Es war ein Gott, der repräsentiert wurde von manchen charakterlich und geistig verrotteten Adligen, die als reich dotierte Bischöfe selbst die atheistische Libertinage verinnerlicht hatten, zumindest als praktische Atheisten lebten oder sich gar, wie der Bischof von Lodeve, offen zum Atheismus bekannten.

Man kann das an einer der berühmtesten atheistischen Schriften des 18. Jahrhunderts, dem Manifest des Abbé Meslier, geradezu minutiös zeigen. Der offen atheistische Text, den der wackere Dorfpfarrer seinen Pfarrerskollegen nach seinem Tod hinterlassen hatte, wurde später vervielfältigt und mit zittrigen Händen unter der Theke gehandelt wie pornographische Schriftchen Anfang des 20. Jahrhunderts. Dabei enthält er nur die üblichen atheistischen Thesen und Argumente, die wir schon kennengelernt haben. Er enthält vor allem die Überzeugung von der Ewigkeit und Unerschaffenheit der Welt und der Materie sowie von der Sterblichkeit der Seele, die sich »in Luft auflöse«.

Wie war es zu diesem eigentümlichen Text gekommen? Das schreibt der Pfarrer nicht. Aber die Dokumente geben Auskunft, dass der damals regierende Erzbischof von Reims, Monseigneur de Mailly, geradezu das Musterbild eines aristokratischen Widerlings war. Ausnahmsweise sind sich alle Zeugnisse über diesen »cholerischen Despoten« völlig einig. Und dieser gefühlskalte Tyrann rief »seinen« Pfarrer Meslier, der bis dato treu seinen Dienst versehen hatte, im Jahre 1716 rüde zur Ordnung. Der Pfarrer hatte sich nämlich soeben geweigert, für einen Adelsherrn zu beten, der gerade Bauern misshandelt hatte. Er solle gefälligst seine Pflicht tun und für den Mann beten, verlangte der Oberhirte. Nun also fügt sich der Pfarrer – und betet dafür, dass der Adelsherr künftig das Misshandeln der Armen und das Berauben der Waisen unterlassen möge. Ein Wutausbruch des Erzbischofs ist die Folge: Persönliche Abkanzelung, vierwöchiger Zwangsaufenthalt im Priesterseminar, verschärfte Kontrollen. Der gedemütigte Pfarrer sinnt auf Rache. Und nach diesem Vorfall schreibt er bis zu seinem Tod heimlich und, wie man vermuten darf, lustvoll, an seinem atheistischen Manifest. Neues, wie gesagt, hat dieser Text nicht zu bieten. Dennoch ist er in seiner Motivation außerordentlich aufschlussreich. Das Manifest des Abbé Meslier ist kein Manifest des Atheismus, es ist im Gegenteil ein Manifest seiner Erklärung.

Abbé Meslier warf Gott übrigens etwas vor, was man aus aufklärerischem Mund damals häufig hören konnte. Warum habe Gott um Gottes willen nicht alle Menschen einfach gut gemacht? Warum lasse er das Böse zu? Und das Erdbeben von Lissabon, das Europa 1755 nicht bloß seismographisch, sondern vor allem geistig erschütterte, ließ manche Menschen fragen, warum eine solche Katastrophe Gute und Böse, Kinder und Greise, Frauen und Männer gleichermaßen dahinraffte. Allenfalls ein gleichgültiger Gott konnte das zulassen, ein Gott, der mit nichts mehr etwas zu tun hatte, der Rentnergott des Epikur, der sich bei den Aufklärern wieder wachsender Beliebtheit erfreute. Doch, so fragte man jetzt, konnte ein solcher Gott wirklich Gott sein?

Wo dazumal Leibniz noch Gott als den Erbauer der besten aller Welten gesehen hatte, da war man inzwischen mit der Gottesvorstellung der Aufklärung in die Krise geraten. Man hatte einen nach den eigenen Vorstellungen vernünftigen Gott gesucht, aber, wie sich nun zeigte, nicht wirklich gefunden. Denn nun stellte sich angesichts der Offensichtlichkeit des Bösen in der Welt und der desaströsen Folgen von Naturkatastrophen die Frage: Konnte Gott nicht oder wollte er nicht? War der Weltbaumeister bloß unfähig oder war er gar im Grunde ein zynisches Monster? Denn wenn man eine Übeltat verhindern konnte und es nicht tat, dann war man genauso zu verurteilen wie der Verbrecher selbst. Doch hier wurde die Aufklärung Opfer ihrer eigenen selbstverschuldeten Verdunklung. Sie hatte sich nämlich mit den Mitteln der menschlichen Vernunft einen vernünftigen Gott gebastelt, der als Weltbaumeister und Sicherer der gesellschaftlichen und staatlichen Ordnung fungierte und mit dem man kleinen Kindern Angst machen konnte, wenn sie ihre noch kleineren Geschwister verprügelten. Die Aufklärung hatte einen Gott konstruiert, von dem der stets ums eigene Wohlergehen besorgte Voltaire sogar sagte, man müsse ihn erfinden, wenn er nicht existieren würde. Doch ein solcher von Menschen gemachter Gott hatte in Wirklichkeit keine Überlebenschance. Dieser tönerne Gott brach beim ersten Erdbeben auseinander. Eines ist freilich unübersehbar: Dieser Gott war ein Kunstprodukt und meilenweit entfernt zum Beispiel vom christlichen Gottesbild. Allerdings hieß er genauso, und diese Verwechslung sollte verhängnisvolle Folgen haben.

Der Gott der Atheisten in der beginnenden Neuzeit war dennoch vor allem der Gott der Herrschenden, den diese mit ihrem unglaubwürdigen Leben selbst unglaubwürdig gemacht hatten. Der Protest gegen die Herrschenden und gegen Gott, das fiel bei der Französischen Revolution augenfällig in eins. Man wollte gerade in religiösen Fragen frei denken, frei von kirchlichem, staatlichem und gesellschaftlichem Druck. Das ist auch aus religiöser Sicht kaum abzulehnen. Und so charakterisiert der heute etwas schrullig klingende Ausdruck Freidenker viele so genannte Atheisten damals vielleicht viel besser, die im Atheismus gar nicht so sehr die atheistische Überzeugung wählten, als vielmehr den Protest: »Geben Sie Gedankenfreiheit« (Schiller, Don Carlos).

Für den Fortschritt der Wissenschaften störte »Gott« zunehmend. In der Tat war es schwierig, sich eine Natur zu denken, die nach ewigen Gesetzen deterministisch funktionierte, in der also jedes Ereignis mit absoluter Notwendigkeit eintreten musste, und zugleich einen Gott anzunehmen, der sich nicht an die Regeln hielt, ab und an irrational eingriff und die schöne, wie ein Uhrwerk funktionierende Welt tölpelhaft durcheinander brachte. Da war allenfalls der Rentnergott des Epikur vertretbar; und so waren die Aufklärer des 18. Jahrhunderts meistens Deisten. Das heißt, sie stellten ihren »Gott« dem Volke vor wie das Herrchen von großen, jedoch alten und zahnlosen Hunden: »Keine Sorge, er tut nichts!«

Diesem harmlosen Gott wies man eine Art jenseitiges Restprogramm zu. Sein Job war es, die eigene Unsterblichkeit der vernunftstolzen Aufklärer sicherzustellen, von der man ziemlich viel hielt, und die tiefe existenzielle Angst vor dem Sturz ins völlige Nichts ein wenig zu betäuben. Aber dieser kleine Gott der »kleinen Atheisten«, der Deisten, sollte das blutige Ende des 18. Jahrhunderts nicht überleben. Alles, was übrig bleibt vom Atheismus der Aufklärung, vom Sieg der Vernunft und des Menschen gegen Gott, ist am Schluss grenzenloser Pessimismus. Das Leben ist sinnlos, der Tod erst recht und es bleibt – das Nichts.

Als Schlussakkord vor dem Blutbad der Vernunft auf der Place de la Concorde in Paris verkündet der Marquis de Sade, der Erfinder der gleichnamigen sexuellen Spezialdisziplin: Da es in einer deterministischen Natur nicht nur keine göttliche, sondern auch keine menschliche Freiheit geben könne, gebe es auch keine Moral und keine Schuld, sondern nur und ausschließlich die Natur, und die sei nun mal grausam. So ist der Ruf »Zurück zur

Natur« beim Marquis de Sade völlig hemmungslos und skrupellos der Ruf »Zurück zur Grausamkeit«. Nietzsches Übermensch kündigt sich an, doch in einer perverseren Variante: ein Übermensch, der sich noch lustvoll ergötzt am Leid seiner Opfer.

Was dann das 19. Jahrhundert an Atheismus zu bieten hat, ist über weite Strecken die mit reichlich Wasser verlängerte Suppe des vergangenen Jahrhunderts, also nicht der Rede wert. Dem Wiedererstarken des Christentums, das sich institutionell nach dem Ende des Ancien Regime zum Teil neu erfinden muss, diese Krise aber mit Bravour besteht, begegnet ein aggressiver Atheismus, der ebenfalls von den Schranken früherer Zeiten befreit ist. Doch das Ganze sinkt ab auf das Niveau von Don Camillo und Peppone. Zwar geht der immerhin intellektuell anregende Versuch Ludwig Feuerbachs, wie gezeigt, argumentativ an der Sache vorbei. Doch um Argumente geht es bald nicht mehr. Der Atheismus wird popularisiert. Er findet sich in sozialistischen und kommunistischen Zirkeln als Teil einer politischen Ideologie oder in der aufkeimenden so genannten Freidenkerbewegung als Gegenstand hemmungsloser und spießiger Vereinsmeierei. Der bekennende Atheist Anatole France wird am Ende des Jahrhunderts über diese Leute seufzen: »Sie denken wie wir ... sie haben unsere fortschrittlichen Ideen. Aber es ist besser, ihnen nicht zu begegnen.«

Wo man sich im Verein trifft, wo es einen Kassierer, einen Schriftführer und einen Vorsitzenden gibt, ist die Welt noch in Ordnung und der entsetzte Blick ins Nichts weicht dem Blick auf den Grund des Bierglases bei der unvermeidlichen Vereinsversammlung. Doch Stammtische haben stets eine gewisse Neigung zur Militanz, wenn auch zur maulheldischen: »Der Feind ist Gott. Der Anfang der Weisheit ist der Hass auf Gott«, heißt es 1870 in der Atheistenpostille »La libre pensée« und im gleichen Monat in »L'atée«: »Gott oder Materie! Man muss sich entscheiden.« Und im Eifer des Gefechts findet man nichts dabei, dass der pathetisch auftrumpfende freie Gedanke (»la libre pensée«) sich erlaubt – den freien Willen zu leugnen. Man veranstaltet kindische blasphemische Spielchen, so im Jahre 1868 ein »Karfreitagsmahl«, bei dem man den Tod Gottes feiert und an dem immerhin Gustave Flaubert teilnimmt. 1895 kreuzigt man in Paris zur allgemeinen atheistischen Gaudi ein Milchschwein. Der Gott dieser Atheisten, das war so etwas Ähnliches wie der Fußballgott der Gegenmannschaft bei der Fußballweltmeisterschaft. Niemanden wird heute noch solch weinselige oder bierernste, zum Fanatismus neigende Marktschreierei im Umgang mit unserem Thema wirklich interessieren. Denn keiner sollte sich täuschen: Es mag schwer sein zu glauben, aber es ist gewiss noch schwerer, mit aller Konsequenz – nicht zu glauben. Jean-Paul Sartre hat später gesagt: »Nicht jeder ist Atheist, der es sein will.«

6. Ein Pfarrerssohn ermordet Gott

Dennoch brachte dieses 19. Jahrhundert dann die ernsthafteste Bezweiflung des Glaubens an Gott hervor, die es wohl jemals gegeben hat. Schon zu Anfang des Jahrhunderts hatte der deutsche Dichter Jean Paul die das Heil erwartenden Toten auf dem Friedhof Christus fragen lassen: »Christus! ist kein Gott?« Und Christus hatte geantwortet: »Es ist keiner. Wir sind alle Waisen, ich und ihr, wir sind ohne Vater.« Jean Paul beschreibt die entsetzliche Angst des wirklichen Atheisten vor dem Nichts. Er selbst findet zwar durch diese Angst hindurch zu Gott.

Doch am Ende des Jahrhunderts wird ein in Kindheit und Jugend vom Pietismus geprägter Pfarrerssohn den Weg ins Nichts mit aller Konsequenz beschreiben und wohl auch gehen. Die Rede ist von Friedrich Nietzsche. Schon mit 18 Jahren kommen ihm Zweifel am christlichen Glauben und sie werden bald radikalisiert zum Zweifel an Gott überhaupt. Nietzsche hält sich nicht wie noch Feuerbach mit einer Erklärung des Gottesglaubens auf. Nietzsche kommt zur Sache selbst. Er zieht mit klarer nüchterner Vernunft und glühendem, lebensdurstigem Herzen jede denkbare Konsequenz aus dem gewaltigen Gedanken, dass Gott nicht existiert. Er schließt sich niemandem an, folgt niemandem nach, gründet keine Bewegung und keinen Verein. Doch die Hammerschläge Nietzsches zerbrechen den bigotten Vereinsatheismus, der sich an der Spitze des Fortschritts wähnte, während er in Wirklichkeit im Morast uralter, ewig wiederholter Klischees und Vorurteile versank. Berühmt ist die Stelle in der »Fröhlichen Wissenschaft«, an der Nietzsche den »tollen Menschen« sagen lässt:

»Wohin ist Gott? rief er, ich will es euch sagen! Wir haben ihn getödtet, – ihr und ich! Wir Alle sind seine Mörder! Aber wie haben wir diess gemacht? ... Hören wir noch Nichts von dem Lärm der Todtengräber, welche Gott begraben? Riechen wir noch Nichts von der göttlichen Verwesung? – auch Götter verwesen! Gott ist todt! Gott bleibt todt! Und wir haben ihn getödtet! Wie trösten wir uns, die Mörder aller Mörder? Das Heiligste und Mächtigste, was die Welt bisher besass, ist unter unseren Messern verblutet, – wer wischt dieses Blut von uns ab? Mit welchem Wasser können wir uns reinigen? Welche Sühnfeiern, welche heiligen Spiele werden wir erfinden müssen? Ist nicht die Grösse dieser Tat zu gross für uns? Müssen wir nicht selber zu Göttern werden, um nur ihrer würdig zu erscheinen?«

Nietzsche reckt sich so auf zum Gedanken des »Übermenschen«, der »Jenseits von Gut und Böse« der Titan mit dem unbeugsamen »Willen zur Macht« ist, über den niemandem – wem auch? – ein Urteil zusteht. Viele Nazis haben viel später in Hitler mit Bezug auf Nietzsche einem solchen »Übermenschen« gehuldigt. Das Unheimliche des Gedankens vom »Übermenschen« aber ist: Dieser Gedanke ist unheimlich konsequent. Nach dem »Tod Gottes« ist nicht nur alles erlaubt, wie bei der wilden Hausabrissfete in Abwesenheit der Erziehungsberechtigten. Nach dem Tod Gottes und dem Ende der Moral ist in allem Ernst das Einrücken des starken, von allen Rücksichten »befreiten« Menschen in eine Position, über die niemandem noch ein Urteil zusteht – unvermeidlich! Jede Hemmung der dem starken Menschen von seiner Natur aus möglichen rücksichtslosen Gewalt durch das Ressentiment der alten Religionen, die sich durch ihren jahrtausendealten Schutz für die Schwachen an der Stärke versündigt haben, ist strikt abzulehnen.

So ist der Gott des Atheisten Nietzsche, der Gott, den er ablehnt, in der Tat der christliche Gott. Es ist allerdings der christliche Gott vor allem in seiner strengen moralischen lust-, welt- und manchmal auch freiheitsfeindlichen calvinistischen Variante, die Max Weber später für den bürgerlichen »Geist des Kapitalismus« verantwortlich machen sollte. »Eigentlich ist nur der moralische Gott widerlegt«, wird Nietzsche später nachdenklich notieren. Von einem anderen christlichen Gottesbild wurde Friedrich Nietzsche wohl nie berührt. Nietzsche ist so wie kein anderer atheistischer Denker vor ihm ernst zu nehmen, denn er bleibt nie auf halbem Wege stehen, macht keine faulen Kompromisse zur eigenen Beruhigung, sondern er geht den Weg über alle Grenzen und Hindernisse hinweg erbarmungslos – auch mit sich selbst –, bis zum letzten schwarzen Nichts.

An Gott glauben oder Nietzsche folgen, das scheint die wirkliche Alternative zu sein. Wenn man aber Nietzsche folgt, dann muss man auch bereit sein, den bitteren Kelch des Atheismus bis zur Neige zu trinken. Dann hat man keine Argumente gegen die kraftvoll skrupellose Macht eines Hitler, Stalin oder Mao Tse Tung, die Millionen von Menschen der eigenen irdischen übermenschartigen Göttlichkeit opferten. Alle drei sind in einer Welt ohne Gott nicht gescheitert. Stalin und Mao sind im Vollbesitz ihrer Macht und zugleich im wachen Bewusstsein, über 20 Millionen schwächere Menschen ermordet zu haben, friedlich im Bett gestorben. Auch Hitler war sich bewusst, für den Tod von nicht weniger Menschen verantwortlich zu sein, und starb dennoch ohne jede Andeutung eines schlechten Gewissens, umgeben von einem speichelleckenden Hofstaat, von eigener Hand, als Herr seiner selbst und seines Volkes. Jedes »moralische« Argument gegen diese »Übermenschen« wird Nietzsche – mit traurigen Augen vielleicht, aber dennoch unerbittlich – dem Atheisten, der wirklich konsequent sein will, aus der Hand schlagen. Ernsthaften Atheismus gibt es nach Nietzsche nur noch als Atheismus bis zur letzten Konsequenz. Jetzt kann, jetzt muss jeder wählen.

Die Stärke Nietzsches besteht darin, dass er sich nicht am Schreibtisch seines Lebens blutleere atheistische Theorien ausdenkt. Nietzsche – nach Aussage derjenigen, die ihn wohl wirklich geliebt hat, Lou Andreas-Salome, ein gequältes religiöses Temperament – leidet, er erleidet seinen Atheismus und geht ihn, nicht unberührt vom Zweifel zwar, bis auf seinen tiefsten Grund des Nichts. »Vielleicht hat da ein Denkender wirklich ›de profundis‹ geschrien«, wird Heidegger über Nietzsche sagen. Das »De profundis« ist der Psalm 130, der mit den Worten beginnt: »Aus der Tiefe rufe ich, Herr, zu Dir: Höre, o Herr, meine Stimme ...« Und der große Dichter Nietzsche kann dieses Leiden in ergreifenden Worten in seinem Gedicht »Vereinsamt« zum Ausdruck bringen, in Worten, die aus echter existenzieller Not heraufsteigen und die Existenz berühren. Schöpfung ist Qual, wie Michelangelo auch aus eigener Erfahrung im sich qualvoll windenden Schöpfergott an der sixtinischen Decke bei der Scheidung von Licht und Finsternis augenfällig gemacht hat. Und wirklich gute Dichtung verdichtet echte Erfahrung:

Die Krähen schrein
Und ziehen schwirren Flugs zur Stadt:
Bald wird es schnein. –
Wohl dem, der jetzt noch – Heimat hat!

Nun stehst du starr,
Schaust rückwärts, ach! Wie lange schon!
Was bist du Narr
Vor Winters in die Welt entflohn?

Die Welt – ein Tor
Zu tausend Wüsten stumm und kalt!
Wer das verlor,
Was du verlorst, macht nirgends halt.

Nun stehst du bleich,
Zur Winter-Wanderschaft verflucht,
Dem Rauche gleich,
Der stets nach kältern Himmeln sucht.

Flieg, Vogel, schnarr
Dein Lied im Wüstenvogel-Ton! –
Versteck, du Narr,
Dein blutend Herz in Eis und Hohn!

Die Krähen schrein
Und ziehen schwirren Flugs zur Stadt:
Bald wird es schnein –
Weh dem, der keine Heimat hat!

Im Jahre 1900 stirbt Nietzsche an den Spätfolgen der Syphilis, der progressiven Paralyse, die damals noch nicht behandelbar war und die insbesondere das Gehirn betrifft. Manche wackeren christlichen Apologeten haben die seiner Erkrankung zuzurechnende Verwirrtheit am Schluss seines Lebens seinem schrecklichen Denken zuschreiben wollen. Ich halte das für respektlos. Es ist eine Bagatellisierung des Bösen und übrigens auch eine Diskriminierung psychisch Kranker, wenn man Hitler, Stalin oder andere Despoten für krank erklärt. Man hat andererseits den Ernst und das hohe geistige Niveau, mit dem Friedrich Nietzsche sein Leben lang mit Gott gerungen hat, nicht verstanden, wenn man einfach nur »Wahnsinn« in die Szene ruft.

Über Machiavelli hat man gestritten, ob er seine menschenverachtenden Ratschläge für Staatsmänner wirklich ernst gemeint hat oder ob er seiner Zeit nur den Spiegel vorhalten wollte: Seht, so seid ihr! Wenn man denn will, dann können Gottgläubige und Atheisten Friedrich Nietzsche auch als Gewissenserforschung lesen. Will man heute wirklich Atheist sein, dann sage man, ob man die notwendigen Konsequenzen, die Nietzsche in aller Klarheit und Dichte formuliert hat, auch zu ziehen bereit ist, oder ob man sich nur darin gefällt, ein atheistischer Partylöwe zu sein. Glaubt man andererseits als moderner Mensch wirklich an Gott, dann muss sich dieser Glaube an Gott notfalls auch in der unerbittlich harten Prüfung durch die Gedanken Friedrich Nietzsches bewähren.

7. Der Super-GAU im Tempel des Nichts

Nietzsche ist ein Endpunkt. Denn als er am 25. August 1900 einsam stirbt, tritt ganz unabhängig davon kurz darauf völlig überraschend der argumentative Super-GAU des real existierenden Atheismus ein. Nur vier Monate später, am 14. Dezember 1900, stellt Max Planck in der Deutschen Physikalischen Gesellschaft zu Berlin seine Quantentheorie vor. Sie zerstört schlagartig das alte naturwissenschaftliche Weltbild und leitet den Showdown des Atheismus ein. Es wird plötzlich klar, dass die Natur nicht von deterministischen Gesetzen beherrscht wird, die mit Notwendigkeit ohne Ausnahme immer präzise gelten, sondern dass es letztlich nur noch statistische Wahrscheinlichkeiten gibt. Unerwartete Ereignisse sind immer möglich, sind nur statistische Ausreißer, die keineswegs »den Naturgesetzen widersprechen«, wie man früher gesagt hätte. 2271 Jahre nach Demokrit bricht damit das entscheidende Argument für über 2000 Jahre Atheismus krachend in sich zusammen.

Plötzlich kann die Existenz eines in seine Schöpfung eingreifenden Gottes nicht mehr allein deswegen als unmöglich gelten, weil er damit das nach ehernen Regeln funktionierende Weltgetriebe, das angeblich keine Ausnahmen duldet, durcheinanderbringen würde. Ob die Himmelfahrt Christi wirklich stattgefunden hat, ist nach wie vor Glaubenssache, wird der Quantenphysiker Pascual Jordan 1963 feststellen. Aber dass sie den Naturgesetzen zufolge überhaupt nicht stattgefunden haben *könnte*, wird man, schreibt der Physiker, nun nicht mehr sagen können. Quantentheoretisch könnte man von einem zwar sehr unwahrscheinlichen, aber durchaus nicht völlig unmöglichen Ausreißer ausgehen. Kein »Naturgesetz« würde damit durchbrochen. Man könnte das Ganze aber auch über die Relativitätstheorie zu erklären versuchen: eine plötzliche Umwandlung von Masse in Energie. Nur fünf Jahre nach Planck hatte Albert Einstein in der speziellen Relativitätstheorie die Äquivalenz von Masse und Energie erklärt. Übrigens machte er dann 1915 in der allgemeinen Relativitätstheorie durch die Idee des gebogenen Raums die Vorstellung eines endlichen, aber unbegrenzten Weltraums möglich. Mit alldem versetzte man Demokrit den zweiten vernichtenden Schlag: Der Materialismus, der sich alles Sein aus materiellen Atomen zusammengesetzt vorstellte, alles andere für Phantasterei erklärte und den noch de Lamettrie als »Gegengift zur Misanthropie« gepriesen hatte, war in seiner klassischen Form widerlegt. Gescheitere Atheisten haben das sofort begriffen: In der Großen Sowjetischen Enzyklopädie durfte die Quantentheorie lange Jahre überhaupt nicht erwähnt werden.

Nur wer die Geschichte des Atheismus von seinen Anfängen an verfolgt hat, kann sich das Ausmaß der Katastrophe klarmachen, das allein diese beiden Entdeckungen für die tragenden Argumente des bisherigen Atheismus bedeuteten. Denn gebetsmühlenartig hatten sich diese Argumente Tausende Male als die zentralen Argumente gegen die Existenz Gottes über die Jahrhunderte hinweg immer wiederholt – und schlagartig brachen sie nun in sich zusammen: Es gab diese Argumente für alle Ewigkeit nicht mehr.

Später sollte dann mit der Urknalltheorie noch die atheistische Überzeugung von der anfanglosen Ewigkeit des Weltalls fallen. Und als nach den zahlreichen staatlichen Kirchenverfolgungen des 19. Jahrhunderts 1918 auch die letzten prekären Bündnisse von Thron und Altar zusammenstürzten, fiel auch das jahrhundertelang wirksame psychologische Argument endgültig weg, sich verständlicherweise in religiösen Angelegenheiten von der Macht der Kirche oder des Staats nichts vorschreiben lassen zu wollen. Der Atheismus als Protest gegen »Die da oben« und

Ausdruck des Freidenkertums war heimatlos geworden. Was hier jetzt noch blieb, das war nicht mehr psychologisch, sondern schlimmstenfalls psycho-pathologisch erklärbar: aggressive Vaterprojektionen in einer vaterlosen Gesellschaft auf eine männliche Hierarchie und einen »Heiligen Vater« in der katholischen Kirche (vgl. dazu mein Buch »Der blockierte Riese – Psycho-Analyse der katholischen Kirche«).

Nur ein Argument des traditionellen Atheismus blieb noch übrig: die Erfahrung der verwesenden Leiche. Doch davor hatten inzwischen auch Atheisten Angst. Und so wurde mit viel Schminke in Moskau aus alten gebrechlichen Generalsekretären im offenen Sarg noch das blühende Leben gemacht, so dass der ebenso steinalte – noch lebende – Nachfolger neben dem Sarg erheblich älter wirkte als der immerhin jetzt in rosigem Teint erstrahlende Verblichene. Wie ernsthaft dagegen Shakespeare in Macbeth: Ein Menschenleben ist »ein wandelnd Schattenbild; ein armer Komödiant, der spreizt und knirscht sein Stündchen auf der Bühn', und dann nicht mehr vernommen wird: ein Märchen ist's, erzählt von einem Dummkopf, voller Klang und Wut, das nichts bedeutet«. Das pompöse Zeremoniell beim Tod von Führern der Sowjetunion, dieses atheistischen Freilandversuchs mit menschlich katastrophalen Folgen, war paradoxerweise eine vom atheistischen Staat organisierte Flucht vor der letzten noch übrig gebliebenen Motivation für den Atheismus und vor allem vor den unvermeidlichen Konsequenzen, die Nietzsche aus ihm gezogen hatte. Und so wirkten diese Totenfeiern altertümlich und starr wie jahrhundertealte Riten müde gewordener Religionen. In Wahrheit war das alles aber bloß nachgemachte künstliche Altertümelei. So wie in dem Lampenladen in Florenz voller schöner »alter« Lampen, wo uns ein ehrlicher und stolzer Besitzer sofort mitteilte, nichts sei hier älter als seine Großmutter – und die sei gerade mal 90 ... Immerhin ist dann die Sowjetunion, diese späte morbide Nachblüte eines real existierenden Atheismus, im Alter von nur 74 Jahren nicht unerwartet und, nach allem, was man weiß, völlig zu Recht 1991 an Altersschwäche verstorben. Und siehe da, als man die Apparate abgestellt hatte an der Leiche des »real existierenden Sozialismus«, fiel auch schlagartig die künstlich am Leben gehaltene marxistische Ideologie in sich zusammen wie eine Mumie, an die nach Jahrhunderten die Luft kommt.

Das alles war zu viel für den Atheismus, und so erlebt das 20. Jahrhundert nicht ohne Grund die Agonie des real existierenden Atheismus. Das atheistische Vehikel hatte seinen Sprit bisher aus dem Fortschritt der Wissenschaft beziehen können. Doch gerade dieser Fortschritt hatte jetzt zum totalen Zusammenbruch der Spritversorgung geführt.

Das Leben von Atheisten verliert den bisher gekannten Schwung. Georges Minois schreibt: »Angesichts dieser Abwesenheit Gottes reagiert ein jeder gemäß seinem Temperament, doch in den meisten Fällen kann von Heiterkeit keine Rede sein. Die Wissenschaft hat dem Menschen den Alptraum beschert, mit dem er sich herumschlägt.« Und für den Biologen Jacques Monod bleibt nichts anderes übrig, als die Angst auf sich zu nehmen. Selbst Georges Minois gesteht den Zusammenbruch des organisierten Atheismus ein, der zu kleinen sektenartigen Zirkeln schrumpft, die an folkloristische Brauchtumsgruppen erinnern. Was da dann übrig bleibt, ist oft nur gedankenloses altertümliches Geschwätz auf niedrigem geistigen Niveau mit längst widerlegten Argumenten.

Dieses banale Leben ohne Gott hat hellsichtig schon Friedrich Nietzsche vorausgesehen und tief verachtet: »Die Erde ist dann klein geworden, und auf ihr hüpft der letzte Mensch, der Alles klein macht ... Sie haben die Gegenden verlassen, wo es hart war zu leben: denn man braucht Wärme. Man liebt noch den Nachbar und reibt sich an ihm: denn man braucht Wärme ... Ein wenig Gift ab und zu: das macht angenehme Träume. Und viel Gift zuletzt, zu einem angenehmen Sterben. Man arbeitet noch, denn Arbeit ist eine Unterhaltung. Aber man sorgt, dass die Unterhaltung nicht angreife ... Man ist klug und weiß Alles, was geschehn ist: so hat man kein Ende zu spotten. Man zankt sich noch, aber man versöhnt sich bald – sonst verdirbt es den Magen. Man hat sein Lüstchen für den Tag und sein Lüstchen für die Nacht: aber man ehrt die Gesundheit. ›Wir haben das Glück erfunden‹ – sagen die letzten Menschen und blinzeln.«

Unter den Trümmern des Atheismus bleibt also einzig Nietzsche unversehrt übrig mit seinem großartigen Protest. Nicht wegen seiner Begründung des Atheismus, die war von weniger erleuchteten Geistern entlehnt und ist inzwischen genauso überholt. Sondern wegen der klaren Konsequenzen, die er aus seinem entschiedenen Atheismus gezogen hat.

Die meisten haben freilich nicht wirklich verstanden, warum dieses gewaltige Gebäude des Atheismus zusammenstürzte. Sie blinzeln, wie der tolle Mensch in Nietzsches »Fröhlicher Wissenschaft«, und strömen auf das Trümmerfeld hinaus. Dort suchen sie sich aus den Fragmenten des in viele Stücke zerborstenen uralten Tempels des Nichts kleine Scherben zusammen, aus denen sie sich wieder possierliche Amulette und Talismane formen. Wer nichts mehr glaubt, glaubt alles. Es ist nicht der Atheismus, der herrscht, sondern die große allgemeine Verunsicherung, die große Suche, die bereit ist, auf der Stelle alles und jedes zu glauben – doch vielleicht nur zum Teil und nur für eine gewisse Zeit. Die große Frage nach Gott ist hinter all dem so deutlich wie kaum je. Doch sie scheint vielen zu groß, um sie wirklich zu stellen und vor allem: Wo kann man darauf eine Antwort finden?

Der Gott der Atheisten war eine Konstruktion, und er wechselte sein Gesicht je nach den Bedürfnissen der Zeit. Von den lächerlichen Gestalten des heidnischen Altertums über den Verhinderer von Wissenschaft und Freiheit bis zum arroganten Garanten von staatlicher und kirchlicher Macht. Die geistigen und politischen Ereignisse des 20. Jahrhunderts haben den Gott der Atheisten sterben lassen. Doch nicht Gott. Warum das so war, das hat Viktor Hugo, der sich selbst keiner Religion zurechnete, in »Les misérables« schon 1862 prophetisch formuliert: »Der Atheist glaubt mehr, als er meint. Verneinen ist im Grunde eine zornige Form der Bejahung. Die Bresche beweist die Mauer. Jedenfalls heißt verneinen nicht zerstören. Die Breschen, die der Atheismus ins Unendliche schlägt, ähneln den Wunden, die eine Bombe dem Meer zufügt. Alles schließt sich wieder und setzt sich fort.«

Und Dostojewski hatte gar gesagt: »Der vollkommene Atheismus befindet sich an der Spitze der Leiter, auf der vorletzten Stufe, die zum vollkommenen Glauben führt.«

Der Gott der Kinder – Von der Selbstverständlichkeit des Glücks

Kinder sind keine Atheisten. Nie. Diese Auffassung mag banal erscheinen, denn man kann natürlich nur etwas ausdrücklich ablehnen, was man ausdrücklich kennt. Man könnte daher meinen, da Kinder sich noch nicht ausdrücken können, können Kinder auch keine Atheisten sein. Doch stimmt das wirklich? Können sich Kinder wirklich nicht ausdrücken? Niemand, der Umgang mit Kindern hat, wird sagen, Kinder, selbst wenn sie noch nicht reden können, könnten sich nicht ausdrücken, könnten uns nicht »etwas zu verstehen geben«. Kinder können das und sie können das mitunter erheblich interessanter und intensiver als mancher öde Onkel, der bloß immer die Zeitung liest und gescheites Zeug daherschwätzt. Deshalb stürzen sich oft gerade geistig wache und vitale Menschen auf die anwesenden Kinder, die irgendetwas bewirken, was jedenfalls über die Wirkung von Wörtern in Buchform oder in Gesprächsform hinausgeht. Sprache hat nach Auffassung des Philosophen Ludwig Wittgenstein viel mit dem Kontext zu tun, dem »Sprachspiel«, und Kinder verändern den Kontext höchst signifikant.

1. Wie wirklich ist die Wirklichkeit?

Bei der Fußballweltmeisterschaft in Deutschland im Sommer 2006 kamen die Fußballspieler an der Hand von Kindern ins Stadion. Eine schöne Idee, erinnern doch Kinder immer daran, dass es über den (erwachsenen) Kategorien von Sieg, von Niederlage und berechenbaren Erfolgen noch Wichtigeres im Leben gibt. Ich bin schon lange der Überzeugung, dass es nützlich wäre, bei Friedensverhandlungen zwischen hasserfüllten Verhandlungspartnern grundsätzlich an der Stelle der pompösen Blumengestecke zwischen den Delegationen kleine Kinder beider Streitparteien spielen zu lassen. In Gegenwart der vitalen Präsenz von Kindern fällt das Geschäft des Todes schwerer und das Ziel der Verhandlungen, die Zukunft, ist in praller unmittelbarer Wirklichkeit unabweisbar und fordernd im Raum. Es wäre auch gar nicht übel, wenn die Verhandlungsführer ab und zu auch mal die Windeln der Zukunft ihres Volkes wechseln würden.

Nicht dass sich nicht auch Kinder heftig fetzen könnten – und bei drohender oder erfolgter Niederlage Mami oder Papi zu Hilfe rufen, um nach ziemlich phantasievoller Darstellung des Unrechts der Gegenpartei die eigene Unschuld umso heftiger auszuschmücken. Allerdings hat man manchmal den Eindruck, dass diese rechtfertigenden Auftritte vor allem in Gegenwart von Erwachsenen stattfinden, die nach dem Eindruck der Kinder offenbar sehr gerne solche Gerechtigkeitsdebatten führen. Jede Verklärung der ach so unschuldigen Kinder ist also zu vermeiden – und letztlich auch respektlos, denn sie würde dem Kind sogar jeden Anflug von Freiheit absprechen.

Der heilige Augustinus berichtet in seiner Autobiographie, den »Bekenntnissen«, übrigens dem außerordentlich spannend geschriebenen ersten psychologischen Buch der Weltliteratur, sehr anschaulich von Situationen, wo er als Kind das deutliche Gefühl hatte, schuldig zu sein. Ich selbst erinnere mich daran, wie ich als Dreijähriger, nachdem ich wohl etwas ziemlich Übles ausgefressen hatte, von meiner Großmutter ein einziges Mal einen Klaps auf den Po bekam und mich anschließend in zwar schuldbewusster, aber auch hinterlistiger Wut auf dem Boden wälzte – ich hatte gerade gemerkt, dass noch Zwieback in den Taschen meiner Hose steckte, der nun natürlich in Tausend Krümel zerbröselte, die meine Großmutter dann langwierig herauswaschen musste. Mir steht dieses Bild meiner hoseauswaschenden Großmutter noch heute plastisch vor Augen. Ich jedenfalls – war kein unschuldiges Kind.

Doch zurück zu den Friedensverhandlungen. Es ist also nicht das absolut Unschuldige, das an Kindern fasziniert, wenn ihnen wohl auch das systematisch Böse fremd ist. Es ist vielmehr das ganz Unmittelbare von Kindern, den konkreten Moment, die konkrete Situation, den konkreten Menschen wahrzunehmen, und diese Unmittelbarkeit füllt den Raum. Kinder stecken Menschen und auch die Welt nicht in ausgedachte Schubladen. Man nutzt diese Eigenschaft zum Beispiel bei den deutsch-französischen Jugendbegegnungen, da junge Menschen nicht die alten Feindbilder im Kopf haben von »den« Franzosen und »den« Deutschen. Kinder und Jugendliche betrachten die Phänomene vorurteilsloser und unmittelbarer, und wenn sie diese Sicht eines anderen Volkes ins Erwachsenenleben retten, dann kann Feindschaft zwischen Völkern wirklich schwinden. Kinder sind ohne Hintergedanken am Eigentlichen interessiert und kennen nicht die Tabus der Erwachsenenwelt. Das lässt diese Erwachsenenwelt manchmal peinlich verstummen, wenn Kinder plötzlich zum Beispiel ganz ernsthaft über den Tod reden, was man ja als Erwachsener »nicht tut«. Wer kennt nicht das Gedicht »Geplapper an Großvater« von Joachim Ringelnatz: »*... Großpapa, was bist du krumm, wenn du gehst! Und du zitterst immerzu wie ein Pappelwald. Großpapa, wann stirbst denn du? Stirbst du bald?*« Man ist gewohnt, solches kindliche Verhalten im besten Fall naiv und im schlechtesten Fall unerzogen zu nennen. Deswegen brauchen Kinder nach allgemeiner Erwachsenenüberzeugung auch Erziehungsberechtigte oder staatliche Vormünder, wenn es Vater und Mutter nicht gibt. Erwachsene sagen, dass Kinder die Welt eben noch nicht kennen und sie, die Erwachsenen, müssten sie ihnen noch zeigen. Das ist nicht falsch und deswegen warnen wir unsere Kinder immer wieder vor den Gefahren des Straßenverkehrs, böser Menschen und des Meeres. Wir Erwachsenen kennen uns wirklich besser aus mit den Gefahren und den Nutzungsmöglichkeiten der Wirklichkeit.

Doch das heißt nicht, dass die Sicht, die Kinder von der Wirklichkeit haben, falsch ist. Sie ist in vielem nicht alltagstauglich, aber was ist mit den Festtagen des Lebens?

Nehmen wir den Moment, auf den wir das ganze Jahr hingearbeitet haben, den Moment, an dem wir endlich am Meer sitzen nach Hunderten von Kilometern im vollbepackten, überhitzten Auto. Was ist also mit diesem edlen langersehnten Moment, an dem man endlich, endlich den mitgebrachten Campingstuhl aufgebaut und den Sonnenschirm in den Boden gerammt hat? Ich meine jenen Moment, an dem man endlich leben könnte? In diesem kostbaren, nun wirklich mit Schweiß und Tränen erkämpften und verdienten Moment, was geschieht da? Wie jeden Tag zu Hause am Frühstückstisch liest man die Zeitung, man bräunt sich den Hautkrebs auf die Pelle, was man zu Hause im Solarium schneller und umstandsloser hinbekäme, oder man langweilt sich einfach so vor sich hin, da leider am Strand »nichts los ist«.

Doch der fünfjährige aufgeweckte Junior hat sich inzwischen fröhlich das Schäufelchen gepackt; er hat voller Begeisterung gedankenversunken am Strand phantasievolle Gebilde gebaut. Immer wieder hat er den feinen Sand beobachtet, wie er durch seine Finger rann; er hat Muscheln gesucht, deren zarte Strukturen er bewundert, und hat immer wieder aufs Meer geschaut, wo in der Ferne Schiffe am Horizont vorbeiziehen, und dabei an die Geschichten aus fernen Ländern gedacht, die ihm die Mama manchmal vorliest.

Der Philosoph Thomas Hobbes hat den mehr oder weniger idiotischen Umgang von modernen Menschen mit der Welt auf die Formel gebracht. Er definierte, eine Vorstellung von einem Ding zu haben, das heiße – *sich vorzustellen, was man damit machen könne, wenn man es besitze.* Mit Sand kann man Zement anrühren. Muscheln kann man essen. Schiffe kann man kaufen, buchen oder mangels Kasse fotografieren. Punkt. So hobbsisch denkt heute mehr oder weniger jeder vernünftige Erwachsene. Damit haben wir leider ein bisschen die Natur ruiniert, die Umwelt durcheinandergebracht und uns daran gewöhnt, dass eine

Landschaft oder sonst etwas nur dann schön sind, wenn man sie anständig fotografieren, also »festhalten« kann.

Wer hat da nun recht? Ist Sand bloß eine Vorform von Zement, sind Muscheln bloß zum Essen gut, sind Schiffe am Horizont nur fürs Foto da – oder für die Geschichten, die man damit verbinden kann? Man wird nicht sagen können, dass die Sicht des Fünfjährigen falsch ist, sie ist bloß weniger alltagstauglich und nützlich. Man kann mit der Sicht des Kindes gewiss kein Geld verdienen, keine Zementfabrik, kein Muschelrestaurant und keinen Fotoladen aufmachen. Doch für den vom Urlaubsstress geplagten Vater wäre es wahrscheinlich besser, wenn er wenigstens jetzt im Urlaub einmal nach dem Weltverständnis des Kindes leben würde, den Sand betrachten, über die wunderbaren Strukturen der Muscheln staunen und in der Beobachtung des Horizonts an irgendetwas Unnützes, aber Wichtiges zu denken, nämlich zum Beispiel daran, wie das Leben so spielt.

Wie wirklich ist die Wirklichkeit?, hatte der bekannte Protagonist der systemischen Therapie Paul Watzlawick schon vor dreißig Jahren ironisch gefragt und dabei vor allem die Illusionen der Erwachsenenwelt ad absurdum geführt. Jede Wirklichkeit kann man unter unterschiedlichen Perspektiven sehen. Was die eigentliche Sichtweise ist, das hängt sehr von der Frage ab, die sich Ihnen gerade stellt. Wenn Sie Knochenkrebs haben, dann ist – das versichere ich Ihnen – die Röntgenaufnahme gewiss die eigentlichere Aufnahme von Ihnen und nicht die blendende Fotoaufnahme vom gleichen Tag.

Wir Erwachsenen wissen es nicht besser als Kinder, sondern nur anders, vielleicht kontexttauglicher und nützlicher – aber deshalb auch wahrer? Der Schriftsteller Günter Grass hat in seiner »Blechtrommel« die Welt der Kriegs- und Nachkriegszeit aus der Sicht eines Kindes beschrieben, das sich weigert, erwachsen zu werden. Dieser Kunstgriff machte es möglich, ganz systematisch aus der üblichen (Erwachsenen-)Perspektive auf die Welt auszusteigen und die Welt damit vielleicht unmittelbarer wahrzunehmen. Vielleicht war es gerade diese provozierend antierwachsene Sicht der Welt, die einem sonst kompetenten, aber durch und durch erwachsen wirkenden Literaturkritiker wie Marcel Reich-Ranicki den Zugang zu diesem Hauptwerk des Literaturnobelpreisträgers verbaute.

Die Weltsicht des Konstruktivismus jedenfalls betrachtet beide Sichtweisen der Welt, die erwachsene und die kindliche, als völlig gleichberechtigt. Es sind beides unterschiedliche Konstrukte, von denen keines den Anspruch erheben kann, allein wahr zu sein. Wir haben es uns angewöhnt, die Sicht der Europäer für das Maß aller Dinge in der Welt zu halten; wir lassen das Mittelalter mit Karl dem Großen und die Neuzeit mit Martin Luther beginnen. Weiß einer einen plausiblen Grund dafür? Mit der gleichen Willkür erklären wir die Sicht der Erwachsenen kurzerhand zur eigentlichen Sicht der Dinge und die Sicht der Kinder demgegenüber als unvollkommen. Dabei ist es im Grunde sehr fraglich, ob man eine Muschel nicht vollkommener sieht, wenn man ihre zarten Strukturen bewundert, als wenn man sie als geschmackvolle, aber nur sehr vorübergehende Magenfüllung betrachtet. Was würde aber eigentlich geschehen, wenn wir die Sicht der Kinder nicht wie arrogante Kolonialherren vom erwachsenen hohen Ross aus betrachteten?

2. Die Pfote auf dem Ohr

Eine politische Bewegung hat das gemacht. Die »Grünen« wirkten in ihrer Anfangszeit oft kindlich verspielt. Sie bestanden darauf, den Menschen nicht mehr bloß mit Descartes als »Meister und Besitzer der Natur« zu sehen und also die Natur auch nicht, wie Thomas Hobbes vorgab, bloß als etwas, womit man etwas machen kann, wenn man es besitzt. Gegen diese Ursünde des modernen Menschen stellten sie eine Sicht der Natur, die der Sicht von Kindern in der Tat viel näher ist: die Natur als staunenswerte und zu respektierende Schöpfung, die man nicht beliebig zum Zwecke des Menschen konsumieren kann – so wie die

Kaninchen meiner Töchter, denen wir versprechen mussten, die putzigen Kleinen nicht irgendwann einmal nach Erwachsenenart aufzuessen. Die Grünen wurden zu Anfang von den »erwachsenen« Politikern tatsächlich behandelt wie die Kinder; man rief sie mit Vorliebe im Parlament zur Ordnung und sie verhielten sich dann auch mit Wonne so. Die Systemtheorie nennt so etwas symmetrische Eskalation. Wie ungezogene Kinder zogen sie sich nicht »anständig« an, benutzten »unanständige Wörter« und verunsicherten die etablierten Politiker nach Strich und Faden mit aus der Pubertät bewährten Methoden. Ihre Versammlungen ähnelten chaotischen Familientagen, wo sich die Erwachsenen einbilden, etwas zu organisieren, und die Kinder dann alles anders machen.

Inzwischen haben sich die »Ökos« gewandelt, tragen Jackett mit Weste plus Krawatte und die anderen Parteien umwerben sie wie die offensichtlich gut situierte Dame beim Ball der einsamen Herzen. »Die haben ja keine Ahnung von wirklicher Betriebswirtschaft, Volkswirtschaft und Energiepolitik, das sind ja alles unausgegorene naive Kindereien ...«, hatte man einst geunkt. Doch ihre »kindlichen Ideen« von der Natur sind heute keine Kindereien mehr, sondern Gemeingut aller Parteien – als hätte man nie etwas anderes gedacht. Kein Lehrer würde heute noch auf die Frage eines Kindes, was denn mit den ganzen Abgasen geschähe, ob die uns nicht irgendwann einmal die Luft zum Atmen nehmen könnten, beruhigend und mit erwachsener Herablassung antworten, wie es mein Lehrer Anfang der sechziger Jahre tatsächlich tat: »Aber Manfred ... Luft – davon gibt es doch genug!« Könnte es nicht sein, dass auch andere Sichtweisen von Kindern heute wirklicher sind als die Wirklichkeit, die Erwachsene nach Herrscherart zur einzig ernstzunehmenden Wirklichkeit erklären?

Als der heilige Augustinus auf der intensiven Suche nach der Wahrheit, nach Gott, nach dem Sinn des Lebens, die ihn in wirklich alle Abwege getrieben hatte, die ein hochintelligenter und lebensdurstiger Mensch nur finden kann – einschließlich wilder

Ehe plus unehelichem Sohn –, eines Tages zufällig am Meer ein Kind spielen sah, blieb er stehen und schaute ihm eine Zeit lang zu. Das Kind schöpfte geduldig mit einer Muschel Wasser aus dem Meer in eine Kuhle, die es in den Sand gegraben hatte. Als Augustinus schließlich fragte, was das denn solle, da blickte der Knabe auf und gab dem erwachsenen Mann eine Antwort, mit der er nicht gerechnet hatte: »Ich versuche, das Meer in diese Kuhle zu schöpfen.« Und der Knabe fuhr in seiner Tätigkeit fort. Augustinus aber spürte in diesem Moment plötzlich, dass er die Antwort auf all sein Suchen erhalten hatte: Gott ist unermesslich wie das Meer, aber genauso wirklich wie das Meer. Wenn man aber mit Erwachsenenakribie versucht, ihn ganz und erschöpfend zu erfassen, dann ist man ein Knirps, der sich übernimmt. Das war die Erkenntnis des Augustinus, die am Anfang aller guten Theologie steht. Die Geschichte vom Kind am Meer sagt aber noch etwas anderes: Gewiss, es ist unmöglich, das Meer auszuschöpfen, aber man kann dennoch beginnen, sich um die Erkenntnis Gottes zu bemühen – wie der Knabe, der wie jedes Kind, das der Unmöglichkeit des Ziels nicht achtet, geduldig weiter seine Muschel ins unendliche Meer tauchte.

Natürlich kann man versuchen, Kinder mit akribischer Erwachsenenart gewaltsam zu Atheisten zu erziehen. Doch das gelingt nie wirklich. Nie sind Kinder Atheisten, denn sie erleben das Leben als wunderbar. Alle Phänomene, von denen wir Erwachsenen uns einbilden, wir hätten sie völlig begriffen, nur weil wir sie beschreiben und berechnen können, weil wir wissen, wie sie entstanden sind und eine gewisse Vorstellung davon haben, wie es mit ihnen wahrscheinlich weitergeht, sind für Kinder noch staunenswert. Staunen ist eine Sehnsucht nach Wissen, sagt Thomas von Aquin, der – erwachsene – große Theologe des Mittelalters. Doch Staunen ist mehr als das. Kinder wollen zwar viel wissen – sogar sehr viel –, aber das Wissen hindert sie nicht, weiter zu staunen.

Sie kennen noch ein Staunen, das nicht nach der Lösung von Rätseln verlangt, sondern an das Geheimnis rührt, das deshalb

Geheimnis und nicht *Rätsel* heißt, weil es bleibt. Wer begreift ein Gänseblümchen wirklich? Der Botaniker, der mit dem Pflanzenbestimmungsbuch Wald und Feld die Geheimnisse zu entreißen behauptet, der Fotograf, der ein Feld von Gänseblümchen als schönen Hintergrund für ein Hochzeitsfoto nutzt, das Kaninchen meiner Töchter, das Gänseblümchen nur im Notfall frisst, oder nicht vielleicht doch viel mehr ein Kind, das auf dem Bauch vor dem Gänseblümchen auf der Wiese liegt, es ganz genau anschaut, es schön findet und daran denkt, dass es selbst jetzt noch so klein ist, aber so gerne größer werden möchte, weil die Welt voller solcher Wunder ist?

Wenn man die Phänomene unmittelbar sieht, erlebt man sie intensiver. Man erlebt sie ganzheitlicher, als wenn man sie bloß unter den immer eingeschränkten wissenschaftlichen Perspektiven sieht. Die dürfen nämlich gerade dann, wenn sie den Anspruch erheben, wissenschaftlich zu sein, nur einen methodisch definierten Ausschnitt aus der Wirklichkeit wiedergeben. Das wissen die wirklich bedeutenden Wissenschaftler selbst oft besser als viele kleine Geister, die, wie der naive und pedantische Schüler in Goethes Faust, meinen: »Denn was man schwarz auf weiß besitzt, kann man getrost nach Hause tragen.« – »Grau, teurer Freund, ist alle Theorie, und grün des Lebens goldner Baum«, wird der spöttische Mephisto ihm später mit Recht hinterherrufen. Und diesem Grün des wirklichen Lebens ist das Kind auf der grünen Wiese mit den Gänseblümchen wahrscheinlich erheblich näher als alle sich für wissenschaftlich haltenden Pedanten, die meinen, ein Gänseblümchen schon verstanden zu haben, wenn sie mit wichtiger Miene in der Lage sind, es als »Korbblütler« zu entlarven.

Die Hirnforschung hat enthüllt, dass das Gehirn uns nicht einfach wie eine neue Waschmaschine zur Verfügung gestellt wird, sondern ein plastisches Gebilde ist, das sich im Laufe des Lebens je nach den Eindrücken, die es empfängt, und den Tätigkeiten, die es steuert, entwickelt. Das hat große Vorteile, da die Gehirnregionen, die man weniger braucht, im Laufe der Zeit immer kleiner werden und diejenigen Hirnteile, die man verstärkt nutzt, sich vergrößern. So wird die Region, die für die Bewegung des kleinen Fingers der linken Hand zuständig ist, bei Geigenspielern mit der Zeit immer größer, so dass sie schließlich um ein Mehrfaches umfangreicher ist als bei »normalen« Menschen. Es ist also nicht so, dass Menschen, die eine große Gehirnregion für den linken kleinen Finger reserviert haben, Geigenspieler werden, sondern im Wesentlichen umgekehrt: Durch die konkrete Befassung mit dem Geigenspiel entwickelt sich das Gehirn auf nützliche Weise. Das Gehirn entwickelt im Laufe des Lebens sozusagen bestimmte Trampelpfade, die es dann immer wieder benutzen kann. Auf diese Weise entstehen hilfreiche Automatismen. Man kann einfach nicht immer völlig frei neu entscheiden, wie man sein rechtes Bein setzen will, nachdem man das linke aufgesetzt hat. Das muss weitgehend automatisch geschehen. Wenn ein Tausendfüßler jedes Mal überlegen müsste, wie er alle seine Extremitäten richtig setzt, käme er in ein heilloses Durcheinander. Wir menschlichen Tausendfüßler müssen so viel auf einmal erledigen, dass wir dafür dankbar sein können, dass das erwachsene Gehirn viele eingefahrene Abläufe mit der Zeit automatisch abrufbar vorrätig hat. So kann man im Grunde am Gehirn in gewisser Weise die Lebensgeschichte eines Menschen ablesen.

Doch diese Entwicklung hat, wie alles im Leben, auch ihren Preis. Die souveräne neugierige Offenheit des kindlichen Gehirns für alle Eindrücke, die sich manche geistreichen und kreativeren Menschen noch etwas länger bewahren können, und die einhergeht mit einer weiteren Sicht der Wirklichkeit, wird mit fortschreitender Lebenszeit zunehmend eingeschränkt. Und das Auswahlkriterium für die Einschränkung der Hirnfunktionen ist ihre Nützlichkeit. Das Gehirn beugt sich also völlig dem so ganz »erwachsenen« Programm des Thomas Hobbes, dem Programm der Moderne: Eine Vorstellung von irgendetwas ist, sich vorzustellen, was man damit machen kann, wenn man es besitzt. Dieser fortschreitende Wirklichkeitsverlust ist allerdings weder das

Programm der Postmoderne vom »Anything goes« noch, wie wir sahen, das Programm der ökologischen Bewegung, in der man begann, die Wirklichkeit einmal nicht nur unter dem Aspekt der Nützlichkeit zu betrachten. Doch evolutionsbiologisch mag dieser Verlust an Weite nützlich sein. Denn gewiss werden Lebewesen, die unter ihren Fähigkeiten diejenigen fördern, mit denen sie sich notfalls auch mit Gewalt durchsetzen können, eher überleben. Dies vor allem dann, wenn sie zugleich mit der Förderung der bewährten alltagstauglichen und nützlichen Eigenschaften systematisch die nicht nützlichen Fähigkeiten aussortieren. Demgegenüber werden natürlich solche Lebewesen evolutiv im Nachteil sein, die sich mit der gedankenverlorenen Betrachtung schöner Gänseblümchen befassen, Musik hören, Kunst bewundern und anstatt das Bruttosozialprodukt zu erhöhen an volkswirtschaftlich völlig zwecklosen Gottesdiensten teilnehmen.

Freilich wissen wir inzwischen, dass die Betrachtung der Welt bloß unter der Erwachsenenvorstellung, was man alles mit ihr anstellen könnte, die Menschheit an den Rand des Abgrunds gebracht hat. Die »Grenzen des Wachstums« sind erkannt, und was nützlich ist für rücksichtslosen Fortschritt, das ist, wenn man schon mal am Rand des Abgrunds steht, möglicherweise lebensgefährlich. Jedenfalls aber hat Nützlichkeit nichts mit Wahrheit zu tun.

Das Ergebnis unserer erkenntnistheoretischen Überlegungen ist also, dass die Sichtweise des Kindes keineswegs weniger wahr ist. Sie ist von all den Sichtweisen, die man auf die Welt haben kann, vielleicht weniger nützlich, weniger alltagstauglich, aber möglicherweise lebenstauglicher, wenn man so sagen darf.

»Man muss nicht alles glauben, was man sieht«, meinte vorgestern meine neunjährige Tochter beiläufig. Zu leben, Zeit völlig zwecklos, aber höchst sinnvoll zu verleben – darin sind uns unsere eigenen Kinder weit voraus. Erst alte weise Menschen dringen manchmal wieder zu so einer Haltung vor – und deswegen kommen mitunter Kinder mit ihren Großeltern besser aus als mit ihren im Labyrinth von Nützlichkeiten und Zweckmäßigkeiten des Erwachsenenlebens eingesperrten Eltern. Kinder erleben alle Phänomene umfassender.

Zu Ostern suchte die Großfamilie mit allen Kindern im Garten, was der Osterhase dort versteckt hatte. Das Aufjauchzen der Kleinen war bei jedem Fund groß, stets gefolgt vom Schmunzeln der – wissenden – Erwachsenen. Anschließend wurden alle Fundsachen zusammengeworfen und nach kommunistischen Grundsätzen egalitär geteilt, indem der Onkel die Köstlichkeiten durch Zuwurf allen zu etwa gleichen Teilen zukommen ließ. Eine meiner Nichten war damals vielleicht vier Jahre alt. Sie saß etwas schräg, so dass sie den werfenden Onkel nicht sehen konnte. Dem gelang es aber, ihre Tüte immer wieder ziemlich genau von oben zu treffen. – Und das Kind schaute ganz verzückt nach oben, von wo immer wieder wunderbarerweise die köstlichsten Dinge herunterpurzelten.

Natürlich war der erste Gedanke des den Onkel als Ursache zweifelsfrei erkennenden erwachsenen Homo sapiens der Stolz auf das eigene überlegene Wissen wie damals, als ich einen stets tieftraurig und mitleiderregend dreinblickenden langohrigen Basset beobachtete, wie er seinen schweren tiefliegenden Corpus schwankenden Schritts und wie immer tiefbetrübt durch die Fußgängerzone schleppte – und plötzlich mit der Pfote auf einem seiner noch tiefer liegenden Ohren landete. Ruckartig stockte er, denn es ging nun nicht weiter. Je mehr er seinen Körper nach vorne zu werfen versuchte, desto mehr schmerzte aus ihm unerklärlichen Gründen sein rechtes Ohr. Das war so ein Moment, in dem man sich als Homo sapiens sapiens der unvernünftigen Kreatur haushoch überlegen fand. Mit dem aufgeklärten Licht erwachsener Vernunft erkannte man sofort zweifelsfrei die Ursache aller Unbill: Die Pfote auf dem Ohr war schuld. Doch der Hund begriff nichts. Als er, noch tieftrauriger dreinblickend, als er sonst schon tieftraurig dreinblickte, resignierte und seine schmerzhaften Bemühungen einstellte, löste sich jedoch unmerklich das Ohr unter seiner Pfote. Dem Fortschritt stand wieder die Zukunft offen, und so hob er an, wie immer tiefbetrübt dreinblickend, weiterzutrotten, ohne wohl jemals verstanden zu haben, was ihn so ruckartig und schmerzhaft mitten in der Fußgängerzone zum peinlichen Amusement der Umstehenden an jedem weiteren Fortschritt gehindert hatte.

Meine Nichte schaute nicht tiefbetrübt drein, sondern von Herzen fröhlich und sie ist ein blitzgescheites Kind, doch für einen Moment stellte sich auch hier bei mir der arrogante Erwachsenenreflex ein: Man wusste einfach mehr als das Kind, man hatte den Durchblick, man wusste, wie es wirklich war. Denn man verfügte über das überlegene Wissen, dass es ja der wie immer brillant zielende Onkel war und nicht ein schieres Wunder, das der begeisterten Nichte von oben die Köstlichkeiten in die Tüte beförderte.

Doch sofort stellte sich bei mir ein Unbehagen ein. War es nicht eigentlich ziemlich belanglos, wer da warf? War nicht das Erlebnis des Kindes, wirklich ganz unverdient mit einer unendlichen Fülle beschenkt zu werden, näher an der wirklichen Wirklichkeit? Und war das Abendgebet des Kindes, in dem es Gott für all das Schöne dieses Tages von Herzen dankte, nicht vielleicht doch näher an der Wahrheit, als der Kassenbon aus dem Lebensmittelladen, der hässlich auflistete, wie viel das ganze Schokoladenzeug gekostet hatte?

Keine Sorge, ich singe hier kein kindisches Lob der Kindheit. Auch Kinder selbst sind keine Romantiker der Kindheit, das können allenfalls Erwachsene Jahrzehnte später werden. Die Theorie eines kindlichen goldenen Zeitalters vergisst die Sorgen und Nöte, die auch Kinder haben. Kinder selbst jedenfalls wollen nie klein sein, sondern sind immer froh, dass sie schon soooo groß sind. Leider ist es mir nie gelungen, unsere jüngste Tochter »das kleine Finchen« zu nennen, ohne ausnahmslos auf heftigen Widerstand von Finchen persönlich zu stoßen mit dem nachdrücklichen Hinweis: »Aber Papi, ich bin schon soooo groß!« Neulich fragte sie mich: »Papi, wann werde ich endlich jugendlich?«

Es geht hier also nicht um betuliche Kindergeschichten. Dafür ist unser Thema viel zu ernst. Es geht um die grundsätzliche erkenntnistheoretische Auffassung, dass die kindliche Art der Wahrnehmung der Welt hierarchisch nicht niedriger steht als die übliche Erwachsenenweise, etwas zu erkennen. Merkwürdigerweise hat Friedrich Nietzsche den Weg zum Übermenschen in einer denkwürdigen Metapher als den Weg vom Kamel über den Löwen zum Kind beschrieben: »Unschuld ist das Kind und Vergessen, ein Neubeginn, ein Spiel, ein aus sich rollendes Rad, eine erste Bewegung, ein heiliges Ja-Sagen.« Und so geht es beim Nachdenken über die Weise, wie Kinder die Welt sehen, um eine tiefe philosophische Frage. Spezialisten nennen sie die Frage nach der Kontingenz: Warum ist überhaupt etwas und nicht vielmehr nichts?

Nur in ganz ruhigen entspannten Momenten kommt einem diese Frage in den Sinn. Es ist dann eine wirkliche Frage, bei der man ganz kurz auch die schwarze existenzielle Angst vor dem Nichts, dem Nicht-Sein erleben kann. Ich erinnere mich, schon als Kind einmal ganz kurz abends beim Nachdenken über die Welt eine solche Angst verspürt zu haben. Wenn man durch einen solchen Augenblick der existenziellen Angst vor der theoretischen Möglichkeit des Nichts aber hindurchgegangen ist, dann begegnet man in solchen Momenten der konzentrierten Entspanntheit, bei offenen Augen und Sinnen, unvermeidlich nicht irgendeiner schwarzen Möglichkeit, sondern der vielfarbigen Wirklichkeit dieser Welt.

Dass da vor mir ein Baum steht, bizarr wirkend mit seinem knorrigen Stamm, mit seinen Blättern und seiner unverwechselbaren Gestalt – genau an dieser Stelle, in dieser Landschaft, in diesem Land, auf diesem Planeten in einem grenzenlosen Weltall, genau in diesem Moment und dass ich diesen Baum genau jetzt wahrnehme, so wie ich ihn nie mehr wahrnehmen werde, weil er, der Baum, und ich, der wahrnehmende Mensch, uns ständig verändern, dass also da an einem konkreten Ort, zu einer konkreten Zeit etwas ganz Bestimmtes überhaupt ist, das ist, wenn man es ganz tief bedenkt, im Grunde höchst staunenswert. Und dieses einmalige Phänomen ist natürlich überhaupt nicht hinreichend erklärt, wenn ich es unter irgendwelchen speziellen und damit immer nur teilweisen Perspektiven zu verstehen versuche, zum Beispiel unter der Perspektive der Evolution als ein Fall in einer Zeitreihe, unter der Perspektive des Botanikers als ein Fall einer Gattung, unter der Perspektive des ökologischen Gleichgewichts als der Teil eines Ganzen, unter der Perspektive des Holzfällers als ein Fall zum Fällen oder unter der Perspektive des Fotografen oder des Malers, die diesen Baum als Ausdruck einer Stimmung nutzen, die sie mit dieser Abbildung zum Ausdruck bringen wollen. Und wenn man dann das Einmalige dieses unverwechselbaren Phänomens ganz intensiv erlebt, dann kann man den Gedanken zu denken versuchen, dass dieser Baum, der höchst sinnvoll und zweckmäßig angelegt erscheint und von dem man aus irgendeinem Vertrauen heraus hoffen darf, dass er sich nicht im unmittelbar nächsten Moment in einem allgemeinen Chaos auflöst und dass auch ich, der ich diesen Baum jetzt wahrnehme und der ich über diesen Baum jetzt gleich mit anderen Menschen reden kann und hoffen darf, dass sie mich verstehen, dann kann man also den Gedanken zu denken versuchen, dass dieser Baum und ich, dass alles das in Wahrheit – total sinnlos ist … Wenn Ihnen dieser Gedanke dann aber, aus welchen Gründen auch immer, nicht wirklich gelingt, dann würde wohl wenigstens Nietzsche, der konsequenteste der Atheisten, Ihnen zumindest heimlichen Glauben an eine sinnsetzende und alles erhaltende und außerdem Kommunikation ermöglichende Instanz vorwerfen, und wenn Sie sich weigern wollten, das Gott zu nennen, würde er Ihnen Wortspielerei vorhalten und sich wohl etwas unwillig von Ihnen abwenden.

Warum gelingen uns solche Einsichten nur in kurzen Momenten? Weil wir die Welt nicht mehr so intensiv wie Kinder sehen, sondern routiniert. Weil wir eine Situation nicht mehr eigentlich wahrnehmen, sondern als »Fall von« Situationen, die wir schon so oft wahrgenommen haben. Kinder sind keine Atheisten, weil sie die Selbstverständlichkeit der Geborgenheit in einer Welt voller Sinn erleben, und das ist Voraussetzung für so etwas wie Glück. Natürlich gibt es Kinder, die im Chaos groß werden müssen und kaum je solche Situationen erleben. Aber ich möchte behaupten, dass auch solche Kinder sich selbst dann wenigstens für Momente solche Augenblicke schaffen. Wenn Gott ganz selbstverständlich existiert und diese Welt in Händen hält, dann ist er für manchen Erwachsenen vielleicht wie ein Möbelstück zu Hause. Es stand jahrzehntelang immer am gleichen Platz – und eben gerade wegen seiner Selbstverständlichkeit wird es gar nicht mehr wahrgenommen. Hans Carossa hat das in die schönen Worte gefasst: »Man hört es nicht, wenn Gottes Weise summt, man hört es erst, wenn sie verstummt.«

Kinder hören diese Weise, weil sie das Selbstverständliche noch staunend wahrnehmen. Der Gott der Kinder ist kein Kindergott, es ist ein von allen komplizierten Erwachsenenschlacken befreiter unmittelbarer Gott. Mag sein, dass Kinder ihn deswegen intensiver wahrnehmen, weil sie noch nach der Schöpferhand Gottes riechen, wie es ein Bischof einmal ausdrückte.

Dennoch: Nietzsche bleibt möglich. Die radikale Auffassung, aller Sinn sei bloßer Schein, eine gestaltgewordene Einbildung, Schall und Rauch, diese Auffassung kann ergriffen werden. Dann aber auch mit allen Konsequenzen.

Der Gott der Lehrer – Verschwörung in der Kellerbar

Eines Tages hörte ich den Satz Jesu, den ich schon so oft andächtig gehört hatte: »Wenn ihr nicht werdet wie die Kinder, werdet ihr nicht in das Himmelreich eingehen.« Doch auf einmal geriet mein ganzer schöner Kinderglaube in die Krise. Ich war damals vierzehn Jahre alt. Mein erwachender kritischer Geist erlaubte sich plötzlich eine ganz andere Sicht als bisher. Es kam mir der ketzerische Gedanke: Man soll also naiv, blöd, kindisch sein, damit man nicht mitbekommt, dass es mit dem Christentum nicht weit her ist.

Möglicherweise erlebt jeder Mensch in diesem Alter eine solche Krise. Es ist das Alter, wo man alles neu und völlig selbständig entscheiden möchte – auch, wie man die Hände in die Hosentaschen steckt, damit es »voll cool« aussieht. In Wirklichkeit sieht das dann bekanntlich komisch und künstlich aus, aber man hat nun mal die Hände in die Hosentaschen gesteckt, nicht wie »man« das so macht, sondern wie »man selbst« sich nunmehr frei entschlossen hat, das zu machen. Jeder weiß, dass das Leben in dieser Lebensphase ziemlich anstrengend sein kann.

Die Kindheit endet – mit ihrer schönen Welt der Selbstverständlichkeit. Das faszinierende Abenteuer der Vernunft beginnt. Begierig nimmt man die spannenden Erkenntnisse der Wissenschaft auf und es erschließt sich nicht bloß eine Welt wie bisher, es erschließen sich ganz viele Welten. Das Mittel, mit dem man in die Fülle der Phänomene einigermaßen Ordnung bringen kann, damit sie nicht bloß wie auf einem orientalischen Bazar bunt und vielgestaltig nebeneinander herumliegen, ist die Vernunft.

Ich fand dann ein anderes Bibelwort, mit dem ich besser zurande kam. Bei Paulus steht der berühmte Satz: »Prüfet alles – und das Gute bewahret.« Dieser Satz wurde mir in meiner skeptischen Suche nach einem vernunftgemäßen Glauben – oder Unglauben – zum Leitspruch. Doch wie sollte ich ein solches Projekt angehen? Ich war immerhin der Auffassung, dass die Frage, ob Gott existiert oder ob er nicht existiert, für meine Lebensplanung von entscheidender Bedeutung sein würde. Deswegen war es mir wichtig, die Sache mit aller Ernsthaftigkeit und Gründlichkeit anzugehen. Im Grunde, dachte ich mir damals, müsste ich erst einmal alle Religionen der Welt wirklich kennenlernen, um mich dann nach reiflicher Überlegung für die richtige zu entscheiden. Das war natürlich, bei Licht besehen, ein ziemlich monströses Projekt. Unter uns Erwachsenen gesagt, war das völlig utopisch, aber sagen Sie das mal einem ernsthaft suchenden Vierzehnjährigen oder sagen Sie es sich selbst, wenn Sie vierzehn sind. Ich jedenfalls sagte mir das nicht. Vielmehr entschloss ich mich, die Sache mit Volldampf anzugehen.

Da hätten mir damals meine Lehrer sehr in den Kram passen müssen, vor allem die Religionslehrer. Zu dieser Zeit, um 1970, steckten sie selbst in der Krise und waren eifrig bemüht, sich bei uns Halbstarken mit allen Mitteln beliebt zu machen. Ich war allerdings gerade nachhaltig daran interessiert, einem christlichen Religionslehrer meine ganzen Zweifel am christlichen Glauben geistreich vor die Füße zu kotzen. Natürlich um auf erfreulichen und beabsichtigten Widerstand zu stoßen, aber durchaus auch, um ein paar ernsthafte Antworten zu erhalten. Ich hatte die Meinung, eine wirklich ernsthafte Diskussion setze voraus, dass beide Seiten bereit seien, durch gute Argumente der jeweils anderen Seite ihre Meinung nach der Diskussion zu *ändern*. Ich für meinen Teil war durchaus bereit, mich von klugen Menschen, notfalls sogar vom Religionslehrer, durch gute Argumente überzeugen zu lassen. Ich lechzte geradezu nach guten Argumenten.

Doch ausgerechnet im Religionsunterricht, auf den ich besonders gesetzt hatte, erlebte ich die größte Enttäuschung. Wenn man da mit seiner Kritik an Kirche und Christentum anfing, glaubte man seinen Ohren nicht zu trauen. Es geschah nämlich das Schlimmste, was einem pubertären Jungmann in so einer Situation passieren kann: Der Religionslehrer stimmte all dieser herausgekotzten Kritik umstandslos zu! Ich glaube heute bösartigerweise, dass die Religionslehrer sich alle damals gegen uns halbgare Subjekte bei irgendeiner Wochenendfortbildung abends in der Kellerbar verschworen hatten. Mit diebischer Freude hatten sie sich wahrscheinlich ausgedacht, uns mit unserem ganzen unausgegorenen Protest, unserer für Religionslehrer anstrengenden heftigen Kritik an Christentum und Kirche und unserer vielleicht etwas wichtigtuerischen, aber ganz sicher ernst gemeinten Suche nach der Wahrheit – einfach ins Leere laufen zu lassen. Doch im Ernst: Der Religionsunterricht damals machte es jedenfalls unmöglich, mit seinem Protest irgendwo zu landen. Denn der Lehrer beteuerte freundlich lächelnd, das alles irgendwie genauso zu sehen. Das machte wirklich keinen Spaß.

Nun kann man mit der ausdauernden Zustimmung zur Meinung der Schüler nicht dauerhaft einen Unterricht bestreiten. Und so kam der Religionslehrer auf eine Idee, die sicher ebenfalls in einer ausführlichen Fortbildungsmaßnahme für alle Religionslehrer ausgeheckt worden war: Kritischen Fragen über Christentum und Kirche weicht man am besten dadurch aus, dass man im christlichen Religionsunterricht einfach nicht mehr über das Christentum redet. Er sprach also hinfort so ziemlich über alles andere, zum Beispiel über andere Religionen. Und was wir dadurch ausgerechnet im christlichen Religionsunterricht lernten, war im Ergebnis die Gleich-Gültigkeit aller Religionen. Wir lernten Religionen kennen wie exotische Tiere in Brehms Tierleben. Und dann gibt es da noch den Kakadu …

Religion hatte so vor allem mit Wissen über verschiedene mehr oder weniger lustige oder langweilige absonderliche Tatbestände zu tun, kam also als Religion im eigentlichen Sinne gar nicht vor. Dennoch konnte ich mich im Grunde nicht beschweren. Wollte ich doch selbst in meinem jugendlichen Leichtsinn damals erst einmal alle Religionen kennenlernen, bevor ich mich dann irgendwann mal entscheiden würde. Nebenbei gesagt kenne ich Schüler, die aus dieser Phase bis ins hohe Alter nicht herausgefunden haben ...

1. Tödliche Indianerspiele

Besonders faszinierend waren natürlich möglichst exotische Religionen. Da waren all die Naturreligionen, von deren bunter Vielfalt wir erfuhren. Der Lehrer hatte natürlich auch seinen C. G. Jung drauf und versuchte zu beschreiben, zu klassifizieren, zu deuten. Dabei verinnerlichte man zunächst den europäischen Hochmut und schaute weit von oben herab auf diese tiefstehenden »primitiven« Religionen von ebenso »primitiven« Völkern hinunter. Ziemliche Kindereien das Ganze – für die Diagnose von Kindereien sind Vierzehnjährige besonders gut geeignet –, kruder Aberglauben, nicht wirklich ernst zu nehmen!

Dann kam aber der Salto rückwärts: Wir hatten, so hieß es nun plötzlich, gerade all dieses fremdartige Zeug deswegen besonders zu respektieren, eben weil es so fremd war. Es war die große Zeit der Fernstenliebe im Namen der Nächstenliebe, das heißt, man hatte sich nicht mit den Gastarbeitern von nebenan, sondern mit Vietnam, Laos und Kambodscha, mit Nigeria und Biafra und mit den bösen Folgen des Kolonialismus zu beschäftigen und zwar in der Haltung durchgehender Betroffenheit. Nichts gegen eine ernsthafte Befassung mit solchen damals zeitgenössischen schlimmen Konflikten. Doch das Übermaß und die Betulichkeit, mit denen das damals in der Schule mitunter geschah, weckten bei uns den pubertären Protest. Wir sollten nun plötzlich all das bunte Göttergewimmel der Südseevölker, das wir gerade eben fein säuberlich in begriffliche Schubladen gepackt hatten, ob ihrer echten Urtümlichkeit, ihrer Unschuld und ihrer Unberührtheit von schädlichen westlichen Einflüssen hochschätzen. Alles was mit christlicher Mission zu tun hatte, wurde dagegen selbstverständlich als geistiger Kolonialismus gebrandmarkt.

Wir fanden diese ganze Masche nicht sehr überzeugend. Manche von uns verloren damals jeden religiösen Glauben, denn dieser Gott der Lehrer, das war ein Gott aus dem Panoptikum, den man sich wie im Museum von allen Seiten anschauen konnte, ein Papiertiger, von dem man in Büchern Gescheites, aber nicht sehr Lebenstaugliches lesen konnte. Von dieser bunten vielköpfigen Hydra, die der Gott der Religionen für uns war, konnte man keine Antwort auf den Sinn des Lebens erwarten. Von diesem Religionsunterricht auch nicht, und das machte mich dann zunehmend wütend. Ich hatte den Eindruck, um einen anständigen Religionsunterricht betrogen und mit all meinen wirklichen Fragen allein gelassen zu werden. Ich weiß noch: Ich schrieb damals sogar einen Brief von der härteren Sorte an den zuständigen Bischof – den ich dann doch nicht abschickte.

Vor allem aber erinnere ich mich an eine Antwort, die der Religionslehrer mit Vorliebe gab, wenn ganz gegen seine Absicht doch mal die Rede auf Christentum und Kirche kam. Auf alle tiefergehenden Fragen hatte er immer diese gleiche Antwort: »Das ist ein Geheimnis.« Diese Antwort konnte mich damals zur Weißglut bringen. Ich hielt sie schlicht für eine Frechheit, denn es ging für mich ja immerhin nicht um irgendetwas. Es ging für mich – mit aller pubertären Ernsthaftigkeit – um eine entscheidende Frage für die Zukunft meines Lebens. Und dass das alles irgendso ein wolkiges Geheimnis sei, an das man halt nur einfach irgendwie glauben sollte, das war entweder zu viel oder zu wenig für mich. Erst Jahre danach sollte mich diese Antwort des Lehrers einholen. Doch darüber später.

Im weiteren Leben lief mir dieser Gott der Lehrer übrigens noch einmal über den Weg. Es war das »Projekt Weltethos« von Hans Küng. Dessen Absicht, eine allen Religionen zugrunde liegende, gestaltete Moralität herauszuarbeiten, empfand ich als höchst ehrenwert. Die Durchführung scheiterte aber nach meinem Empfinden daran, dass dadurch nicht die real existierenden Religionen in ihrer Lebenswirklichkeit miteinander ins respektvolle Gespräch gebracht wurden, sondern nur die Ideen, die man sich von diesen Religionen in der Studierstube gemacht hatte. Die interreligiöse wissenschaftliche Arbeit ist gewiss nicht überflüssig. Doch sollte man sich dabei wohl nicht der Illusion hingeben, mit einem solchen akademischen Projekt allein schon den Frieden der Religionen und der Welt erreichen oder auch nur wesentlich fördern zu können.

Als ich mich dann selbst später ernsthaft und gründlich mit der Vielfalt der Naturreligionen befasste, wurde mir deutlich, dass die Klischees, die wir in der Schule gelernt hatten, nicht stimmten. Wie schon der Ruf »Zurück zur Natur« in der europäischen Geistesgeschichte weitgehend auf Naivität beruhte, eher ein Krisensymptom war und zuweilen katastrophale Folgen zeitigte, so war auch die Vorstellung von den unschuldigen glücklichen Wilden eine grobe Verzeichnung der Realität. Naturreligion – das bedeutet in der Regel zunächst einmal Angst. Angst vor den in der Natur wirksamen machtvollen Geistern, die man beschwichtigen muss und vor allem nicht erzürnen darf. Das Leben ist erheblich von Tabus und anderen Verboten eingeschränkt und man scheut sich nicht, aus Angst vor sonst drohender göttlicher Unbill auch Menschenopfer zu bringen. Sich als heutiger Europäer wirklich mental in eine solche Situation zu versetzen, ist außerordentlich schwierig, ja fast unmöglich. Bekannt ist inzwischen zum Beispiel, wie Hans Peter Duerr beschreibt, dass so genannte Wilde keineswegs schamlos waren, wie man im prüden Europa lüstern wähnte. Bei ihnen herrschte eine oft höchst rigide Blickscham. Das heißt, man lief zwar nackt herum, durfte aber niemals auf bestimmte Stellen des nackten Körpers der anderen schauen. Verstöße gegen diese strenge Regel konnten in bestimmten Fällen den Tod zur Folge haben. Man hat, nachdem man das endlich begriff, alte Fotografien untersucht und da erst den gequälten Gesichtsausdruck der abgebildeten nackten »Wilden« erkannt.

Auch die Religionen der Indianer waren geprägt von Angst. Noch kurz vor Eintreffen der Spanier in der Hauptstadt der Azteken waren grausame Menschenopfer an der Tagesordnung. Im

Reich des Aztekenkaisers Montezuma wurden pro Jahr 10 000 bis 20 000 Gefangene mit brutalen Methoden den Göttern geopfert. Mit einem Steinmesser schlitzte man ihnen die Brust auf, um Göttin Sonne zu versöhnen. Nun kann man nicht bestreiten, dass die Spanier mit völlig inakzeptablen Mitteln blühende Kulturen zerstörten. Doch dass die Ablösung der farbenfrohen, aber unmenschlichen Religionen der Indianer durch das Christentum einfach nur ein furchtbarer Irrtum gewesen sei und dass man am besten diese altehrwürdigen Stammesreligionen wiederherstellen müsse, das wird nach all dem, was wir heute wissen, selbst der humanistischste Humanist heute nicht mehr behaupten.

Machen wir uns nichts vor: Es mag zwar lustig sein, mal Azteke zu spielen und manche farbigen Riten der untergegangenen Religion dieses Volkes nachzumachen, so wie Königin Marie-Antoinette es wahnsinnig spaßig fand, mal ein paar Tage in einem eigens für sie im Park zu Versailles angelegten Bauernhof Bäuerin zu spielen. Doch Marie-Antoinette machte sich durch dieses Possenspiel auf fahrlässige und damit verhängnisvolle Weise dennoch keinerlei Vorstellungen vom wirklichen trostlosen Leben damaliger Bauern in Frankreich. Dieses selbstverschuldete Missverständnis kostete sie später den Thron und den Kopf. In gleicher Weise würde wohl jeder naive Europäer unserer Tage entsetzt sein, wenn er ganz ernsthaft gezwungen wäre, wie zu Zeiten der real existierenden Religion der Azteken zu leben. Eine Verklärung der Natur- und Stammesreligionen und ihrer schrulligen bis grausamen Göttergestalten entbehrt also bei genauer Betrachtung jeder Grundlage. Wer jedenfalls ernsthaft nach Gott sucht, wird da nicht fündig.

Auch das Göttergewimmel im uralten indischen Götterhimmel, der jahrtausendelang Zeit hatte, sich zu füllen, ist eher abstoßend. In der unübersichtlichen Vielfalt dessen, was wir mit dem Wort Hinduismus mühsam zusammenfassen, sind mit viel Phantasie die unheimlichen Urerfahrungen des menschlichen Lebens Gestalt geworden. Geburt, Sexualität, Tod führen hier in immer neuen Varianten einen immer wilderen Tanz auf. Gott ist bei der Unmenge der Götter so weit weg, dass man weite Teile der indischen Religionsgeschichte schlicht als atheistisch bezeichnet hat. Eine Ahnung, so werden Christen später sagen, haben auch die alten Inder von Gott gehabt und selbst in den düstersten Abgründen ihrer Religion vielgestaltig zum Ausdruck gebracht. Doch hinterlässt dieses auch noch von Region zu Region unterschiedliche, sagenhafte religiöse Gewirre offenbar bei tiefersuchenden Menschen einen Überdruss, ein Unbehagen an dieser religiösen Kultur, die mehr ins Nichts gehende Fragen als sinngebende Antworten hervorgebracht hat.

2. Die Wahrheit unter dem Feigenbaum

Und so saß in einer Vollmondnacht des Jahres 528 v. Chr. ein gewisser Siddhartha Gautama unter einem Feigenbaum in Uruvela bei Bodh Gaya in Nordindien und dachte höchst intensiv über das menschliche Leben nach. Er war ein Fürstensohn, der sieben Jahre vorher das unbeschwerte Leben des väterlichen Palastes verlassen hatte, um das eigentlich Wichtige des Lebens zu suchen. Doch das, was er bisher an Antworten auf die Frage nach dem Sinn dieses Lebens gefunden hatte, das waren die disparaten und oft in sich widersprüchlichen Ratschläge, die sich aus den verschiedenen Lehren des wuseligen indischen Religionskosmos ergaben. Es waren Ratschläge von wichtigtuerischen Gurus, die oft genug ziemlich absurd erschienen. Möglicherweise ging es Gautama so ähnlich wie manchem Esoterikfreak, der heutzutage irgendwie die Wahrheit sucht, infolgedessen mit hoher Intensität immer mehr und mehr unterschiedlich absurdes Zeug liest und in sich aufnimmt. Doch das alles hinterlässt dann nur Überdruss, ja Ekel, und zur gesuchten Ruhe in tieferer Erkenntnis kommt er nie.

Was Siddhartha Gautama also bisher alles so kennengelernt hatte auf dem Weg der Suche ins Innerste seiner selbst, war zutiefst unbefriedigend. Genauso unbefriedigend, wie es der griechische Götterhimmel für Sokrates war, den Nachdenklichsten der Griechen.

Gautama, den man später Buddha, das heißt der Erleuchtete, nannte, saß also nun in jener hellen Mainacht des Jahres 528 v. Chr. am Ufer des Flusses Neranjana unter jenem Feigenbaum völlig konzentriert und ruhig da, und was er da dachte und im Denken erlebte, das führte ihn auf einen ganz anderen Weg. Einen Weg in die Tiefe, in die Abgründe menschlicher Existenz. Gleichgesinnte sammelten sich um ihn, die ebenfalls für die Fragen, die in ihnen aufstiegen, bisher keine befriedigenden Antworten gefunden hatten. Vielleicht war es sogar gerade das außerordentlich Unbefriedigende, ja fast Unernste des indischen Götterhimmels, das den Buddhismus mit all seiner Ernsthaftigkeit heraufführte. Jedenfalls entstand vergleichsweise schnell eine ganze Bewegung, die sich immer weiter verbreitete. Man gründete Klöster, in die man sich dauerhaft – wie in christliche Klöster – oder auch nur zeitweilig von der Welt zurückziehen konnte, um sich selbst näher zu kommen. Später entwickelten sich unterschiedliche Traditionsstränge, das »Kleine Fahrzeug« in Sri Lanka, Birma, Thailand, Laos, Kambodscha und das »Große Fahrzeug« vor allem in Nepal, Vietnam, China, Korea, Japan, sowie der lamaistische Buddhismus in Tibet, Sikkim, Bhutan und der Mongolei.

Der Buddhismus gilt als eine der großen Weltreligionen. Doch ist er wirklich eine Religion? Man kann das mit guten Gründen bestreiten. Denn zumindest Gott kommt bei ihm nicht vor. Man hat den Buddhismus deswegen sogar eine atheistische Religion genannt. Doch auch das ist missverständlich, denn ausdrücklich gegen den Glauben an einen Gott spricht er sich auch nicht aus. Man könnte ihn allenfalls als eine Religion ohne Gott bezeichnen. Möglicherweise hat die konsequente Aussparung von so etwas wie Gott viel mit der Entstehung des Buddhismus zu tun. Für Siddhartha Gautama war nämlich das Wirrwarr des hinduistischen Götterhimmels wahrscheinlich noch viel abschreckender als dann später für Sokrates die operettenhafte göttliche Wohngemeinschaft auf dem immerhin etwas übersichtlicheren, wenn auch zumeist im Nebel verborgenen Olymp. Und so strebt der Buddha nicht in die Höhe, sondern bleibt ganz auf der Erde und vertieft sich dort, aber mit solcher Intensität, wie wir es nur von Religionen kennen, in die Tiefen der menschlichen Existenz. Auf seine Weise tat das zwar auch Sokrates. Doch er tat es vielleicht beiläufiger, unter spielerischer, aber unerbittlicher Nutzung der menschlichen Vernunft im Dialog mit einzelnen Menschen über das Wesentliche.

Mag man Buddha den Sokrates Asiens nennen, weil er genauso wie Sokrates, abgestoßen von den vielen Göttern, in die Tiefe dachte, so könnte man gewiss aber Sokrates nicht als Buddha Europas bezeichnen, weil er keine religiöse Bewegung begründet hat. Verlieren wir uns aber nicht schulmeisterlich in müßige Begriffsdefinitionen. Nehmen wir den Buddhismus einfach als das, was er ist, nämlich eine neben manchen Merkwürdigkeiten – ewige Wiedergeburten, Weltflucht – durchaus beeindruckende Weisheitslehre nicht über Gott, sondern über die Welt und den Menschen in ihr. Genau das aber ist es auch, was es christlichen Weisheitslehrern sogar ermöglicht hat, ganz ernsthaft gewisse buddhistische Wege aufzugreifen – um bessere Christen zu werden.

Ich meine damit ausdrücklich nicht jene ehemals christlichen Theologen, die ihres von einer westlichen Zivilisation vielfach angegriffenen Glaubens müde geworden waren und denen ihr Christentum dann letztlich nur eine Durchgangsstufe war auf dem Weg in die – »buddhistische« – Auflösung von allem. Solchen typisch westlichen Buddhismus aus der Dose gibt es heute auch auf erheblich niedrigerem intellektuellem Niveau. Die Bücherregale in den Bücherläden sind voll von Machwerken, in denen Herr Müller oder Meier aus Berlin-Hohenschönhausen erklärt, wie er plötzlich beim Guru Hinz oder Kunz in der Nähe der S-Bahn-Station Berlin-Lichterfelde das Eigentliche beim meditativen Betrachten seines Schlüsselbunds erfuhr.

Solche »religiösen« Lächerlichkeiten sind allerdings dann, wenn das wirklich Lebensinhalt wird und nicht bloß Verkaufsmasche, nicht mehr lächerlich, sondern tief tragisch. Derartigen Phänomenen begegnete man auch schon in anderen Dekadenzperioden, zum Beispiel in der Spätzeit des Römischen Reiches. Es war ein unglaublicher religiöser Ramsch, den die von »religiösen Angeboten« übersättigte Schickeria des 2. und 3. Jahrhunderts n. Chr. bei Bildungsreisen aus Ägypten oder Syrien wie Kitschfigürchen mitbrachte. Doch all das wurde in seinem hohlen skurrilen Unernst beim ersten existenziellen Windstoß eines Lebens hinweggeweht. Der antike Götterglaube war also als ernstzunehmendes religiöses Phänomen schon im 3. Jahrhundert n. Chr. im Grunde längst verstorben. Diese faktische Kapitulation der antiken Religion war es dann übrigens, die es dem jungen Christentum vergleichsweise leicht machte, seine Lehren bei ernsthaft suchenden Menschen zu verbreiten.

Genauso geht es, wenn man heutzutage östliche Religionen schnell, umstandslos und geschäftstüchtig aus ihrem nicht verstandenen kulturellen Kontext herausreißt und irgendwo im Westen einzupflanzen versucht, wo sie keine Wurzeln haben. Dann wirken diese Religionen künstlich und tot, wie Schnittblumen, die man irgendwo einbuddelt. Diese Mentalität erinnert ein bisschen an jenen ziemlich merkwürdigen englischen König Georg III. (1760–1820), der in seinem Park Kew Gardens Beefsteaks in den Boden pflanzte in der Hoffnung, dass da später Rinder herauskommen würden.

Doch es gibt auch einen seriösen Umgang mit dem Buddhismus. Der Jesuit Enomiya Lassalle hat selbst jahrelang in Japan in einem echten buddhistischen Umfeld gelebt und wurde über einen wirklichen Zen-Meister sehr ernsthaft in die Lebens-Kunst des Zen-Buddhismus eingeführt. Doch hat er dabei seinen christlichen Glauben ohne faule Kompromisse bewahrt. Wenn jemand beides so überzeugend kann wie Lassalle, kann man dadurch wirklich sinnfällig machen, dass buddhistische Lebensweisheit, die ja keineswegs auf eine Leugnung Gottes hinausläuft, mit ernsthaftem christlichen Glauben durchaus vereinbar ist. Man könnte das vergleichen mit der Philosophie Platons, die ja auch nicht von einem christlichen Gott ausgehen konnte, aber dennoch von den frühesten Zeiten der Kirche an von christlichen Denkern ganz unbefangen genutzt wurde, um besser den christlichen Glauben darzustellen.

Enomiya Lassalle ist dafür allerdings einen langen, sehr persönlichen Weg gegangen. Und so ist das sicher nichts, was man bei einem Wochenendseminar in der Familienbildungsstätte einfach mal so rüberbringen kann. Als ich Ende der siebziger Jahre im Gästetrakt des Benediktiner-Klosters Maria Laach wohnte, um durch einige Wochen Turbo-Lernen noch mein medizinisches Staatsexamen zu bestehen, was auch – dem heiligen Benedikt und seiner famosen Regel sei Dank – gelang, da waren buddhistische Mönche, wenn ich mich recht erinnere, zusammen mit Pater Lassalle, für einige Tage dort zu Gast. Es war ein berührendes Bild, die buddhistischen Mönche schweigend an den Gebetszeiten der christlichen Mönche in der schönen Klosterkirche teilnehmen zu sehen. Am Schluss gab es eine spannende Diskussion, die sehr differenziert das Verbindende, aber eben auch das unüberwindbar Trennende zum Ausdruck brachte.

Vielleicht hat der Buddhismus ein wenig mehr Ahnung von den seelischen Eigenarten des Menschen als das Christentum, weil er sich schon 500 Jahre länger Gedanken über den Menschen machen konnte. Und weil er nicht sofort, wie die Christen, durch die Offenbarung des Heils von Gott den andächtigen Blick vor allem nach oben richten konnte. Dieser begeisterte Blick in den Himmel hat das mittelalterliche Christentum die herrlichsten Kathedralen der Kunst und des Geistes aufrichten lassen. Es war erst der heilige Franz von Assisi, der aus urchristlichem Geist den Christen die Augen wieder nachdrücklich auf die Erde, auf die Schöpfung Gottes und ihre Schönheit lenkte. Aus dieser erneuerten Schöpfungsbegeisterung, die das frühe Christentum, wie wir sahen, in manchen Werken in Ravenna noch besser gekannt hatte, schuf dann Giotto die wieder lebensnahen Fresken in der Grabeskirche des heiligen Franz in Assisi. Damit wurde dieser Maler der Protagonist einer neuen künstlerischen Bewegung, die wohlgemut die Wirklichkeit der Welt und des Menschen wieder in den Blick nahm, der Kunst der Renaissance. Der Buddhismus betrachtete immer das Diesseits, er hatte gar keine Möglichkeit, den Blick nach oben zu richten. Er verfügte über keine Offenbarung außer der Offenbarung, die auch nach christlicher Auffassung schon in dieser Welt durch die Vernunft des Menschen zu erlangen ist. Und so konzentrierte sich der Buddhismus seit Anbeginn ganz auf diese Welt und das Geschick des Menschen in ihr. Diese Konzentration führte zur besonderen und tiefen Weisheit der buddhistischen Lehre vom Menschen.

Doch sind dann gewisse letzte Konsequenzen des Buddhismus, die eintreten, wenn man nicht nur einiges, sondern alles über den Menschen zu sagen beabsichtigt, selbstverständlich mit dem Christentum und auch mit anderen Offenbarungsreligionen nicht mehr vereinbar. Denn irgendwie endet der Buddhismus, wenn er versucht ausnahmslos alles zu erfassen, merkwürdigerweise genau da, wo auch Nietzsche endet, nämlich im Nichts. Nirwana heißt das »buddhistisch« und hat natürlich einen ganz anderen Klang als das Nichts des europäischen Nihilisten Friedrich Nietzsche, der mit allen Mitteln unerbittlicher Vernunft kompromisslos die eigentliche, die radikale Alternative zum Glauben an Gott formuliert hat. Das Nirwana des Buddhismus ist demgegenüber ein schillernder Begriff und bezeichnet die Sehnsucht, aus all dem Leid des individuellen menschlichen Lebens irgendwann wegzutreiben in ein leidloses Nichts. Das Nirwana ist im Grunde das ehrliche und damit auch beeindruckende Eingeständnis des Buddhismus, trotz aller Lebensweisheit, die in ihm aufgehoben ist, das menschliche Leid nicht bewältigen zu können. Das buddhistische Nirwana ist das letzte und tiefste Wort der nicht monotheistischen Religionen auf das Leben und die Welt und den Sinn des Ganzen.

Der Buddhismus ist die Religion Asiens schlechthin geworden. Doch haben sich auch andere Weisheitslehren in bestimmten Regionen entwickelt, die ebenfalls mit großer Tiefe über den Menschen und die Welt nachdenken, ohne auf Gott Bezug zu nehmen.

Der Konfuzianismus in der Nachfolge des Konfuzius (551 bis 479 v. Chr.) prägt die Mentalität Chinas in weiten Bereichen bis heute, auch über die grausamen Umbrüche des 20. Jahrhunderts hinweg. Der mythenumwobene Lao-Tse ist ebenfalls ein solcher weiser Denker mit jahrhundertelangen Wirkungen. In Europa haben wir nichts Vergleichbares. Diejenigen, die bei uns »die Weisheit lieben«, heißen auf Griechisch »Philosophen«. Doch bei uns ist das eher eine wissenschaftliche Disziplin, die sich vor allem um die Anwendung der Vernunft bemüht. Die Philosophie war damit stets in der Nähe der systematischen methodischen Anwendung der Vernunft, nämlich der Wissenschaft angesiedelt. Selbst die platonische Akademie in Athen hatte in Wirklichkeit keine mentalitätsprägende Breitenwirkung. Andererseits war in Europa Religion stets organisierter als in Asien, so dass Konfuzius und Lao-Tse, vor die Alternative gestellt, in Europa wie ein Bischof oder wie ein Philosophieprofessor behandelt zu werden, wohl am liebsten wieder nach Asien zurückgekehrt wären – ohne die Frage beantworten zu müssen.

Der Taoismus schließlich erscheint, grob gesagt, wie der Hinduismus für Chinesen. Eine Götter- und Geisterwelt, die allerdings von gewissen Weisheitslehren erträglicher gestaltet wird. Der Shintoismus Japans endlich ist eine höchst spezielle Form des kollektiven National- und Staatskults, der wohl die ritualisierte Selbstidentifikation eines Volkes mit sich selbst ermöglicht, tieferen religiösen Fragen aber kaum Antwort geben kann. Damit sind wir am Ende mit dem Gott der Lehrer, und dieser vielgestaltige Gott entpuppt sich als sorgfältig geplante Frustration.

3. Eine störrische alte Dame paktiert mit dem Teufel

Wir haben in einem Schnelldurchgang alle Religionen der Welt – außer den monotheistischen so genannten Offenbarungsreligionen Judentum, Islam und Christentum – auf die Frage nach Gott hin abgesucht. Das Ergebnis ist erstaunlich dürftig. Entweder man lebte in den Naturreligionen mit einem beängstigenden und durch vielerlei mehr oder weniger menschenunwürdige Riten zu besänftigenden Götterhimmel. Der differenzierte sich im antiken Griechenland, in Indien oder anderswo in kultivierteren Formen der Religion mit verschriftlichten Sagen und Legenden dann noch aus. Oder aber man lehnte das Ganze als nicht wirklich ernst zu nehmen ab und setzte sich damit dem Vorwurf des Atheismus aus. Das fasste bekanntlich mancher christliche Kirchenvater als die anständigste Lebensform auf, wenn man nun mal noch nichts vom Christentum gehört hatte. Diese zweite Entscheidung zum A-theismus konnte dann aber auch religiös fruchtbar werden in tiefen Weisheitslehren, wie vor allem dem altehrwürdigen Buddhismus.

Für das Christentum stellte sich mit der Existenz von anderen Religionen übrigens ein besonderes Problem. Dem Atheisten war es gleichgültig, ob es da noch Menschen gab, die nicht Atheisten waren, wenn das Ganze ohnehin irgendwann sinnlos in den Orkus stürzte. Doch für Christen, die Sinn in dieser Welt sahen und an einen universalen Gott glaubten, erhob sich immer schon die beunruhigende Frage, ob denn nun in all den anderen Religionen nur Unwahrheit und Irrtum zu sehen sei oder ob man das ganze religiöse Universum vor Christus und außerhalb des Christentums doch irgendwie wertschätzen könnte. Es war letztlich die Entscheidung zwischen einem Christentum als Sekte oder als Universalkirche. In der Geschichte des Christentums gab es immer die Anhänger der Sektenlösung, von Marcion, der im 2. Jahrhundert sogar das Alte Testament und damit die gesamte jüdische Tradition ablehnte, bis zu den Zeugen Jehovas heute, die nur sich selbst als die Auserwählten sehen. Deshalb sind sie von einem so intensiven Missionsimpuls erfüllt, denn alle anderen außer den Zeugen Jehovas sind ja rettungslos verdammt.

Doch der kirchliche Mainstream lehnte solche im Grunde unmenschlichen Lösungen stets strikt ab. Schon der frühchristliche Schriftsteller Justin erkennt »logoi spermatikoi« in allen anderen Religionen und Kulturen, Funken des Heiligen Geistes also, die auf Christus hindeuten. Und Michelangelo Buonarroti malt an die sixtinische Decke im Vatikan, also immerhin in der Privatkapelle des Papstes, nicht nur die kraftvollen Propheten des Alten Testaments, die je auf ihre Weise nachdenklich und begeistert, seherisch und forschend, verzweifelt, lauschend und staunend Christus ersehnen oder voraussagen. Zwischen diese prachtvollen Prophetengestalten setzt er auch heidnische Wahrsagerinnen, die herrlichen Sibyllen, ganz im Zuge der Wiedergeburt der Antike, aber ebenso völlig in Einklang mit der großen christlichen Tradition. Diese wunderschönen Sibyllen, Repräsentantinnen des vielgestaltigen Heidentums, ahnen das Ereignis der Erlösung der Menschheit durch den Sohn Gottes gestenreich voraus: Die Eritraea, die die abgründigen Wurzeln der Religion in den Ländern um den Nil repräsentiert, die Libica, die in einem gewaltigen Buch die geistigen Schätze Afrikas einbringt, die Persica, die die dunkel-sehnsüchtigen religiösen Kräfte Asiens verkörpert, die hochbetagte runzlige Cumaea für die uralte Tradition Italiens, und schließlich die wunderschöne, ewig junge Delphica für das große, schönheitsverliebte Griechenland, die geradezu in dieser ihrer in die Ferne blickenden Schönheit bereits die Erlösung von aller Erdenschwere schaut.

In die ins Ferne schauenden wunderschönen Augen der Delphica blickte, während Michelangelo sie schuf, ein kleiner Mönch, der aus einem fernen Land zu Fuß als Pilger nach Rom gekommen war. Dieser Mönch war ein frommer und gelehrter junger Mann, den die Kunst der Renaissance im so diesseitig wirkenden Rom eigentlich nicht interessierte. Doch seinem Orden war damals schon die Sorge um diese Kapelle anvertraut. So war es kaum vermeidbar, dass auch der kleine deutsche Mönch den mürrischen Florentiner Künstler dort oben auf den Gerüsten bei seiner Arbeit sah. Beide waren zutiefst religiöse Temperamente, der Mönch und der Künstler. Beide sollten dem Papst einstmals heftig die Leviten lesen, der Mönch nach deutscher Art in einem Schriftsatz, der Künstler nach italienischer Art mit einem Meisterwerk der Kunst. Der Mönch sollte sieben Jahre später 95 kritische Thesen der dringend reformbedürftigen Kirche ins Stammbuch schreiben, der Künstler sollte 23 Jahre später das gewaltige Jüngste Gericht als Gericht auch über diese allzu weltliche Kirche seiner Zeit an die Altarwand dieser Kapelle schleudern und mithelfen, die Kirche aufzurütteln zu den Reformen des Konzils von Trient.

Der kleine Mönch hieß Martin Luther, und ich wüsste so gerne, ob es damals wirklich eine Begegnung zwischen Luther und Michelangelo gegeben hat, die nach den oben genannten Umständen eigentlich bei der Romfahrt Luthers im Jahre 1510 kaum zu vermeiden war. Lag doch der große Michelangelo damals schon seit zwei Jahren auf dem Rücken auf seinem Gerüst unter der Decke der Sixtinischen Kapelle und schuf die »Schöpfung«. Doch vielleicht haben sich die beiden auch bloß gesehen und nicht verstanden. Sprachlich nicht und mentalitätsmäßig nicht. Denn die Reformation war gewiss auch ein kulturelles Missverständnis zwischen deutschem Tiefsinn und romanischer Sinnlichkeit, die beide dem Christentum viel gegeben, aber, wenn sie überbordeten, auch viel genommen haben.

Ich vermute, dass Luther damals Michelangelo temperamentvolle Vorhaltungen darüber gemacht hätte, dass er heidnische Sibyllen an die Decke einer Kapelle malt. Michelangelo, von ebenso heftigem Temperament wie Luther, hätte sich gewiss lautstark jede Einmischung eines deutschen Banausen in die Kunst verbeten. Dass die katholische Kirche im Heidentum manches »wahr und heilig« (Zweites Vatikanisches Konzil) findet, war auch später manchen aufrechten Protestanten suspekt, die »nur die Bibel, nur die Gnade, nur den ausdrücklichen Glauben an Christus« im Zentrum sahen.

»Entweder – Oder« wird später der große Sören Kierkegaard für solche Fälle ausrufen. Die katholische Kirche hat dennoch immer wieder außerordentlich unbefangen heidnische Traditionen »getauft«. Der Papst führt noch heute den Titel des heidnischen römischen Oberpriesters weiter, den auch Gaius Julius Caesar getragen hatte: Pontifex Maximus. Elemente des ägyptischen Kults fanden noch bis in die jüngste Zeit hinein in Papstgottesdiensten ihren Platz. Wenn also auch gewisse strengere christliche Richtungen solche Tendenzen immer schon als Abfall der alten römischen Kirche von der reinen christlichen Lehre ansahen, ließ sich diese mitunter etwas störrische alte Dame dennoch nicht beirren. Sie ging mit Traditionen aus Klugheit und aus Überzeugung nämlich immer schon sehr behutsam um, denn sie meinte wohl, Respekt haben zu müssen vor dem Herzblut, was in all diese Religionen und religiösen Traditionen geflossen war, dem Herzblut von Menschen, die immerhin nicht irgendetwas suchten, sondern nicht mehr und nicht weniger als die Wahrheit und letztlich Gott.

Gewiss, das durfte nicht so weit gehen, dass jemand, der mit dem Christentum in Berührung gekommen war, nun dennoch einfach weiter seinem Heidentum frönte. Doch wer das Christentum noch nicht wirklich kennengelernt hatte oder nur – wie heute zumeist – eine absurde Karikatur von ihm, was manchmal noch verhängnisvoller ist, der kann nach kirchlicher Überzeugung auch ohne Taufe und christliches Bekenntnis in den Himmel kommen. Damit bekommen alle Religionen der Welt einen tiefen Sinn im Plan Gottes mit der Welt, als eine liebevolle Erziehungsmaßnahme Gottes für die Menschheit. Auf diese Weise wurden die Menschen langsam und Schritt für Schritt hin zur Sehnsucht und dann zum Glauben an den einen, sich erst auf dem Berg Sinai und dann auf dem Berg Tabor offenbarenden Gott gebracht.

Wobei allerdings, wenn wir von der Weltreligion Buddhismus reden, wohl nur der wahre Buddhismus aus ökologischem Anbau vor Ort wirklich ernst genommen werden kann und nicht all die erwähnten künstlichen westlichen Nachahmerprodukte, die bloß religiöse Bedürfnisse marktgerecht befriedigen, aber mit wirklicher Religion nicht das Geringste zu tun haben. Dennoch boomt der Markt der Irrationalität, und merkwürdigerweise sind es oft Menschen, die eigentlich sonst höchst rational veranlagt sind, höchst rationalen Berufen nachgehen und auch im Alltagsleben keinerlei absonderlichen Eindruck machen, die sich ausdauernd mit all diesen jeder Vernunft spottenden Plastikreligionen aus der Esoterikecke befassen.

Dass sich selbst ausgewiesene Wissenschaftler auf solche Abwege begeben, hat wahrscheinlich damit zu tun, dass die existenzielle Angst vor dem Nichts jeden Menschen irgendwann heimsucht. Wenn aber im eigenen, oft allzu schmalen Feld der methodischen Anwendung der Vernunft Gott verständlicherweise überhaupt kein Thema ist, sucht man Gott, den ganz anderen, möglicherweise gerade deswegen ganz woanders, im Irrationalen, im irgendwie Rätselhaften, im Vernunftwidrigen.

Der vielleicht größte sinnsuchende Wissenschaftler der europäischen Literatur, Goethes Faust, ist genau den gleichen Weg gegangen. Am Anfang lässt Goethe ihn sagen: »Habe nun ach! Philosophie, Juristerei und Medizin / Und leider auch Theologie Durchaus studiert, mit heißem Bemühn. / Da steh ich nun, ich armer Tor, / Und bin so klug als wie zuvor! ... / Und sehe, dass wir nichts wissen können! / Das will mir schier das Herz verbrennen ... / Es möchte kein Hund so länger leben! / Drum hab ich mich der Magie ergeben, / Ob mir durch Geistes Kraft und Mund / Nicht manch Geheimnis würde kund, / Dass ich nicht mehr mit saurem Schweiß / Zu sagen brauche, was ich nicht weiß, / Dass ich erkenne, was die Welt Im Innersten zusammenhält ...« Magie, Esoterik, Teufelspakt, das ist der Weg, den Faust wählt. Mephisto aber, Goethes Teufel, bleibt nach abgeschlossenem Pakt alleine auf der Bühne zurück und wendet sich mit teuflischem Blick ans Publikum: »Verachte nur Vernunft und Wissenschaft, / Des Menschen allerhöchste Kraft, ... / So hab ich dich schon unbedingt! ... / Den schlepp ich durch das wilde Leben, / Durch flache Unbedeutendheit, / Er soll mir zappeln, starren, kleben ...«.

38 Jahre nach Goethes Tod tagt im rechten Querarm des Petersdoms in Rom eine große Versammlung alter Männer und fasst den feierlichen Beschluss – Mephisto zuzustimmen. Das Erste Vatikanische Konzil erklärt am 24. April 1870: »Dieselbe heilige Mutter Kirche hält fest und lehrt, dass Gott, der Ursprung und das Ziel aller Dinge, mit dem natürlichen Licht der

menschlichen Vernunft aus den geschaffenen Dingen gewiss erkannt werden kann.«

Ein rätselhafter Beschluss. War das nicht eine völlige Überbewertung der Vernunft? Prompt protestierten die Protestanten. Die Offenbarung, das Wort Gottes, die Bibel und der Glaube – nicht das kleine flackernde Licht der menschlichen Vernunft –, sie wiesen doch den Weg zu Gott. Der vielleicht größte protestantische Theologe des 20. Jahrhunderts, Karl Barth, wird später sagen, allein die Konsequenzen dieser Lehre würden es ihm für immer unmöglich machen, katholisch zu werden. Doch die Versammlung der Konzilsväter aus dem ganzen Erdkreis verkündete unbeirrt: »Wer sagt, der eine und wahre Gott, unser Schöpfer und Herr, könne nicht durch das, was gemacht ist, mit dem natürlichen Licht der menschlichen Vernunft sicher erkannt werden: der sei mit dem Anathema belegt«, das heißt, der sei aus der Kirche ausgeschlossen.

War das die späte Rehabilitation der Wissenschaft durch die katholische Kirche? Doch was war dann mit Galilei, mit Darwin? Oder war das Verhältnis von Gottesglaube und Wissenschaft vielleicht doch ein bisschen komplizierter, als so mancher glaubte oder glauben machen wollte? Die Kirche jedenfalls hatte Mephisto zugestimmt. Aber hatte – monströser Gedanke – sie damit nicht selbst einen Teufelspakt abgeschlossen, von dem sie – diese Konzilsentscheidung wurde in den Rang der Unfehlbarkeit erhoben – nie mehr loskommen konnte?

Der Gott der Wissenschaftler – Galilei, Darwin, Einstein und die Wahrheit

Religion und Wissenschaft, Gott und Vernunft, das scheint miteinander völlig unvereinbar zu sein. Der Kampf, der sich zwischen diesen beiden Welten zutrug, war nicht irgendein Kampf, es war für beide Seiten in gewisser Weise ein Kampf um Sein oder Nichtsein. Religion als Religionswissenschaft war das Ende der Religion und Wissenschaft als Religion war der Beginn der Scharlatanerie. Gott als Vernunft, das war das Ende Gottes und der Beginn von Hegels Weltgeist, und die Vernunft als Gott, das war das groteske Finale der Vernunft, zelebriert am Scheitelpunkt der wahnsinnig gewordenen Französischen Revolution von einer Prostituierten auf dem Hochaltar von Notre-Dame de Paris am 10. November 1793.

Der Konflikt zwischen Wissenschaft und Religion beruht also nicht auf irgendwelchen historischen Zufällen. Er war vielmehr von Geburt der Wissenschaft an überhaupt nicht zu vermeiden. Die Naturreligionen, die Stammesreligionen, aber auch noch der antike Götterglaube sahen die ganze Welt mythisch, sahen sie durchwirkt von beunruhigenden Geistern oder göttlichen Kräften. Die Religion war das unabdingbare Mittel, diese Kräfte durch eine gewisse methodische Unterwürfigkeit in Schach zu halten. Im völligen Gegensatz dazu stand die Haltung der Wissenschaft: Da ging es darum, die Welt und die Natur ganz nüchtern als Objekt zu betrachten, als ein durch die Kraft der menschlichen Vernunft verstehbares und berechenbares Objekt, das man herrscherlich in den Griff bekommen konnte.

So etwas aber war für das mythische Denken undenkbar.

Wenn es dann aber doch geschah, dann wirkte das wie Aufruhr, wie Gotteslästerung, ja wie die tollkühne Herausforderung der Götter selbst. In der uralten Erinnerung der Völker sind viele drastische Geschichten darüber aufgehoben, was die schreckliche Strafe für solchen Frevel sein konnte. Daidalos, Prometheus, Sisyphos waren die Namen von mit ewiger Verzweiflung geschlagenen tragischen Rebellen. Thomas Mann hat in »Joseph und seine Brüder« die völlige Eingebundenheit des mythisch erlebenden Menschen in diese von beängstigenden Kräften durchdrungene Welt plastisch dargestellt.

1. Eine Religion erfindet die Wissenschaft

Es gab im Grunde nur zwei Möglichkeiten, dieser Angst zu entkommen, die jede Entwicklung von so etwas wie Wissenschaft unmöglich machte. Entweder man versuchte, die ganze Götterwelt nicht mehr ernst zu nehmen, oder die Religion »erlaubte« im Namen Gottes selbst den begrifflichen und technischen Zugriff auf die Welt.

Die erste Variante finden wir bei den frühen griechischen »Wissenschaftlern«, den vorsokratischen Philosophen. Sie kümmerten sich einfach nicht sehr um die Götter, so dass sie mitunter in den Verdacht des Atheismus gerieten, wie wir schon hörten. Dadurch aber, dass sie von all den vielen mythischen Deutungen der Welt absahen, vermochten sie es, die Welt und die Natur unbefangener zu sehen, nach Gesetzmäßigkeiten zu suchen und sich irgendwie einen Reim auf all das zu machen, was sie umgab. So entstanden zum Beispiel die merkwürdigen Lehren von den vier Elementen, aus denen die Welt zusammengesetzt sei: Feuer, Wasser, Luft und Erde, und von den vier Temperamenten des Menschen: cholerisch, sanguinisch, melancholisch und phlegmatisch. Diese Bemühungen des 7. bis 5. Jahrhunderts v. Chr. waren der Versuch, sich die Welt mit Hilfe der Vernunft und nicht mit irgendwelchen Mythen zu erklären. Die Götter oder gar ein einziger Gott, von dem noch niemand etwas gehört hatte, kamen bei solchen Erklärungen natürlich gar nicht vor.

Diese frühen philosophischen Wissenschaftler lebten also im Grunde an der herrschenden Religiosität vorbei. Aber sie gewannen Ansehen vor allem dadurch, dass manche ihrer Voraussagen erstaunlicherweise eintrafen, so wie die Sonnenfinsternis, die Thales von Milet exakt für den 28. Mai 585 v. Chr. vorausberechnet hatte. Vielleicht war das der erste Mediencoup der Naturwissenschaft. Mit einem Schlag war Thales berühmt, und damit wurde auch all das, was er und seine Philosophenkollegen so betrieben, interessant.

Doch eine systematisch forschende Wissenschaft entstand auf diese Weise noch lange nicht. Es blieb bei einzelnen Funden und Erfindungen. Ein paar Geistesblitze machten aber noch kein »Siècle des lumières«, keine Epoche des Lichts, wie die Aufklärung sich selber später gerne nennen wird. Ein Kampf zwischen Religion und Wissenschaft konnte zu diesem Zeitpunkt also noch gar nicht stattfinden, da es zwar »die Religion«, aber nicht »die Wissenschaft« gab. Es gab nur einige vereinzelte Forscher, die einem möglichen Konflikt in der Regel klug aus dem Wege gingen. Der Gott dieser Wissenschaftler war in dieser Zeit ein Schatten, fast eine Leerstelle oder eine offene Frage.

Die Römer später waren vor allem technisch brillant. Für den Transport des großen Obelisken, der heute auf dem Petersplatz in Rom steht, mit einem eigens dafür gebauten Spezialschiff über 3000 Kilometer von Alexandrien in Ägypten bis auf den Vatikanischen Hügel brauchten die Römer zur Zeit des Caligula im Jahre 37 n. Chr. nur vergleichsweise kurze Zeit. 1500 Jahre später brauchte man nicht weniger als viereinhalb Monate, um den gewaltigen Stein auch nur um etwa 400 Meter zu versetzen. Inzwischen wusste man vieles nicht mehr, was die technische Genialität der Römer noch gewusst hatte. Dennoch, systematische Wissenschaft betrieben auch die Römer nicht. Ähnlich steht es mit Indien, China und anderen Hochkulturen. Es gab dort immer mal wieder einzelne Erfindungen, doch man verfolgte das weder systematisch wissenschaftlich noch gar unter dem Gesichtspunkt der technischen Verwertbarkeit.

Ein gutes Beispiel ist das Schießpulver, das zwar im Grunde in China »erfunden« worden war, dort aber nur für lustige Feuerwerke benutzt wurde. Erst als das Pulver in die Hände von neuzeitlichen Europäern fiel, da überlegten die systematisch, »was man damit machen könne, wenn man es besitze« (Thomas Hobbes). Und dadurch wurde das chinesische Feuerwerkspulver zum Schießpulver. Es änderte sich nichts an der Zusammensetzung, sondern nur am Zweck: Es explodierte nun nicht zum Spaß, sondern zum Töten. Das aber führte zu einer Revolutionierung der Kriegsführung in Europa mit mehr oder weniger schlagartigem Ende des Rittertums mit seinen Rüstungen und Lanzenkämpfen, später außerdem zu einer erheblichen Änderung des Städtebaus mit bollwerkartigen Stadtbefestigungen.

Auch diese Entwicklung kann man natürlich nicht als Beginn neuzeitlicher Wissenschaft bezeichnen. Aber die europäische Mentalität des systematischen und zweckmäßigen Zugriffs auf die Welt, die dann später zur Entstehung der Wissenschaft in unserem heutigen Verständnis führen wird, ist an dieser Entwicklung gut zu studieren. Und eine solche Mentalität, die sich mit ihrer Dynamik inzwischen weltweit siegreich durchgesetzt hat, entstand keineswegs zufällig. Max Weber, der areligiöse Gründer der modernen Soziologie, war der Auffassung, dass die europäische Mentalität der Unbefangenheit und Zweckorientierung im Umgang mit der Natur eine eindeutige Ursache hat: die Religion. Das Christentum war es, das die zweite der oben genannten Möglichkeiten für die Entstehung von Wissenschaft eröffnete. Es »erlaubte«, ja förderte erstmals als Religion den systematischen begrifflichen und technischen Zugriff auf die Welt.

Schon dass der Gott des Alten Testaments im Gegensatz zu den Mythen der Völker nicht eine Urmasse vorfand, die er bloß noch gestaltete, sondern machtvoll die Welt aus dem Nichts erschuf, hatte wichtige Konsequenzen. Dieser Gott war nicht wie bei den Pantheisten identisch mit der Welt oder der Natur, er war der ganz andere, er war der Welt unendlich überlegen. »Die Himmel der Himmel fassen dich nicht« (1 Kön 8,27). Damit war die Welt zum ersten Mal radikal entgöttlicht, säkularisiert, verweltlicht sozusagen. Die Welt war ohnmächtig, allmächtig war nur ihr Schöpfer, der ihr freilich allgegenwärtig blieb. Und der sprach zum vor den Gewalten der Natur zitternden Menschen ein für damalige Verhältnisse unglaubliches Wort: »Macht euch die Erde untertan!« Das war neu in der Religionsgeschichte der Völker und das hatte Folgen für das Bild von Gott und für das Bild von der Welt. Dass der Mensch dabei wie ein guter Hirte und ein liebevoller Gärtner für diese Erde sorgen soll, wurde freilich lange Zeit ein wenig überhört.

Vor allem aber hob dann der christliche Glaube, dass Gott Mensch geworden war, alle Menschen in eine Höhe, die ihnen in keiner anderen Religion bisher zugebilligt wurde. Dieses neue Selbstbewusstsein nahm den Menschen endlich die mythische Angst vor der Welt und erlaubte ihnen die Entwicklung systematischer Wissenschaft und funktionierender Technik. Die calvinistische Variante des Christentums, die im wirtschaftlichen Erfolg das Zeichen der göttlichen Erwählung sah, sorgte dann noch für den ökonomischen Siegeszug dieses europäischen Projekts.

All das geschah natürlich nicht schlagartig, sondern im Laufe eines jahrhundertelang währenden Prozesses der mentalen und praktischen Aneignung des Christentums durch die Christen. Ob das Christentum wahr ist und ob der Calvinismus recht hatte, steht hier gar nicht zur Debatte – und interessierte den Agnostiker Max Weber überhaupt nicht. Es geht allein um die soziologischen Auswirkungen einer Religion, die das immerhin erstaunliche Phänomen erklären, warum ausgerechnet Europa, das keinesfalls über die ältesten kulturellen Wurzeln verfügt, in der Neuzeit der Welt erst machtvoll die Gesetze und heute zumindest noch die »westliche« Mentalität vorschreiben kann.

Es gab ihn daher ursprünglich beim Christentum überhaupt nicht, jenen eigentlich unvermeidlichen Kampf zwischen Religion und Wissenschaft. Ganz im Gegenteil. In vielen Religionen konnte sich Wissenschaft nur außerhalb dieser Religion entwickeln. Im Einflussbereich des Christentums aber war das zunächst völlig anders. Es waren christliche, ja kirchliche Schulen und Universitäten, die in einer Atmosphäre außerordentlicher Freiheit die Entwicklung dessen, was man später Geisteswissenschaft nennen sollte, förderten. »Heidnische« Philosophen wurden mit großer Neugier studiert und geradezu mit Ehrfurcht zitiert. Das hohe Mittelalter erkannte dann aber auch in der Natur nicht nur, motiviert von Franz von Assisi und anderen, die Schönheiten der Schöpfung Gottes, sondern es wandte sich der Natur nun auch mit systematischer Wissbegier zu. Albert der Große (1200–1280), der Lehrer des Thomas von Aquin, gilt als erster Naturwissenschaftler.

Dieser Dominikanermönch pirschte durch Wald und Feld, um voller Neugier die Phänomene der Natur wahrzunehmen und mit dem Mittel der Vernunft zu begreifen. Beim abergläubischen niederen Volk weckte das freilich Misstrauen und man verdächtigte ihn der Hexerei. Die Kirche sah das anders, sprach ihn sogar heilig. So lenkte schon das vernunftversessene Mittelalter mit großer Unbefangenheit alle ihm erreichbaren geistigen Ströme kraftvoll zusammen und führte dadurch die Entstehung neuzeitlicher Wissenschaft herauf. Der Gott dieser Wissenschaftler war eindeutig der christliche Gott, und sie sahen keinerlei Widerspruch zwischen ihrer wissenschaftlichen Tätigkeit und ihrem Glauben.

Die geistigen Helden der Renaissance waren dann nicht die Philosophen, sondern die Künstler. Sie dachten sich die Welt nicht bloß, sie versuchten sie zu sehen, wie sie wirklich war, und zogen ihre Schlüsse daraus. Leonardo da Vinci war so ein Künstler: universalgelehrt und universalinteressiert. Doch die Welt hatte sich verändert. In der Krise des Christentums um das Jahr 1500 und mit der Wiederkunft des antiken Heidentums blieb unklar, was nun hier eigentlich »Religion« noch sein sollte. Und die sich erst bildende Wissenschaft war in Gefahr, sich ohne Unterschied zugleich mit seriösen Forschungen und mit abergläubischem Unsinn zu befassen. Das Misstrauen im einfachen Volk blieb. Doch die hohen Herren in der Kirche ließen sich gerne als Mäzene feiern und schmeichelten sich mit ihrer Nähe zur Wissenschaft. Als Papst Clemens VII. davon hörte, dass der Frauenburger Domherr Nikolaus Kopernikus nicht mehr die Erde, sondern die Sonne im Zentrum des Planetensystems sah, war er, wie man berichtete, begeistert. Zwar nannte Luther Kopernikus einen Narren und Melanchton bekämpfte ihn, aber auf Drängen eines Kardinals und eines Bischofs veröffentlichte er schließlich doch im Jahre 1543 sein Hauptwerk »De revolutionibus orbium coelestium«, in dem er das heliozentrische Weltbild vertrat. Er widmete es in einem sehr freimütigen Brief dem damals regierenden Papst Paul III., und der Papst nahm die Widmung erfreut an. Seit 1561 wurde das kopernikanische Weltbild an der Universität Salamanca im erzkatholischen Spanien Philipps II. gelehrt, ab 1594 lag die Sicht des Kopernikus dort allein dem Unterricht zugrunde. Ein Domherr an der Spitze der Wissenschaft, damals nichts Ungewöhnliches. Schon zuvor hatte sich das althergebrachte Weltbild desavouiert, als weder Christoph Columbus bei der Entdeckung Amerikas noch Magellan bei seiner Erdumsegelung über den Rand der Weltscheibe ins Nichts gestürzt waren.

Als man Papst Gregor XIII. bei seinem Amtsantritt im Jahre 1572 meldete, der julianische Kalender müsse korrigiert werden, zog der die bedeutendsten Wissenschaftler seiner Zeit zu Rate, um sich die Lage genau erklären zu lassen. Darunter waren ganz selbstverständlich auch katholische Priester, das heißt Mitglieder des damaligen Eliteordens der Kirche, der Jesuiten, die bis heute die vatikanische Sternwarte leiten. Diese Jesuiten erklärten dem Papst unverblümt die Erforderlichkeit einer Kalenderreform. Und sie legten ihren Argumenten ganz selbstverständlich das kopernikanische Weltbild zugrunde. Der Papst hatte vorher schon alle ihm erreichbaren Universitäten der Welt befragt. Die konservativen Pariser Theologen waren entschieden gegen einen solchen Schritt. Man unterwerfe sich damit der astronomischen Wissenschaft und sage, dass die alte Kirche sich geirrt habe. Den

Papst ließ das kalt. Ihn hatten die wissenschaftlichen Argumente überzeugt, und er erließ den »gregorianischen Kalender«, der bis heute gilt. Der gregorianische Kalender war kein Sieg der Wissenschaft über die Religion, er war vielmehr Ausdruck der völligen Einmütigkeit zwischen Kirche und Wissenschaft.

In welchem Ausmaß sich in dieser Zeit die Wissenschaft von der Kunst emanzipiert und die führende geistige Kraft wird, kann man gut am Belvederehof im Vatikan ablesen. Der Belvederehof war eine der großen und prachtvollen Schöpfungen des Bramante, des Onkels von Raffael. In ihm hatten große Events der Renaissance stattgefunden. Rauschende Feste, prachtvolle Turniere hatte man hier inszeniert und das immer vor der herrlichen Kulisse des Donato Bramante. Doch als nun der Papst zum Zwecke der Kalenderreform den Sonnenstand wissenschaftlich genau beobachten lassen wollte, befahl er, mitten auf den Westflügel einen kleinen Beobachtungsturm zu bauen, den Turm der Winde. Die künstlerische Ästhetik der ganzen Anlage wurde dadurch ruiniert. Aber Papst Gregor XIII. stand der Sinn nicht so sehr nach der Kunst, sondern vor allem nach der Wissenschaft, und er brauchte eben diesen Raum für die Wissenschaft. Noch heute kann man das Loch in der Wand sehen, durch das der Sonnenstrahl auf den Boden des Saales fällt, auf dem der Papst dann die Kalenderabweichung ganz konkret »sehen« konnte. Der kraftvolle Nachfolger Gregors, Papst Sixtus V., zerstörte den künstlerischen Eindruck des Belvederehofes vollends, indem er mitten durch den Hof ein Gebäude bauen ließ, das die Vatikanische Bibliothek beherbergen sollte, die heute noch Wissenschaftlern aus aller Welt dient. Bis in diese Zeit hinein also konnte von einem Kampf zwischen Kirche und Wissenschaft oder gar zwischen Christentum und Wissenschaft überhaupt keine Rede sein.

2. Der größte Mediencoup aller Zeiten

Doch während die Wissenschaftler im Turm der Winde den alten Papst Gregor XIII. durch gute wissenschaftliche Argumente sehr schnell überzeugten, dass aus wissenschaftlichen Gründen der geheiligte julianische Kalender außer Kraft zu setzen sei (was damals die frommen Protestanten nicht akzeptierten und bis heute die traditionsbewussten Orthodoxen empört), paukte an der Universität Pisa ein 18-jähriger junger Mann unverdrossen und ohne ersichtliche Skepsis das ptolemäische Weltbild. Er war wahrscheinlich schon ein schwieriges Kind gewesen, das vielleicht nicht genug Aufmerksamkeit bekam. Jedenfalls sog der Heranwachsende später mit großer Wissbegier die Ergebnisse der Wissenschaft auf und entwickelte den Ehrgeiz, selbst die Wissenschaft voranzutreiben und sich als Wissenschaftler einen Namen zu machen. Der junge Mann hieß Galileo Galilei.

Er sollte wissenschaftlich dann doch nicht wirklich sehr viel Neues hervorbringen. Aber einen Namen machte er sich in der Tat wie kein Wissenschaftler vor ihm und nach ihm. Mit dem Namen Galileo Galilei verbindet sich das Königsdrama der Wissenschaft, die Geschichte vom mutigen uneigennützigen Wissenschaftler, der nur der Wahrheit verpflichtet ist und sich allen Mächten der Vergangenheit, die Angst vor der Wahrheit haben, tapfer widersetzt. Der Mythos Galilei ist ein Dan-Brown-Roman 400 Jahre vor Dan Brown.

Doch es war nicht bloß ein Roman. Die Geschichte des Galileo Galilei hat im öffentlichen Bewusstsein das Verhältnis von Kirche und Wissenschaft, von Christentum und Wissenschaft, ja von Religion und Wissenschaft zutiefst erschüttert. Der Gott der Wissenschaftler, das war offenbar seitdem entweder ein tyrannischer Gott, der die Freiheit des Denkens und Forschens verhindern wollte und gegen den man sich insgeheim oder öffentlich zur Wehr setzen musste. Oder es war ganz im Gegenteil ein privater harmloser selbstgemachter lieber Gott, der aber nicht wirklich ernstzunehmen war und der sich im Sturm des Lebens sehr schnell vom Winde verwehen ließ. Der Fall Galilei, das war der Paukenschlag im Verhältnis von Christentum und Wissenschaft, der atmosphärisch bis heute nachklingt. Dennoch, der Mythos Galilei – und das macht ihn publizistisch so besonders interessant – ist, wie wir heute wissen, in Wirklichkeit eine Riesenente, damit aber vielleicht der größte Mediencoup aller Zeiten.

Was war geschehen? Das damals noch herrschende ptolemäische Weltbild war keineswegs eine christliche Erfindung. Ptolemaios war ein heidnischer Wissenschaftler und die Christen hatten, wie üblich, ohne irgendwelche Berührungsängste die wissenschaftlich herrschende Sicht der Welt einfach übernommen. Im Grunde wäre also auch die Änderung des wissenschaftlichen Weltbilds für Christen gar kein Problem gewesen. Papst Gregor XIII. hatte das soeben bewiesen, als er ohne Umstände aufgrund von neuen wissenschaftlichen Erkenntnissen den altehrwürdigen julianischen Kalender über Bord warf und das unter ebenso völlig problemloser Akzeptanz des neuen kopernikanischen Weltbilds.

Wenn das kopernikanische Weltbild also gar nicht das Problem war, wie noch heute viele denken – worum ging es dann in Wirklichkeit? Es ging um sehr viel Psychologie, um psychologische Kriegsführung und um die Macht der Medien. Der Fall Galilei beginnt mit Galileo Galilei selbst. Galilei war kein einfacher Mann. Er war eitel und wenig kollegial. Als Kepler ihn bat, ihm das Fernrohr zu leihen, von dem Galilei behauptete, er selbst habe es erfunden – er hatte es in Wahrheit von Holländern gekauft –, da weigerte sich Galilei, da er dem möglichen wissenschaftlichen Konkurrenten nicht helfen wollte. Von sich selbst behauptete er, er habe »durch (seine) ... wunderbaren Beobachtungen und klaren Beweisführungen hundert-, ja tausendfach mehr als je ein Weltweiser aller vergangenen Jahrhunderte« das Universum erweitert.

Galilei hatte mancherlei veröffentlicht und dabei irgendwann auch das kopernikanische Weltbild verteidigt, wie schon so viele Wissenschaftler vor ihm. Seinem vulkanischen und zum Streit geneigten Temperament reichte aber nicht die nüchterne wissenschaftliche Darstellung einer neuen Theorie, er arbeitete eine Kontroverse mit dem traditionell vertretenen ptolemäischen Weltbild heraus, das nicht die Sonne, sondern die Erde im Mittelpunkt sah.

Doch war die Zeit für einen angemessenen Umgang mit Kontroversen wenig günstig. Die Welt war von der einen großen Kontroverse zwischen Protestanten und Katholiken erfüllt, die bald nach Galileis Veröffentlichung zum schrecklichen Dreißigjährigen Krieg führen sollte. In der spirituell zum Teil ziemlich verrotteten katholischen Kirche waren in dieser Zeit der Auseinandersetzung mit dem Protestantismus beeindruckende Reformorden entstanden, die einen ungeahnten geistlichen Aufbruch bewirkten. Als dann aber der führende Mann eines solchen Reformordens plötzlich Protestant wurde, war der Schock groß. Dieses Ereignis wurde der Auslöser für die Gründung der so genannten römischen Inquisition, die schon zeitig das Abweichen vom katholischen Glauben bemerken und verhindern sollte. Nur aus dieser angespannten Atmosphäre kann man verstehen, warum aus einem im Grunde bloß wissenschaftlichen Konflikt plötzlich ein Konflikt um die Wahrheit des Glaubens werden konnte.

Galilei trat massiv auf: Wenn sich ein Widerspruch zwischen Bibel und Wissenschaft ergebe, dann müsse eben die Bibel anders ausgelegt werden, denn nur durch die Wissenschaft gelange man sicher zur Wahrheit. Der Theaterdonner war überflüssig, gehörte doch das ptolemäische Weltbild überhaupt nicht zu den Glaubenslehren der Kirche. Gewiss hatte man bisher, weil man es nicht besser wusste, die Bibel unter Voraussetzung des ptolemäischen Weltbilds interpretiert. Setzte man dagegen das neue kopernikanische Weltbild voraus, gab es grade mal bei einer Handvoll Bibelstellen Interpretationsprobleme, die aber niemals den geistigen Gehalt, sondern nur die Erzählweise einiger äußerer Begebenheiten betrafen. Die Kirchenväter der ersten christlichen Jahrhunderte hatten sich da in viel wichtigeren Fragen mit erheblich mehr Widersprüchen der Bibel herumzuschlagen und waren zu sehr überzeugenden Ergebnissen gekommen, die durchaus nicht das wortwörtliche Verständnis der Bibel in den Mittelpunkt stellten, sondern die geistige Substanz. Die Bibel selbst lud zu einer solchen Sicht ein, gab es da doch schon im Alten Testament zwei ganz verschiedene Schöpfungsberichte und im Neuen Testament sogar vier unterschiedliche Evangelien, die man keineswegs einfach in ein Leben Jesu zusammengießen kann. Den Kirchenvätern ging es vor allem um die geistige Substanz der Texte und sie hatten sich die Freiheit genommen, dabei zu sehr unterschiedlichen und auch kontroversen Ergebnissen zu kommen. Dennoch verehrt sie die Kirche alle gleichermaßen. Der geistigen Souveränität der Kirchenväter hätte also eine Veränderung des wissenschaftlichen Weltbilds ganz sicher überhaupt keine Schwierigkeiten bereitet. Und noch Papst Gregor XIII. hatte sich ja zu Lebzeiten Galileis souverän über alle Bedenken hinweggesetzt.

Nun gibt es aber zu allen Zeiten immer einige enge konservative Geister, die sofort in jeder Veränderung Teufelswerk sehen. Und in einer Zeit des heftigen konfessionellen Konflikts um die existenzielle Frage des rechten Glaubens kann schnell auch ein Randproblem plötzlich in die Kampfzone geraten. Jedenfalls war Galileo Galilei von seiner ganzen Art her nicht dazu geneigt, öffentliches Aufsehen zu vermeiden, ganz im Gegenteil. Die Kirche kam dem zunächst entgegen. Beim Romaufenthalt 1611 wurde er mit allen Ehren empfangen, wohnte in einem stattlichen Palast mit zahlreichen Bediensteten und wurde sogar noch in die ehrenvolle Päpstliche Akademie der Wissenschaften aufgenommen. Der erste Prozess 1616, bei dem er in Rom einen so aufwendigen Lebensstil an den Tag legte, dass der Florentiner Gesandte, bei dem er wohnte, Angst um seinen guten Ruf hatte, endete mit einer höchst wohlwollenden Papstaudienz und einer Ehrenerklärung. Die Inquisition legte ihm angesichts der durch ihn etwas hochgekochten Situation lediglich nahe, das kopernikanische Weltbild nicht mehr publizistisch zu vertreten, und Galilei erklärte sich damit einverstanden. Der feinsinnige hochgebildete Kardinal Robert Bellarmin riet ihm, das kopernikanische Weltbild als Hypothese und nicht als unverrückbare Wahrheit zu vertreten – und war mit diesem Rat auf dem heutigen wissenschaftstheoretischen Stand. Denn die Naturwissenschaft beansprucht heute längst nicht mehr, die Wahrheit zu erkennen, sondern nur noch stets falsifizierbare Wahrscheinlichkeiten. Das Pathos des Galileo Galilei ist seriöser Wissenschaft daher heute völlig fremd. Der Physik-Nobelpreisträger Werner Heisenberg nannte das Inquisitionsurteil von 1616 eine »vertretbare Entscheidung«. Mit all dem hätte der »Fall Galilei« also unspektakulär abgeschlossen werden können. Doch wer so denkt, hat seine Rechnung ohne Galileo Galilei gemacht.

Denn als nun der Kardinal Maffeo Barberini, ein ausgewiesener Mathematiker und Freund Galileis dazu, zum Papst gewählt wurde, da stach den inzwischen 59-jährigen Galilei der Hafer und er machte einen verhängnisvollen Fehler. Ihm reichte nicht mehr die Reputation, die er sich immerhin in Wissenschaftlerkreisen inzwischen erworben hatte. Er wollte mehr. Er wollte öffentliche Aufmerksamkeit. Und so schrieb er, nicht auf Latein, das damals die Sprache aller wissenschaftlichen Veröffentlichungen war, sondern in der Sprache des Volkes, in Italienisch, seinen berühmten *Dialogo dei Massimi Sistemi*. Damit brach er sein damals schriftlich gegebenes Versprechen, nicht mehr über das kopernikanische Weltbild zu publizieren. Und schlimmer noch: Er ließ das kopernikanische Weltbild nicht nur nicht als Hypothese, wie ihm der inzwischen verstorbene kluge Kardinal Bellarmin geraten hatte, sondern als Wahrheit von einem der Diskurspartner vertreten. Als Gegenposition aber publizierte er die Argumente, die ihm Kardinal Barberini in ihren freundschaftlichen Gesprächen entgegengehalten hatte. Und er nannte den Dialogpartner, dem er die Argumente des inzwischen Papst gewordenen Kardinals in den Mund legte, »Simplicio« – das heißt auf Deutsch: Dummkopf.

Das war nun eine kalkulierte Frechheit. Irgendwie hatte er in völliger Selbstüberschätzung wohl gedacht, als Freund des Papstes könne er sich solche Eskapaden leisten. Doch da hatte er sich verrechnet. Und es begann nun der zweite Prozess, der sich vor allem auf den Bruch des 1616 gegebenen Versprechens bezog und mit einer Verurteilung zum Publikationsverbot sowie zu Hausarrest in seiner Villa in Acetri bei Florenz endete.

Man mag diese Reaktion der Kirche für überzogen halten, wie Papst Johannes Paul II., der 1992 Galileo Galilei ausdrücklich rehabilitiert hat. Doch eines ist klar: Der Fall Galilei ist vor allem eine menschliche Tragödie. Mit dem Verhältnis von Wissenschaft und Christentum hatte er von seinen Ursachen her gar nichts zu tun. Die Wirkungen freilich waren dennoch immens. Und das lag nicht nur daran, dass Galileo Galilei mit seinem *Dialogo* zum ersten erfolgreichen Wissenschaftsjournalisten wurde, sondern dass es zum damaligen Zeitpunkt massive konfessionelle und politische Interessen an antikatholischer Propaganda gab. So entstand der Mythos Galilei. In der sehr guten Galileibiographie von Rudolph Krämer-Badoni wird dazu ein lapidares Zitat des bekannten, jeder Sympathie für die katholische Kirche völlig unverdächtigen Schriftstellers Arthur Koestler mitgeteilt: »Im Gegensatz zu dem, was in den meisten Darstellungen des Werdegangs der Naturwissenschaften zu lesen steht, erfand Galilei das Teleskop nicht, ebenso wenig wie das Mikroskop, das Thermometer oder die Pendeluhr. Er entdeckte weder das Trägheitsgesetz noch das Kräfte- oder Bewegungsparallelogramm, noch die Sonnenflecken. Er leistete keinen Beitrag zur theoretischen Astronomie; er warf keine Gewichte vom Schiefen Turm zu Pisa und bewies die Richtigkeit des kopernikanischen Systems nicht. Er wurde von der Inquisition nicht gefoltert, schmachtete nicht in ihren Verliesen, sagte nicht ›und sie bewegt sich doch‹ und war kein Märtyrer der Wissenschaft.«

Doch nicht der wirkliche Galilei hat gewirkt, sondern die Meinung, die man über ihn über all die Jahrhunderte hatte. Galilei selbst war übrigens bei all seinen Eigentümlichkeiten ein frommer Mann und ist, wie es so schön heißt, »als treuer Sohn der katholischen Kirche« gestorben. Ob bei Josua die Sonne stillstand oder nicht, war für die Frage nach der Existenz Gottes ohnehin irrelevant. Galilei hatte keine Zweifel an der Existenz Gottes. Und der Gott des Galileo Galilei selbst war selbstverständlich und ohne Abstriche der christliche Gott.

Doch diejenigen, die sich dann später auf ihn berufen, vor allem die Wissenschaftler, werden im so genannten »Fall Galileo Galilei« die Kriegserklärung der Kirche an die Wissenschaft sehen. Das sollte dieser Fall nie sein und er war es auch nie. Dennoch wurde er dazu publizistisch gemacht. Besonders tragisch aber war, dass man dadurch die einzige Religion, die sich mit der Wissenschaft aus ureigenem Antrieb identifizierte, in die Schublade beförderte, in der sich mit einem gewissen Recht alle anderen Religionen befanden, die in der Wissenschaft eher den Feind der Religion erblickten. Die gigantische Inszenierung des Mythos Galilei hat dazu geführt, dass die moderne Wissenschaft gegenüber Kirche und Christentum erblindete. Sie wusste schon bald nicht mehr, dass Kirche und Christentum im Grunde ihre Eltern waren, die sie von der »Heidenangst« vor den unheimlichen Kräften der Natur befreiten und ermutigten zum unbegrenzten Gebrauch der Vernunft. Die Wissenschaft empfand daher lange Zeit Kirche und Christentum wie alle anderen Religionen eher als Gegner oder als Gegenwelt. Bestenfalls stand man diesem Bereich gleichgültig gegenüber. Jeder, der seine eigene Geschichte verdrängt oder gar von sich selbst abspaltet, ist aber immer besonders gefährdet, seine Identität zu verlieren und im Grundlosen oder Maßlosen zu versinken. So geschah und geschieht es auch mit der Wissenschaft.

Es wäre also dringend eine Aufklärung der Wissenschaft über sich selbst und ihre Wurzeln nötig. Allein dadurch könnte das Verhältnis von Wissenschaft und Christentum vielleicht wieder ähnlich fruchtbar werden, wie es das früher über lange Zeiten gewesen ist. Und dazu bietet die unerwartete Entwicklung moderner Wissenschaft bekanntlich die besten Voraussetzungen.

3. Darwin schließt eine Töpferwerkstatt

Doch der Fall Galilei sollte nicht sofort das Band zwischen Christentum und Wissenschaft lösen. Die führenden Wissenschaftler des 17. Jahrhunderts wie Newton, Pascal und auch Descartes blieben zweifellos Christen. Newton baute den lieben Gott sogar in sein System ein – wenn die Planeten etwas aus ihrer Bahn geraten, sorgt Gott durch einen kleinen Klaps wieder für geordnete Verkehrsverhältnisse am Himmel. Für Kepler waren die von ihm gefundenen mathematischen Gesetze gar der sichtbare Ausdruck des göttlichen Willens, und er brach in Begeisterung darüber aus, dass er als Erster hier die Schönheit der göttlichen Werke erkannt habe. Der bedeutende dänische Wissenschaftler Niels Stensen wurde katholisch und später sogar zum Bischof geweiht.

Dennoch beginnt in dieser Epoche ein beiderseitiges Misstrauen, das es uns von heute aus gesehen nicht leicht macht zu unterscheiden, ob das Glaubensbekenntnis eines Wissenschaftlers mehr dem Opportunismus oder wirklicher Überzeugung entsprang. Und auch der alte Impuls der Kirche, die Wissenschaft zu fördern, schien erstmals zu erlahmen. Man zog sich mehr in den Bereich des Sakralen zurück. Georges Minois hält das für eine Folge des Konzils von Trient, das in seinem begründeten Kampf gegen eine Verweltlichung der Kirche die Grenze zwischen Sakralem und Profanem zu scharf gezogen habe, so dass nach seiner Meinung erst dadurch der moderne Atheismus entstehen konnte. Das 18. Jahrhundert jedenfalls sah den langsamen Übergang der Wissenschaftler ins agnostische und atheistische Lager. Der absolutistische Staat und die ihm eng verbundene Kirche wurden als repressiv erlebt und zunehmend abgelehnt. Manche Wissenschaftler näherten sich selbstgemachten deistischen Ideen. Der Gott der Wissenschaftler des 18. Jahrhunderts war, wenn überhaupt, ein selbstgemachter Gott.

Am Ende dieses Jahrhunderts stand dann der berühmte Auftritt des großen Physikers Laplace vor Kaiser Napoleon. Der Kaiser wollte, dass man ihm das wissenschaftliche Weltbild erkläre.

Und Laplace schilderte dem wissbegierigen Monarchen die Welt, wie die Wissenschaft sie damals sah. Als aber der Physiker am Ende seines Vortrags angelangt war, da kam wie aus der Pistole geschossen die Frage des Kaisers der Franzosen: »Et Dieu?« Und Gott? Und Laplace richtete sich auf und antwortete stolz: »Dieu? Je n'ai plus besoin de cette hypothèse!« Gott? Ich brauche diese Hypothese nicht mehr.

Mit diesem pathetischen Satz machte Laplace zugleich zweierlei klar: Der Gott des 18. Jahrhunderts war schon lange nicht mehr der christliche Gott. Es war ganz im Gegenteil mehr ein abstrakter gedachter Gott, eine Hypothese eben, ein Lückenbüßer für das, was die Wissenschaft noch nicht erkannt hatte. Im Zeitalter des Lichts der Aufklärung war die Religion bloß noch die Funzel für die noch nicht aufgeklärten Ecken der Welt. Und diese Ecken gedachte man demnächst ebenfalls prachtvoll wissenschaftlich zu beleuchten. Dieser peinliche Gott in Altersteilzeit, so stellte Laplace außerdem fest, hatte in Wirklichkeit keine Chance mehr. »Von Zeit zu Zeit seh' ich den Alten gern / Und hüte mich, mit ihm zu brechen …«, wird Mephisto in Goethes *Faust* demnächst höhnen. Dieser Gott war die ausgedachte Antwort auf ausgedachte Fragen. Mit einem solchen Gott konnte man zu den ernsthaften existentiellen Fragen nach dem Bösen in der Welt, nach dem Sinn von Leid und nach dem Unglück der Guten keine Antwort finden. Einen solchen hypothetischen Gott brauchte die Wissenschaft nicht, brauchte Laplace nicht, einen solchen Gott brauchte niemand.

Die Wissenschaft im 19. Jahrhundert war gleich doppelt gottlos. Den christlichen Gott kannte sie im Grunde nicht mehr und den deistischen Gott der Aufklärer lehnte sie als lächerlich oder überflüssig ab. Für die Wissenschaft des 19. Jahrhunderts ging es aber nicht bloß um die Freiheit von Forschung und Lehre von kirchlicher und staatlicher Bevormundung. Ein Gott störte grundsätzlich das gesamte wissenschaftliche deterministische Großprojekt des Jahrhunderts, das die ganze Welt aus der Beschreibung aller Phänomene und der Kenntnis aller Naturgesetzlichkeiten irgendwann einmal hundertprozentig zu erklären und vorauszusehen beanspruchte. Dieses Riesenprojekt vertrug natürlich prinzipiell keinen Gott, der nach Belieben in den mit Notwendigkeit voraussehbaren Naturablauf eingriff, indem er sich durch Wunder und andere Absonderlichkeiten wichtig tat. Der griechische Name für den Teufel ist Diabolos, der Verwirrer. Für die Naturwissenschaft des 19. Jahrhunderts wäre also ein Gott geradezu der Teufel gewesen, der trottelige Verwirrer einer Welt, die er doch einstmals selbst geschaffen hatte und die jetzt nur ohne ihn in ewiger Harmonie funktionieren konnte dank eines fein geknüpften Netzes von sorgfältig aufeinander abgestimmten Naturgesetzen. Der Gott der Wissenschaftler des 19. Jahrhunderts, das war ein wissenschaftsfeindlicher Mythos, den es zu bekämpfen galt.

Dennoch blieb auch für Naturwissenschaftler des 19. Jahrhunderts das Rätsel der so sinnvoll erscheinenden erstaunlichen Vielfalt der belebten Welt. Da kamen die Erkenntnisse eines gewissen Charles Darwin gerade recht. Darwin beschrieb wissenschaftlich überzeugend, wie sich die belebte Natur über das Überleben der Durchsetzungsfähigsten bisher entwickelt habe und weiter entwickeln werde. Dass er den Menschen dabei nicht ausnahm, brachte natürlich traditionsorientierte Christen auf die Barrikaden. Außerdem stand mit einem Schlag offenbar auch die Schöpfungsgeschichte der Bibel auf dem Prüfstand. Insofern lag der Fall durchaus ähnlich wie beim Kollegen Galilei. Darwin war freilich ein ganz anderer Charakter; er war ein besonnener, bescheidener und kluger Mann, der unnötige Konflikte mied, aber seine wissenschaftliche Auffassung dennoch tapfer vertrat.

Doch lieferte auch das 19. Jahrhundert die Folie eines großen Konflikts für das, was sich nun abspielen sollte. Das war nicht mehr der konfessionelle Konflikt, der noch bei Galilei die Szene bestimmte. Jetzt war es der offene Konflikt zwischen einer bereits areligiösen, gar antireligiösen Wissenschaft und der Religion. »Ich bin gegen die Religion, weil ich für die Wissenschaft bin«, sollte später der noch zu Lebzeiten Darwins geborene ehemalige

Priesteramtskandidat Josef Stalin in seiner bekannten geistigen Schlichtheit erklären. Verhängnisvoll war, dass bei dieser Auseinandersetzung, wie auch in zwischenstaatlichen Konflikten, auf Dauer die Kenntnis der jeweils anderen Seite verloren gegangen war.

Eigentlich hätte Darwins wissenschaftliche Theorie nämlich zu gar keinem Konflikt führen müssen. Wenn Gott in der biblischen Schöpfungsgeschichte die Sterne »wie Funzeln an den Himmel« hing, wie es im Originaltext heißt, dann war das auch schon für die damaligen biblischen Schriftsteller kein Dokumentarbericht über die ersten Stunden der Welt, sondern eine ziemlich saftige Polemik gegen die im Orient herrschende Verehrung von Himmelskörpern als Götter. Das wirklich Neue dieser Schöpfungsgeschichte waren nicht die poetischen Ausschmückungen, nicht die sieben Tage und nicht einmal die netten »Funzeln«, das wirklich Neue der biblischen Berichte war, dass es nur einen einzigen Gott gab und dass der die ganze Welt aus dem Nichts erschaffen hatte.

Die Bibel beschreibt ja nicht die Welt, sie deutet die Welt. Die Evolutionstheorie Darwins dagegen beschrieb die Welt und ihre Entwicklung. Darin ist die Natur nicht eine starre Größe, sondern hat eine eigengesetzliche dynamische und geschichtliche Entwicklung. Das stimmte im Grunde mit der christlichen Sicht überein. Die simple Vorstellung, Gott habe die Welt sozusagen im Akkord in sechs Tagen handwerklich solide geschaffen und dann nicht nur am siebten Tage geruht, sondern sich sozusagen komplett zur Ruhe gesetzt, hatte nichts mit dem christlichen Gott zu tun, das war der lächerliche Rentnergott des Epikur und der Deisten. Witzig höhnt schon Mephisto in Goethes *Faust*: »Natürlich, wenn ein Gott sich erst sechs Tage plagt / Und selbst am Ende Bravo sagt, / Da muss es was Gescheites werden!«

Demgegenüber glauben die Christen, dass Gott in Jesus Christus Mensch geworden ist. Das heißt, dass Gott persönlich in die Geschichte eingetreten ist und persönlich als so genannter Heiliger Geist weiter in der Geschichte wirkt. Es gab also gerade aus christlicher Sicht sogar eine geschichtliche Glaubensentwicklung. Warum sollte nicht dann auch eine geschichtliche Entwicklung der Schöpfung denkbar sein? Es ist christlicher Glaube, dass zwar schon von Anfang an bestimmte Glaubensüberzeugungen angelegt sind. Sie entwickeln sich aber oft erst in einem jahrhundertelangen Prozess zur formulierbaren Klarheit. Für Fundamentalisten aller Richtungen war eine solche »Historisierung« der Wahrheit immer schon Glaubensabfall. Für die katholische Kirche dagegen stellt diese Überzeugung von einer legitimen historischen Entwicklung des Glaubens unter der Führung des Heiligen Geistes in der Kirche nicht mehr und nicht weniger als ihre Existenzberechtigung dar.

Daher gab es überhaupt eine Dogmenentwicklung, das heißt bestimmte Glaubenssätze wurden erst nach jahrhundertelangem Nachsinnen über den Glauben zu einem bestimmten Zeitpunkt von einem Konzil oder vom Papst in eine konkrete Formulierung gebracht. Der hochgeehrte heilige Kirchenlehrer Thomas von Aquin glaubte nicht an die so genannte Unbefleckte Empfängnis Mariens – was übrigens nur die Erwähltheit Mariens von Anfang an bedeutet und überhaupt nichts mit Sex zu tun hat, wie gewöhnlich schlecht informierte Kreise immer wieder verlauten lassen. Im Jahre 1854 wurde dieser uralte Glaube dennoch dogmatisiert. Ab dann ist man nicht mehr katholisch, wenn man das ausdrücklich leugnet.

Wenn die Kirche selbst also das Ernstnehmen der Geschichte verlangt und daher sogar auf dem zentralen Gebiet der Glaubensüberzeugung stetige Entwicklungen – selbstverständlich ohne veritable historische Brüche – möglich sind, dann muss das auch für Erkenntnisse der Wissenschaft gelten. Es war ein schweres Stück Arbeit für die frühchristlichen Kirchenväter, den im hebräischen Umfeld geborenen christlichen Glauben vergleichsweise schnell in das griechisch-römische Denken und Wissen der damaligen Zeit einzubetten. Aber sie taten das ohne Berührungsängste, mit großer Liberalität, ohne dabei das christliche Profil zu verraten. Eine solche Arbeit muss aus christlicher Sicht in jeder Zeit neu getan werden.

Wenn also sogar der Glaube sich nach christlicher Überzeugung aus ersten Gesetzen und Regelungen zu späterer größerer Klarheit und Blüte entwickelt, warum soll Gott dann nicht in gleicher Weise auch der Schöpfung von Anfang an Gesetze und Regelungen eingestiftet haben? Gesetze, die diese Schöpfung aus ersten chaotischen Anfängen zu späterer Großartigkeit führen? Den französischen Wissenschaftler und Priester Teilhard de Chardin hat daher im 20. Jahrhundert gerade die Evolutionstheorie zu einer vertieften und geistlich außerordentlich fruchtbaren Vorstellung von Christus und dem Sinn der Geschichte inspiriert.

Für wache Christen also stellt die Evolutionstheorie eigentlich einen erfreulichen wissenschaftlichen Fortschritt dar. Die katholische Kirche jedenfalls hat sie lehramtlich nie verurteilt. Mehr noch, der katholische Priester und Augustinermönch Gregor Mendel, ein Zeitgenosse Darwins, beteiligte sich an den wissenschaftlichen Forschungen zur Vererbung und fand in geduldiger Forschungsarbeit die nach ihm benannten Mendelschen Gesetze, die zum tieferen Verständnis der Evolutionstheorie beitrugen.

Wie konnte es dann aber zu dem bis heute wirkenden Streit um die Evolutionstheorie kommen? Als Charles Darwin 1859 sein grundlegendes Werk »Die Entstehung der Arten durch natürliche Zuchtwahl« veröffentlichte, herrschte Krieg. Krieg zwischen Wissenschaft und Religion. Und im Krieg ist die Vorstellung vom jeweiligen Gegner stets verzerrt. Die unentwegten polemischen Attacken mancher Wissenschaftler auf die Religion hatten zur Folge, dass gewisse religiöse Menschen in den Einsichten des Wissenschaftlers Charles Darwin sofort einen erneuten Angriff vermuteten. Da behaupte jemand, der Mensch stamme vom Affen ab. Das sei gegen die Bibel. Vor allem bibeltreue protestantische Christen mit ihrem Prinzip »sola scriptura« (nur die Schrift) waren dem biblischen Text besonders hilflos ausgeliefert und starteten nun heftige Kampagnen gegen Darwin und seine Lehre, die bis heute anhalten.

Wie üblich rüstete aber auch die andere Seite auf. Man versuchte, die Darwinsche Lehre als Schlussstein einer atheistischen Welterklärung zu nutzen. Die kruden Vorstellungen protestantischer Fundamentalisten machten es wissenschaftlich orientierten Anhängern des Darwinismus dabei besonders leicht. Doch die Evolutionstheorie hat mit der Frage, ob Gott existiert oder ob Gott nicht existiert, in Wirklichkeit überhaupt nichts zu tun. Sie liefert eine Beschreibung der Gesetze, wie sich die belebte Welt entwickelt hat. Das ist alles. Zur entscheidenden Frage, warum überhaupt etwas existiert und nicht vielmehr nichts, hat sie nichts zu sagen. Auch kann man mit der Evolutionstheorie nicht die Frage beantworten, warum überhaupt Ordnung in der Welt existiert und nicht das thermo-dynamisch Wahrscheinlichste – nämlich Chaos. Und wenn es Naturgesetze gibt, die Ordnung ins Chaos bringen, wie konnten sie so sorgfältig aufeinander abgestimmt sein, dass nach einer langen Entwicklung ein so differenzierter Mensch wie Charles Darwin entstehen konnte oder Sie, lieber Leser? Die Evolutionstheorie kann auch nicht erklären, warum die Welt nicht in der nächsten Sekunde, nachdem Sie diesen Satz zu Ende gelesen haben, ins Nichts versinkt.

Denn wie alle wissenschaftlichen Theorien kann auch die Evolutionstheorie nur das Bisherige und das bisher für die Erkenntnis Erreichbare nach Regeln beschreiben. Die bisherige Erfahrung hat zwar gezeigt, dass diese Regeln immer weiter gegolten haben und das Chaos nicht eingetreten ist. Wer aber behaupten würde, mit absoluter Sicherheit aus den Bedingungen der Vergangenheit für alle Zukunft Voraussagen treffen zu können, betriebe keine Wissenschaft mehr, sondern halbseidene Prophetie. Seriöse Wissenschaft kann man daran erkennen, dass sie sich der durch die Grenzen ihrer Methode bestimmten Grenzen ihrer Erkenntnismöglichkeiten stets bewusst bleibt. Der Wissenschaftshistoriker Ernst-Peter Fischer schreibt: »Gottes Größe zeigte sich gerade durch die Evolution und in ihr. Er sorgte mit dieser Eigenschaft für die Kontinuität des Lebens, das er geschaffen hatte. Der Gedanke der Evolution nimmt Gott ernst, statt ihn abzuschieben.«

Für etwas weiter blickende Christen war die Evolutionstheorie also eigentlich nur der Übergang von einem etwas altbackenen Töpfergott, der sich nach der Erschaffung des Menschen an seiner Schürze die Hände abputzt, zu einem allmächtigen, direkt und indirekt wirkenden Schöpfer von wahrhaft göttlicher Genialität, der die Welt vor Jahrmilliarden aus dem Nichts erschaffen hat, ihr Regeln eingestiftet hat, die eine bewundernswerte Entwicklung bewirkten, und der diese Welt jeden Tag vor dem Versinken ins Chaos und ins Nichts bewahrt.

4. Die Katastrophe eines Weltbilds

Für die wissenschaftsgläubigen Atheisten des 19. Jahrhunderts dagegen barg die Evolutionstheorie den Keim der Katastrophe ihres Weltbilds. Die von Darwin begründete Evolutionstheorie ging nämlich davon aus, dass sich nicht alles zwangsläufig nach Naturgesetzen entwickelte, sondern dass es Mutationen gab, plötzliche unvorhersehbare zufällige Erbgutveränderungen. Von denen wurden nach Darwins Vorstellungen nur die durchsetzungsfähigen Varianten dann weitervererbt. Diese Mutationen waren der Clou der ganzen Evolutionstheorie, ohne sie hätte es gar keine Entwicklung von Neuem geben können.

Doch für den sich wissenschaftlich gebenden Atheismus des 19. Jahrhunderts mussten solche grundsätzlich nicht vorhersehbaren Ereignisse wie Computerviren wirken, die auf Dauer das ganze Programm zerstören. Prinzipielle Unvorhersehbarkeit, das war für das wissenschaftliche Riesenprojekt des 19. Jahrhunderts, den Determinismus, ungefähr das, was für den Teufel das Weihwasser ist. Damit war nämlich die atheistische Vorstellung von einer Natur als prinzipiell komplett berechenbarem Uhrwerk, bei dem ein Rädchen zwangsläufig ins andere greift, mit einem Schlag unmöglich gemacht. Der Zufall, der bisher – wie Gott – als Feind der Wissenschaft gegolten hatte und dessen Machtbereich man durch zunehmende Erkenntnis von Gesetzmäßigkeiten immer weiter eingegrenzt hatte, hatte nun offiziell das Territorium der Wissenschaft betreten – und sollte es nie mehr verlassen.

Doch im Krieg werden eigene Niederlagen nicht gerne wahrgenommen, geschweige denn gemeldet. Daher übersah man geflissentlich die Bresche, die Darwin in die Festung des atheistischen Determinismus gerissen hatte. Und man machte den logischen Fehler zu glauben, dass die Erklärung, wie die belebte Welt sich entwickelt hat, auch die entscheidende Frage miterklärt, warum sie sich überhaupt und warum sie sich ausgerechnet so und nach solchen Regeln entwickelt hat.

Im Krieg geht es freilich nicht um Logik und Vernunft, im Krieg geht es vor allem um Psychologie. Und psychologisch füllte die Evolutionstheorie scheinbar eine für Atheisten bisher beunruhigende Lücke. Psychologisch wirkte und wirkt sie auf viele Menschen so, als könne man nun endlich ein für alle Mal »alles« erklären. Doch das stimmte nicht und war von Darwin auch nie behauptet worden. Ohnehin wäre jede Theorie, die beanspruchen würde, wirklich ein für alle Mal alles erklären zu können, niemals eine wissenschaftliche Theorie. Sie wäre eine Weltanschauung, eine Ideologie, sie wäre Opium fürs atheistische Volk.

Fürs Gottesvolk aber verordneten an jenem denkwürdigen 24. April des Jahres 1870 die 700 Konzilsväter im rechten Querarm der Petersbasilika in Rom Vernunft. Gewiss, die Kirche konnte mit einer solchen Entscheidung damals wahrhaft in Teufels Küche kommen. Da war einerseits die Feindseligkeit der Wissenschaft. Andererseits war das Jahrhundert romantisch verliebt in die Irrationalität. Und die hatte, vor allem zu Beginn des Jahrhunderts, auch Wasser auf die Mühlen der Kirche gespült. Man lief also Gefahr, die eigene Klientel zu vergrätzen, ohne den Gegner zu gewinnen.

Die Entscheidung war aber dennoch dringlich, weil die Kirche von Anbeginn nicht die Vernunft, sondern die gnostisch-esoterische Irrationalität fürchtete. Und solche irrationalen Bestrebungen gab es nicht nur im orientierungslosen atheistischen Lager, sondern auch in der Kirche selbst. Die Konzilsentscheidung bezog sich auf eine Bibelstelle im Römerbrief, die da lautete: »Seit Erschaffen der Welt wird seine (Gottes) unsichtbare Wirklichkeit an den Werken der Schöpfung mit der Vernunft wahrgenommen, seine ewige Macht und Gottheit.« Damit war der Vernunft ganz prinzipiell das Höchste an Erkenntnisfähigkeit zugesprochen, nämlich die Möglichkeit der Erkenntnis Gottes.

Christlicher Glaube hatte also nichts mit irgendwelcher Geheimnistuerei zu tun, sondern er musste sich rechtfertigen vor dem Gerichtshof der Vernunft. Allerdings einer Vernunft, die nicht autistisch war, sondern die hören konnte auf die Offenbarung. Die erste Offenbarung ist im Verständnis des Konzils freilich die Schöpfung, die allen Menschen vor Augen liegt. Es macht die Würde des Menschen aus, dass er aus dieser Schöpfung mit dem Mittel seiner Vernunft Gott erkennen kann. Es macht seine Tragik aus, dass er sich dem auch verschließen kann. Jene Fähigkeit aber ist dann Voraussetzung für die spezielle Offenbarung Christi, die sich nicht allein aus der Betrachtung der Schöpfung mit dem Mittel der Vernunft ergibt.

Der Hymnus des Ersten Vatikanischen Konzils auf die Vernunft ist zugleich eine Ermutigung zur Betätigung der Vernunft in der Wissenschaft. Freilich kann die Vernunft zum Guten und zum Bösen gebraucht werden. Die bloß technische Vernunft, die nicht moralisch reguliert ist, kann zu katastrophalen Folgen führen. Als der bedeutende und begeisterte Physiker Carl Friedrich von Weizsäcker von der Explosion der Atombomben über Hiroshima und Nagasaki erfuhr, war er erschüttert und zutiefst deprimiert. Wissenschaftler hatten die Grundlagenforschung betrieben, die Voraussetzung für den Bau der Bomben war, Wissenschaftler hatten die Bomben technisch hergestellt, Wissenschaftler hatten sie getestet. Und nach Auffassung von Carl Friedrich von Weizsäcker waren also auch Wissenschaftler jetzt für den Tod Hunderttausender unschuldiger Menschen verantwortlich. Von Weizsäcker sah »den geraden Weg von Galilei zur Atombombe« und formulierte ausdrücklich, dass nach seiner festen

Überzeugung damit Wissenschaft in der Nachfolge des Galileo Galilei für immer unmöglich geworden sei. Es gehe nicht mehr an, dass Wissenschaftler mit Berufung auf Galilei und die Freiheit der Wissenschaft sich in ihrer wissenschaftlichen Tätigkeit niemandem gegenüber verantwortlich fühlten. Schon Bert Brecht hatte in seinem »Leben des Galilei« nachdenklich in Frage gestellt, ob man für eine wissenschaftliche Kampagne Menschen in Verwirrung und damit ins Unglück stürzen dürfe.

Am Ende des gemarterten 20. Jahrhunderts flog der ehemals führende Atomphysiker der Sowjetunion heimlich von Moskau nach Rom. Er war nicht katholisch, aber er wollte zum Papst. Es war Andrej Sacharow, der aus Gewissensgründen seine wissenschaftlichen Forschungen beendet hatte, die er im Dienste eines totalitären Staates betrieben hatte. Er legte dem Papst die für ihn beunruhigende Frage vor, ob er dem Drängen nachgeben sollte, für den Kongress der Volksdeputierten zu kandidieren. Denn wenn er in die Politik einsteige, sei er wieder in Gefahr, benutzt zu werden und sich womöglich mitschuldig zu machen. Der Papst sprach lange mit ihm und riet schließlich zur Annahme der Kandidatur.

Es war ein langer Weg für die Wissenschaft: von der eigensinnigen Forderung des Galileo Galilei vor Papst Urban VIII. nach unbeschränkter Freiheit und Priorität für die Wissenschaft bis zur Reise des Andrej Sacharow zu Papst Johannes Paul II. nach Rom. In schmerzlicher Erfahrung hatte er die vom Papst geteilte Einsicht gewonnen, dass verantwortliche Wissenschaft, die dem Menschen dienen will, sich der Grenzen ihrer Freiheit, die die Moral setzt, stets bewusst sein muss. Als im Deutschen Bundestag in den neunziger Jahren die ethisch und anthropologisch bedeutsame Frage diskutiert wurde, ob der so genannte Hirntod der Tod des Menschen sei und wie man Organtransplantationen verantworten könne, da war es kirchenfernen PDS-Abgeordneten besonders wichtig zu erfahren, was die Kirche dazu sage. Die Frage nach der Verantwortung der Wissenschaft ist heute so aktuell wie kaum je zuvor. Auch Menschen, die an derlei Fragen sonst nicht so sehr interessiert sind, beschleicht das unheimliche Gefühl, dass eine Wissenschaft und Wissenschaftler, die sich nicht mehr der Moral, sondern nur noch verschiedenen Interessen einschließlich ihrer eigenen verpflichtet fühlen, eine handfeste Gefahr für die Menschheit werden können.

Das galileische Zeitalter der Wissenschaft ist vorbei. Doch dazu hat vor allem die Wissenschaft selbst beigetragen. Am Ende des 19. Jahrhunderts war noch einmal eine eigenartige Unruhe ausgebrochen. Darwin war gestorben, der scheinbar die Existenz der belebten Natur abschließend erklärt hatte, Freud begann 1895 seine psychoanalytische Arbeit, die nun auch die seelischen Reaktionen des Menschen letztlich auf in seiner Triebnatur angelegte Gesetzmäßigkeiten zurückführen wollte. Im gleichen Jahr 1895 verkündete in Frankreich ein feierliches Manifest einiger Intellektueller, darunter der unermüdliche Vorkämpfer des Atheismus, Émile Zola, die Religion müsse durch die Wissenschaft ersetzt werden. Der wissenschaftliche Atheismus und die atheistische Wissenschaft lagen sich zum Jahrhundertwechsel in der Gartenlaube der wilhelminischen Gesellschaft voller Siegesgewissheit in den Armen. Demnächst werde der Zeitpunkt erreicht sein, da alle Naturgesetze entdeckt sind und nichts für die Wissenschaft Unerklärliches und Unberechenbares unter der Sonne mehr passieren könne, verkündete Ernst Haeckel in seinem berühmten Buch »Die Welträtsel« im Jahre 1900. Der Turm von Babel sollte nun definitiv den Himmel berühren und alle unaufgeklärten Unklarheiten sollten ein für alle Mal beseitigt sein.

In diesem Moment der Weltgeschichte waren sich Atheismus und Wissenschaft so nahe gekommen, dass sie fast miteinander identisch schienen. So nah jedenfalls wie nie zuvor und später nie mehr. Doch dann passierte – die plötzliche Wende. Es war die Wende der Naturwissenschaft mit Quantentheorie, Relativitätstheorie und Urknalltheorie, später dann neue Wissenschaftstheorien wie die Karl Poppers, die der Wissenschaft die Erkenntnis ewiger Wahrheiten grundsätzlich absprachen. Das führte schlagartig zur Zerstörung der zum Teil jahrhundertealten intellektuellen Fundamente des Atheismus. So wie sich Kirche und Wissenschaft nach dem Fall Galilei emotional auseinandergelebt hatten, so war nun plötzlich die Ehe zwischen Atheismus und Wissenschaft argumentativ zerrüttet.

Gerade die führenden Leute der modernen Naturwissenschaft wandten sich wieder der Religion zu. Max Planck, der Begründer der Quantentheorie, beendete seinen berühmten Vortrag über »Religion und Naturwissenschaft« mit dem programmatischen Losungswort »Hin zu Gott!«. Werner Heisenberg wies darauf hin, dass sich die naturwissenschaftliche Erkenntnis notwendigerweise einenge auf einen Teilaspekt der Wirklichkeit, das so genannte Objektive. »Die religiöse Sprache aber muss gerade die Spaltung der Welt in ihre objektive und subjektive Seite vermeiden; denn wer könnte behaupten, dass die objektive Seite wirklicher wäre als die subjektive.« Und wirklich, der methodische Zweifel, das Experiment und der Beweis sind jedem Wissenschaftler zwar die selbstverständlichen Instrumente der Erkenntnis. Aber über die Liebe und Treue seiner Frau wird er sich weder mit methodischem Zweifel noch mit Experimenten oder Beweisen Gewissheit verschaffen – und doch wird dem Wissenschaftler diese Erkenntnis kostbarer und gewisser sein als alles, was er wissenschaftlich erkannt hat. Albert Einstein, der Erfinder der Relativitätstheorie, war zuerst natürlich Atheist geworden. Aber je tiefer er in die Wissenschaft eindrang, desto mehr entwickelte er sich zu einem Bewunderer des Göttlichen: »Seine (des Forschers) Religiosität liegt im verzückten Staunen über die Harmonie der Naturgesetzlichkeit, in der sich eine so überlegene Vernunft offenbart, dass alles Sinnvolle menschlichen Denkens und Anordnens dagegen ein gänzlich nichtiger Abglanz ist.« Der Geist war nicht ein Nebenprodukt der Materie, er war deren beherrschende Struktur. Das erkennende menschliche Denken war nur ein Nachdenken des schon Vorgedachten. Und der Quantenphysiker Pascual Jordan schließlich schrieb in den sechziger Jahren des 20. Jahrhunderts den schon erwähnten Bestseller »Der Naturwissenschaftler vor der religiösen Frage«. Darin erläuterte er nicht nur das neue naturwissenschaftliche Weltbild, sondern brachte auch ganz unbefangen das Staunen eines modernen Naturwissenschaftlers vor den Wundern der göttlichen Schöpfung zum Ausdruck. Tatsächlich, der renommierte Physiker Pascual Jordan sprach wieder von – Wundern.

5. Wunder, Wahn und Wirklichkeit

»Das Wunder ist des Glaubens liebstes Kind«, sagt Mephisto in Goethes *Faust* mit respektvoller Ironie über die Religion des schlichten Gretchens. Schon seit dem 18. Jahrhundert lächelten gebildete Menschen zumeist über so etwas wie Wunder, denn eine Durchbrechung von Naturgesetzen galt selbstverständlich als unmöglich. Selbst viele Christen und sogar christliche Theologen, wie noch Hans Küng in seinem »Existiert Gott?«, hielten Wunder für ausgeschlossen, denn schließlich habe Gott die Welt und auch die Naturgesetze geschaffen. Warum solle Gott die von ihm geschaffenen Gesetze dann wieder durchbrechen? Doch die Gegenfrage lautete schon damals: Wenn Gott Gott war und nicht der Rentnergott der Deisten, warum dann eigentlich nicht?

Richtig war allerdings schon immer, dass ein ernstzunehmender Glaube, der sich der Vernunft verpflichtet weiß, nicht auf einen irrationalen Wunderglauben reduziert werden darf. Die Kirche war daher immer schon mit der Anerkennung von Wundern höchst zurückhaltend. Außer dem Grundwunder der Menschwerdung und Auferstehung Jesu Christi ist kein Katholik verpflichtet, an irgendwelche Wunder in Lourdes, Fatima und anderswo zu glauben. Und auch an den Wallfahrtsorten selbst ist die Kirche stets bemüht, den Wunderglauben durch strenge Kontrollen nicht wuchern zu lassen. Richtig war auch immer, dass Wunder, wenn sie bloß so eine Art Zirkuskunststücke sind, für den Glauben eigentlich völlig unbedeutend wären. Viele Wunder würden dann nur darauf hinweisen, dass die Welt offensichtlich nicht so regelmäßig funktioniert, wie man gewöhnlich denkt.

Solche lustigen Mirakel wären dann demnach eher betrübliche handwerkliche Fehler des lieben Gottes oder des Urknalls. Es war also schon richtig, was wir im Theologiestudium lernten, dass Wunder vor allem Zeichen Gottes für die Menschen sind. Wunder im christlichen Sinn sind also keine Zauberkunststücke, sondern sie besagen etwas in einem bestimmten geschichtlichen Moment für ganz bestimmte Menschen.

Ein gutes Beispiel ist schon im Alten Testament das Urwunder für die Juden: die Errettung des Volkes Israel aus Ägypten. Wir kennen die Bilder, wie das Volk Israel, bedrängt vom Pharao, in höchster Not durchs Rote Meer zieht: Links und rechts stehen die Wassermassen wie Mauern und die Israeliten ziehen trockenen Fußes hindurch. Eine tolle Geschichte. Tatsächlich, so stellt man sich ein machtvolles Eingreifen Gottes gegen alle »Naturgesetze« vor. Doch liest man den uralten Bericht der Bibel genauer, so wird das Ganze interessanterweise nicht als plötzlicher und völlig unerklärlicher Paukenschlag dargestellt. Moses wird von Gott aufgefordert, seine Hand auszustrecken und das Meer zu spalten – und nichts geschieht. Jedenfalls nicht sofort. Vielmehr heißt es: »Jahwe ließ die ganze Nacht das Meer vor einem starken Ostwind zurückweichen und legte das Meer trocken.« Die Israeliten ziehen hindurch, und als der Pharao mit seiner Streitmacht hinterherzieht, »fluteten die Wasser bei Tagesanbruch zu ihrem alten Ort zurück« und das ägyptische Heer geht in den Fluten unter.

Hier werden nicht vor allem »Naturgesetze« durchbrochen, sondern im Gegenteil, Gott nutzt »seine« Naturgesetze, um sein auserwähltes Volk, die Israeliten, zu retten. Dennoch ist das natürlich ein Wunder. Das Wunder ist, dass der Wind gerade zu dem Zeitpunkt eintritt, an dem das Volk in höchster Not vor dem Schilfmeer steht und nicht aus noch ein weiß. Die Wunder Gottes sind also nicht irgendwelche spektakulären Zauberkunststücke, sondern machtvolle Antworten Gottes auf die existenzielle Not von Menschen, wie später das Manna in der Wüste, als das Volk Israel hungert, und das Wasser, das Moses aus dem

Felsen schlägt, als es dürstet. Und nur deswegen erinnern sich die Juden seit 3250 Jahren bis auf den heutigen Tag Jahr für Jahr an diesen geradezu unglaublichen Durchzug durchs »Rote Meer«, weil Gott sie damals mit dieser Tat wirklich aus höchster Not gerettet hat. Unglaublich, aber wahr. Und das Erzählen dieser Wahrheit hat dieses Volk über die Jahrtausende zusammengehalten. Einen unterhaltsamen Zaubertrick dagegen hätte man – mit Recht – schon nach zwei Wochen vergessen.

Ob zur Dokumentation der Außergewöhnlichkeit mit einem Wunder zugleich eine Durchbrechung von Naturgesetzen einherging, war in einer Zeit, die noch gar keine Naturgesetze kannte, ohnehin irrelevant. Doch am Beginn der modernen Naturwissenschaft wurden dem lieben Gott Wunder, die etwa die stolz gefundenen Naturgesetze durchbrechen würden, kurzerhand untersagt. Der liebe Gott wurde im Himmel gefangen gesetzt, ohne Freigang und Resozialisierungsangebote. Denn die wunderbare Ordnung des Kosmos löste zwar auch damals die Bewunderung mancher Wissenschaftler aus. Doch wunderbare Eingriffe in die wunderbare Ordnung durch einen wundertätigen Gott mussten unweigerlich die ganze wunderbare, nach ewigen Gesetzen notwendig funktionierende Ordnung in heilloses Durcheinander versetzen. So blieb das Wunder nur mehr die zeichenhafte Tat Gottes, wie die Theologen sagten, die sich aber nun einmal an die von den Naturwissenschaftlern formulierte Hausordnung zu halten hatte. Was dann aus Sicht der Theologen noch genau ein Wunder war, blieb fürs gläubige Volk oft ziemlich unkonkret.

Das gläubige Volk glaubte daher einfach weiter unbeirrt an Wunder als Eingriffe Gottes in die Welt. Es rechtfertigte sich damit, dass nicht die Naturwissenschaftler, auch nicht die Theologen, sondern Gott persönlich die Hausordnung bestimme. Und da kam nun plötzlich die Naturwissenschaft selbst daher und erklärte, dass sie sich geirrt habe. Die Hausordnung der Natur sei keineswegs so streng wie in einer Jugendherberge, wie man immer gedacht habe, sondern sie funktioniere erheblich liberaler, eher wie die Straßenverkehrsordnung in Italien, wo alles nur »quasi« gilt und wo eine rote Ampel eher eine Anregung ist, vielleicht mal stehen zu bleiben, wenn es sich so ergibt. Oder streng wissenschaftlich formuliert: Im atomaren Bereich funktioniert die Welt nicht deterministisch, sondern sprunghaft, quantensprunghaft. Ob ein Atom in ein höheres Energieniveau springt, das kann man nicht mit absoluter Sicherheit, sondern nur mit Wahrscheinlichkeit voraussagen. Statistische Ausreißer sind also immer möglich und durchbrechen kein Naturgesetz. Letztlich gelten Naturgesetze nur noch statistisch. Wobei die Wahrscheinlichkeit im makroskopischen Bereich so hoch ist, dass die alten Naturgesetze für die Praxis weiter benutzt werden können. Auf diese Weise wird verständlich, wie oben schon erwähnt, dass die Himmelfahrt Christi und andere Wunder heute kein unüberwindbares physikalisches Problem mehr darstellen. Physikalisch sind solche Ereignisse höchst unwahrscheinlich, prinzipiell unmöglich sind sie nicht.

Was ist dann aber überhaupt noch ein Wunder? Mit der alten Definition von der Durchbrechung des Naturgesetzes, die eigentlich nie die Definition des einfachen Volkes war, kommt man definitiv nicht mehr weiter. Denn zu Zeiten der Galileischen Physik durfte es keine Durchbrechung des Naturgesetzes geben. Jetzt, im Zeitalter der Quantenphysik, kann es keine Durchbrechung des Naturgesetzes geben, weil es Naturgesetze in diesem Sinne nicht mehr gibt. Bleibt, was das Volk immer schon geglaubt hatte: dass nämlich ein Wunder ein Eingriff Gottes sei, der mir damit etwas zu verstehen geben will.

Waren Sie mal, abgesehen von Ihrer eigenen, bei der Geburt eines Kindes dabei? Da es heute üblich ist, dass auch Männer anwesend sind, wenn ihre Kinder zur Welt kommen, habe ich mich nicht gedrückt und jenen Kurs besucht, bei dem man auch als Mann mal gerechterweise Presswehen lernen kann. Ich habe alles mitgemacht, von medizinisch Sinnvollem bis zu esoterisch angehauchtem Quatsch. Dann kam der Tag der Geburt unserer ältesten Tochter. Ich bin Arzt. Ich habe Medizin studiert. Ich habe eine ganze Reihe von Geburten erlebt. Meine Tochter wurde »normal« geboren.

Die Geburt widersprach nach meinem Eindruck weder den Naturgesetzen noch gynäkologischen Standards. Aber ich versichere Ihnen, was ich da erlebt habe, war ein Wunder. Dass da plötzlich ein neuer Mensch ist, ein neues Ich, das vorher nie da war und dessen Vater ich bin, ohne den es dieses neue Ich nie gegeben hätte, das habe ich als Wunder erlebt. Ich kann mich noch gut daran erinnern, wie mir genau dieses Wort in den Sinn kam. Und das war nicht irgendwie allegorisch gemeint, wie das »Raumwunder« in der Reihenhausanzeige vom Wochenende. Ich muss betonen, dass mir kein Vorgang bei der Geburt meiner Tochter wirklich fremd gewesen ist, mir waren alle Handgriffe vertraut, eigentlich war die Geburt meiner Tochter medizinisch völlig unspektakulär. Aber ich habe diese Geburt dennoch dankbar und sehr glücklich als ein Wunder erlebt.

Wir übersehen im Leben Wunder ja manchmal dadurch, dass wir irgendetwas vergleichsweise Äußerliches über ein Phänomen wissen oder den gleichen Vorgang immer wieder erlebt haben. Das macht ihn zwar nicht weniger wunderbar, aber man ist in seiner Wahrnehmungsfähigkeit abgestumpft. Ich bin übrigens ganz sicher, dass viele Männer – und Frauen – die Geburt ihrer Kinder als ein existenziell erschütterndes Wunder erleben – aber über dieses Erlebnis nicht wirklich reden, da man das Wort Wunder inzwischen nach all den Auseinandersetzungen darüber nicht mehr im Repertoire hat. Vielleicht gehört allerdings eine gewisse geistige Wachheit dazu, Wunder wahrnehmen zu können, und auch Muße, Zeit der stressfreien Betrachtung der Welt. Solange man jedenfalls immer nur tut, was »man« so tut, solange man nur das Übliche denkt und sagt, solange man also nur routiniert lebt, wird man wohl Wunder einfach übersehen: Die Geburt von gestern liegt in Zimmer 7 und macht »Rooming in«...

Das Wunderwerk schlechthin ist für gläubige Menschen immer schon die Schöpfung gewesen. Nun hat man sich lange Zeit eingeredet oder im früher weit verbreiteten Staatsatheismus einreden lassen, dass man das alles schon verstanden hat, wenn man begriffen hat, wie sich die vielfältige belebte Welt entwickelt hat. Doch niemand kann begreifen, aus welchem Grund etwas entstanden ist, wenn er bloß herausgefunden hat, nach welchen Gesetzmäßigkeiten es sich entwickelt hat. Es ist ein Wunder, dass sich überhaupt etwas entwickelt hat, dass diese und keine anderen Gesetzmäßigkeiten gelten und dass nicht alles schon morgen ins thermodynamisch Wahrscheinlichste, nämlich ins Chaos versinkt. Dieses Wunder kann und will die Evolutionstheorie nicht erklären. Die Evolution also nimmt der Schöpfung keineswegs das Wunderbare, im Gegenteil, sie fügt ihr noch das Wunder der Evolution hinzu.

Würden in Jahrmillionen intelligente Wesen von anderen Himmelskörpern auf der Erde landen und dort kein organisches Leben mehr antreffen, so würden sie doch Zeugnisse der Menschen vorfinden. Beispielsweise einen ziemlich verbeulten VW-Käfer, wie ich ihn in Studienzeiten gefahren habe. Sie würden außerdem Vorformen des VW-Käfers finden und spätere Modelle. Sie würden darüber hinaus durch genaue Ermittlung der Fundschichten eine Entwicklung dieses Autotyps rekonstruieren können. Vielleicht würden sie auch so etwas wie ein regelhaftes Überleben der durchsetzungsfähigsten Autotypen feststellen. Wie genau aber auch immer sie alle festgestellten Regelhaftigkeiten eruieren würden, sie würden niemals an einem zweifeln: dass irgendwer das alles geplant und gemacht hat.

Allein ein Grashalm ist komplexer konstruiert als ein VW-Käfer. Das Wie seiner evolutiven Entstehung kann ich mit der Evolutionstheorie rein deskriptiv zutreffend darstellen. Doch damit wird nicht die Frage beantwortet, wer Natur und Naturgesetze so eingerichtet hat, dass die Evolution sich zur kapillaren Feinheit eines solchen Grashalms erheben würde. Gewiss haben belebte Systeme gegenüber einem VW-Käfer eine gewisse Eigendynamik. Doch indem wir das Wort »Leben« an die Stelle kleben, an der wir nichts mehr erklären können, haben wir auch noch nichts erklärt. Dass jedenfalls durch bloßes Überleben der

Durchsetzungsfähigsten die für Krieg und Durchsetzung nicht sehr geeignete 9. Symphonie von Ludwig van Beethoven entstehen konnte, glauben manche vielleicht nur noch deswegen, weil man eine falsch verstandene Evolutionstheorie schon vor langer Zeit zur Möblierung des atheistischen Wohnzimmers verwendet hat. Es gibt einen atheistischen Konservatismus, der seine Vorurteile pflegt und kaum auf Argumente reagiert.

Der Literaturnobelpreisträger Francois Mauriac hat gesagt: »Das Erscheinen des Lebens, aufquellend aus dem ewigen Stoff an einer umrissenen Stelle der Zeit und des Raumes, und seine Entwicklung von der Urzelle bis zu diesem Gesicht auf der Lichtspielleinwand meines Quartiers, bis zu diesem Kinderblick, der sich zu mir aufschlägt, bis zu diesem Larghetto von Mozart, zu dieser Ellipse Rimbauds. An diesem Weltgeheimnis vorbeizugehen, scheint mir ebenso unfolgerichtig, als es der Schiffbrüchige wäre, wenn er ungerührt auf dem Sand den Abdruck eines Menschenfußes erblickte.«

6. Der Irrtum des Steven Hawking und bunte Bildchen aus dem Hirn

Steven Hawking schreibt in seinem lesenswerten Buch »Eine kurze Geschichte der Zeit«, dass die Urknalltheorie natürlich nicht mit dem christlichen Schöpfungsdenken übereinstimme. Er behauptet sogar, dass Papst Johannes Paul II. das bei einer Audienz für Teilnehmer einer wissenschaftlichen Tagung in Rom, an der er teilgenommen habe, so bestätigt habe. Weil ich das für ausgeschlossen hielt, ging ich dem nach: Eine solche Ansprache des Papstes hat es nicht gegeben. Und die Urknalltheorie ist in Wirklichkeit zum ersten Mal seit langem mit dem christlichen Schöpfungsglauben wieder besser vereinbar. Auch manch ein bedeutender Naturwissenschaftler unserer Tage ist also offenbar noch geprägt vom langen Konflikt zwischen Kirche und Wissenschaft, so dass er Gegenpositionen sieht, wo es keine gibt.

Ungeachtet der vermeintlichen Differenz berichtet Steven Hawking, der übrigens Mitglied der Päpstlichen Akademie der Wissenschaften ist, beeindruckt von der Begegnung mit dem Papst; und auch andere agnostische und atheistische Wissenschaftler suchen wieder die Nähe zur Kirche. Im Jahre 2003 organisierte ich im Vatikan eine Tagung zur Frage des sexuellen Missbrauchs, an der leitende Mitarbeiter der Römischen Kurie teilnahmen. Es wurden international führende Wissenschaftler eingeladen, von denen niemand katholisch war. Dennoch lehnte niemand ab, und es kam eine sehr fruchtbare Tagung zustande.

Im Vorfeld hatte mir einer der Wissenschaftler, der sich außerordentlich beeindruckend in der Therapie von Sexualstraftätern einsetzt, gesagt: »Wissen Sie, ich bin Atheist, weil mein Vater Atheist gewesen ist, aber ich schätze die Kirche sehr.« Als während der Tagung erwähnt wurde, dass Intimitätsdefizite einen Risikofaktor darstellten und von Kirchenvertretern daraufhin der Zölibat angesprochen wurde, meldete er sich zu Wort: Das sei ein Missverständnis. Er gehe davon aus, dass ein katholischer Priester ein intimes Verhältnis zu Gott habe. Und ein – buddhistischer – Kollege meinte später in einem anderen Zusammenhang, um den Zölibat zu leben, müsse man nicht intensiver in Sexualkunde ausgebildet werden, sondern vor allem seine Spiritualität vertiefen.

Von einer Spannung zwischen Religion und Wissenschaft war bei dieser Tagung nicht das Geringste zu spüren. Den alten Konflikt zwischen Wissenschaft und Religion gibt es nicht mehr. Wissenschaftler zeigen wieder vermehrt Interesse an Gott. Eine Befragung von Wissenschaftlern im säkularisierten Frankreich aus dem Jahre 1989 ergab immerhin erstaunliche 50 Prozent Gottgläubige. Wissenschaftler, die sich militant zum Atheismus bekennen, wie nicht selten im 19. Jahrhundert, sind heute allenfalls vereinzelte skurrile Gestalten.

Freilich gibt es auch in diesem Bereich Nostalgie und Traditionalismus. Immer mal wieder werden geistige Antiquitäten aus dem 19. Jahrhundert auf den Markt geworfen. Der ideologische Darwinismus, der gegen die Auffassung Darwins behauptete, dass ein weiter wirkender Schöpfergott mit der Evolutionstheorie nicht vereinbar sei, hatte schon im 19. Jahrhundert nicht das Kriterium der Wissenschaftlichkeit erfüllt. Doch heute feiert er nun plötzlich fröhliche Urständ. Und sofort sind – rührende Wiederaufführung – auch die alten Gegner von vor 100 Jahren wieder zur Stelle, die fundamentalistischen Kreationisten, die die Bibel so wortwörtlich nehmen, wie das selbst die hebräischen Nomaden vor über 3000 Jahren nicht getan hätten. In den Vereinigten Staaten versuchen nun beide Auffassungen, den Schulunterricht für sich zu erobern. Dabei haben sie im Grunde alle beide zumindest im Biologieunterricht nichts zu suchen. Modernere Theorien wie die so genannte »Intelligent Design Theory« versuchen, die methodische Beschränkung der wissenschaftlichen Evolutionstheorie, die als wissenschaftliche Theorie keine Totalerklärung zu sein beansprucht, ernst zu nehmen und aus den Beobachtungen der Welt die Existenz eines Schöpfers plausibel zu machen. Es soll hier nicht über die wissenschaftliche Qualität der bisherigen Ergebnisse dieses Projekts geurteilt werden, aber eines ist klar: Wenn man ernsthaft schon die Möglichkeit eines solchen Projekts bestreitet, kann man das nicht mit wissenschaftlichen Gründen tun und man bestreitet mit einer solchen unwissenschaftlichen Behauptung zugleich die Möglichkeit jeglichen Glaubens an einen Gott, der noch diesen Namen verdient. Insofern ist es wichtig, solche Debatten mit Aufmerksamkeit zu verfolgen, denn über sie werden indirekt längst überholte Denk- und Redeverbote des 19. Jahrhunderts umstandslos ins 21. Jahrhundert transportiert.

Auch in der Hirnforschung feierte jüngst das 19. Jahrhundert ein unverhofftes Comeback. Ich war dabei, als ein viel publizierender, allerdings wenig erleuchteter Hirnforscher vor einer großen Versammlung von überwiegend Psychoanalytikern erklärte, er habe jetzt herausbekommen, dass es die Freiheit des Menschen in Wirklichkeit nicht gebe und dass Sigmund Freud immer schon recht gehabt habe. Ich habe anschließend altgediente

Analytiker geradezu mit Tränen in den Augen erlebt, die nach jahrzehntelangen zermürbenden wissenschaftlichen Publikationen über die Unhaltbarkeit gewisser psychoanalytischer Grundpositionen erstmals auf ihre alten Tage wieder Morgenluft witterten. Der Hirnforscher hatte seinen Vortrag auch noch mit bunten Bildchen garniert, wo man die Freiheit, respektive Unfreiheit des Menschen richtig sehen konnte. Hierzu kann ich nur an die Bemerkung meiner neunjährigen Tochter erinnern: »Man muss nicht alles glauben, was man sieht.«

Dieser ganzen Hirnforschungshysterie unter dem Stichwort »Mein Gehirn entscheidet und nicht ich« liegt ein Ladenhüter aus dem 18. Jahrhundert zugrunde. Der englische atheistische Materialist John Toland hatte schon 1720 geschrieben, die Welt sei eine Mechanik und das Denken eine Bewegung des Gehirns. Er hatte damals nur keine bunten Bildchen aus dem Positronen-Emissions-Tomographen in einer Power-Point-Präsentation zeigen können. Schade. Die geistige Substanz war aber etwa dieselbe. Den Behauptungen des Hirnforschers lag schlicht ein so genannter Kategorienfehler zu Grunde, den man schon im philosophischen Proseminar nicht durchgehen lassen würde. Natürlich ist das Gehirn ein Organ, in dem materielle Prozesse stattfinden. Und das ist Voraussetzung dafür, dass gedacht werden kann. Aber die Korrelation zwischen materiellen Prozessen und geistigen Prozessen als simple Eins-zu-eins-Abbildung zu verstehen, ist auf dem wissenschaftlichen Stand von höchstens 1720, auch wenn die bunten Bildchen aus dem 21. Jahrhundert stammen. Der Tag, an dem die Hirnforschung aufbrach, um die Freiheit zu suchen, ist vergleichbar dem Tag, an dem der proletarische Dummkopf Gagarin erzählte, er sei im Weltraum gewesen und habe Gott nicht gefunden. Da lobe ich mir den provokanten Esprit eines Diogenes, der, wie wir schon sahen, mit der Kerze in der Hand in Athen einen Menschen sucht – und erklärt, er habe keinen finden können.

An der Börse spricht man davon, dass die Volatilität hoch sei, wenn jedes kleine Ereignis hohe Kursschwankungen auslöst.

Ein solcher nervöser Markt herrscht seit der überstürzten Scheidung vom real existierenden Atheismus vor 100 Jahren zurzeit auch auf dem Gebiet »Der Gott der Wissenschaftler«. Wir sahen schon, dass höchst rationale Menschen inzwischen bereit sind, sich für absurde Plastikreligionen zu öffnen und dafür cleveren Geschäftemachern auf dem Markt der religiösen Möglichkeiten auf den Leim zu gehen. Man wählt weltanschauliche Lebensabschnittspartner, die man im Urlaub bei der Lektüre kennengelernt hat – bis zum nächsten Urlaub. Für alle wirklichen Ernstfälle eines Lebens sind diese pseudoreligiösen Papierflugzeuge völlig untauglich. Der hohe Grad der Spezialisierung macht es möglich, dass ein Wissenschaftler völlig unbelegte, aber wissenschaftlich klingende Behauptungen aus einem anderen Wissensgebiet kritiklos übernimmt, die er im eigenen Kompetenzbereich bei ähnlich dünner Datenlage keines Blickes würdigen würde. Auch der Atheismusforscher Georges Minois klagt: »Das parawissenschaftliche Abgleiten innerhalb dieser Bewegung ist ebenfalls stark ausgeprägt und erhebt ein ernstes Problem der Glaubwürdigkeit. Diese verstörende Mischung aus Glaubenssplittern jeglicher Herkunft in einer esoterisch-astrologischen Soße, gewürzt mit prophetischen Faseleien und schlecht verdauten wissenschaftlichen Brocken ist dazu angetan, den cartesischen Geist in Schrecken zu setzen, der schließlich der guten alten Zeit des kalten Krieges zwischen Christen und materialistischen Atheisten nachtrauert.«

Dennoch besitzen Wissenschaftler nach wie vor ein hohes Renommé und man interviewt sie gerne über Gott und die Welt. Dabei haben sie zumeist wirkliche Kompetenz nur in einem kleinen Bereich der Welt und wissen von Gott bisweilen nicht viel mehr als der Bäcker von nebenan. Das Ergebnis solcher öffentlicher Befragungen ist dann oft auch unfreiwillig komisch. Doch da es in einer Mediengesellschaft nicht auf Kompetenz, sondern auf Prominenz ankommt, zerrt man auch bedeutende Wissenschaftler über alles und jedes vor die Mikrophone. Das ist dann etwa vergleichbar mit den Kochshows, in denen man Schauspieler am

Herd sieht, die im Alltag noch nicht einmal ein Spiegelei zustande brächten. Bekannte Tennisspieler, deren Kompetenz eigentlich nur in einer guten Koordination der Muskelbewegungen der Beine und des rechten Arms besteht, was im Wesentlichen im Kleinhirn stattfindet, fragt man dann über den Sinn des Lebens aus, über den man sich jedoch üblicherweise im Großhirn Gedanken macht. Wenn aber die Frage nach dem Sinn des Lebens und nach der Existenz Gottes für jeden Menschen wirklich wichtig ist, ja sogar lebensentscheidend, warum sucht man sich da nicht wirklich kompetente Antworter. Wissenschaftler jedenfalls betreiben nur dann seriöse Wissenschaft, wenn sie nicht behaupten, Wahrheiten erkennen zu können, sondern bloß stets falsifizierbare Wahrscheinlichkeiten. Sie befassen sich gewöhnlich ihr ganzes Leben lang intensiv mit einem sehr kleinen Teilbereich der Welt. Ganz offensichtlich sind sie für die große Frage nach dem Sinn des Ganzen nicht kompetenter als andere Menschen, die geboren werden, eine Zeit lang leben und dann sterben. Diese alles entscheidende existenzielle Frage betrifft nämlich alle Menschen, und um sie wirklich kompetent zu beantworten, ist Lebensweisheit viel wichtiger als alle akademischen Abschlüsse.

Der Gott der Philosophen – Die große Schlacht der reinen Vernunft

Es gibt ein Studienfach, das den anspruchsvollen Namen »Liebe zur Weisheit« tatsächlich führt: die Philosophie. Der Beruf des Philosophen ist es, sich Gedanken zu machen über den Sinn des Ganzen. Warum also fragt man bei diesem wichtigen Thema nicht häufiger Philosophen?

Zum einen gibt es davon nur wenige. Denn nicht jeder, der Philosophie studiert hat, ist ein wirklicher Philosoph, und manchmal sind so genannte Philosophen auch nichts anderes als hochspezialisierte Fachidioten. Außerdem neigen Philosophen mitunter zu einem Ausmaß an Unverständlichkeit, das es neben einer anstrengenden Berufstätigkeit nicht erlaubt, sich mit solchen intellektuellen Höhenflügen ausführlich zu beschäftigen. Dabei hatte der größte Philosoph des Mittelalters, Thomas von Aquin, das Prinzip, sich bei zentralen Fragen nach dem Sinn des Lebens und nach den grundlegenden moralischen Prinzipien stets zu fragen, ob die Vetula, das arme alte Mütterchen, das weder lesen noch schreiben konnte, seine Einsichten teilen könnte. Wenn das der Fall war, dann hielt er diese Erkenntnis für wirklich relevant, wenn nicht, dann verwarf Thomas diese Einsicht. Alles, was ganz ernsthaft den Sinn des menschlichen Lebens, die Existenz Gottes und die moralischen Prinzipien betrifft, geht ausnahmslos jeden Menschen an und muss daher jedem Menschen vermittelbar sein.

Wenn wirklich wichtige existenzielle Einsichten nur einer hochintelligenten Elite vorbehalten wären, dann wäre das Grund genug, an der Existenz eines guten Gottes zu zweifeln. Dennoch ist ein solches Elitegetue das Strickmuster von antiken Mysterienkulten, gnostischen Geheimbünden und esoterischen Sekten. Freilich neigen auch einige Philosophien zum Schwulst. Karl Jaspers zum Beispiel siedelt den Philosophen gravitätisch und abgehoben von allem gewöhnlichen Bedürfnis des einfachen Volkes nach konkreter Religion im existenziell Unwägbaren an. Gott gibt er daher einen neuen Namen: Das Umgreifende nennt er ihn. Ich habe mich schon auf der Schule darüber geärgert, dass dieses neue Wort nur wichtig klingt, ohne nach meinem Eindruck irgendetwas wirklich Neues an Erkenntnis zu ermöglichen.

Karl Jaspers war ein bedeutender Psychiater, und ich habe seine »Allgemeine Psychopathologie«, die er mit sage und schreibe 29 Jahren als Habilitationsschrift verfasste, am Beginn meiner Tätigkeit in der Psychiatrie mit Gewinn gelesen. Philosophisch jedoch ist er – wie ich finde zu Recht – schon heute weitgehend vergessen. Während mein Computer mir die Heideggersche »Geworfenheit« ohne Markierung durchgehen lässt, wird das Jaspersche »Umgreifende« rot unterkringelt. Das Ganze erinnert ein wenig an die köstliche Erzählung von Heinrich Böll: »Doktor Murkes gesammeltes Schweigen«, in der ein wichtigtuerischer, aber einflussreicher Mensch vom Rundfunksender verlangt, aus seinen Vorträgen das oft verwendete Wort »Gott« herauszuschneiden und durch »jenes höhere Wesen, das wir verehren« zu ersetzen.

1. Zoff unter Heiligen – Die Gottesbeweise

Am Beginn der europäischen Philosophie steht, von den schon erwähnten nur in Fragmenten überlieferten älteren Philosophen abgesehen, ein Denker ganz anderen Kalibers: Sokrates. Er tut sich nicht wichtig, er schreibt noch nicht einmal etwas auf, er geht auf den Marktplatz und fragt. Ganz normale Leute. Wenn es um existenzielle, alle Menschen betreffende Fragen geht, fragt man wahrscheinlich am besten erst einmal ganz normale Leute und nicht solche, die, anstatt selber zu denken, nur irgendwelches Wissen produzieren, das ihr jüngeres Gehirn mal aufgenommen hat und ihr alterndes Gehirn irgendwann wieder vergessen wird. »Philosophie hat nicht die Aufgabe zu erfahren, was andere Leute früher einmal gedacht haben, sondern zu erfahren, wie die Wahrheit der Dinge sich verhält«, wird der größte Philosoph des Mittelalters, Thomas von Aquin, später sagen. Die Fragen des Sokrates hatten es – im wahrsten Sinne des Wortes – in sich. Er brachte die Menschen durch die Fragen und durch die Art und Weise, wie er fragte, dazu, über das Wesentliche des menschlichen Lebens nachzudenken. Und damit ließ er sie zu Antworten gelangen, die nicht nur allgemeingültig waren, sondern auch für diese Menschen selbst existenziell bedeutend. Doch die Kunst des Sokrates waren nicht die Antworten, seine Kunst waren die Fragen, die einen Weg öffneten, aber ihn noch nicht bis zum Schluss voraussahen. Dieser sokratische Dialog entsprach dem, was ich mir als junger Mensch immer als das ideale Gespräch vorgestellt hatte. Der Fragende war nicht der ewige Besserwisser, sondern stellte wirkliche Fragen, die im besten Fall auch eine für ihn überraschende Antwort zeitigen konnten. Aber er stellte auch nicht beliebige Fragen, sondern solche, in denen die eigene bisherige Erfahrung mitklang. Und mit dieser Erfahrung musste sich der Antwortende dann ernsthaft auseinandersetzen.

Was die Frage nach Gott anging, so traf Sokrates auf eine Situation, die der heutigen nicht ganz unähnlich war. Gewitzte quotenstarke Intellektuelle, die so genannten Sophisten, hatten soeben mit viel rhetorischem Geschick alles, aber auch wirklich alles in Frage gestellt. Sie bezweifelten die Möglichkeit der Erkenntnis von so etwas wie Wahrheit, sie priesen den Eigennutz und bestritten jegliche Moral. Sie sei nur ein Hobby für Blöde. Alle Ideen Nietzsches klingen hier bereits an, und schon damals folgerte man daraus den absoluten Nihilismus. Gott, das war für die Sophisten eine Erfindung der Menschen, vor allem der Herrschenden, und schon heißt es, die Moral und die Gesetze seien bloß der Schutzwall der Schwachen gegen die überlegene Kraft der starken Persönlichkeiten. Der Übermensch lässt grüßen.

Und da kommt ein Mann, der sich noch nicht einmal Schuhe leisten kann, barfüßig daher. Er redet öffentlich mit dem Erstbesten, so lange, bis der sich in seinem eigenen sophistischen Intellektuellengeschwätz heillos selbst widersprochen hat und erkennen muss, dass seine schicke Skepsis ihn selbst ganz persönlich existenziell nicht tragen kann. Erkenne dich erst einmal selbst, das war die Aufforderung des Sokrates an die Menschen, und das war dann die Basis für die Schaffung einer neuen Gewissheit. Der Gewissheit, die jedem Menschen, der nachdenkt, aufleuchten kann: Es ist besser, Unrecht zu leiden, als Unrecht zu tun. Die freundlichen Augen und die bohrenden Fragen des Sokrates zwangen sein Gegenüber zur Einsicht, dass jeder Mensch und dass auch er, der Angesprochene, das Gute tun sollte. Das Gute aber sei Voraussetzung für das Schöne und das Wahre – so sollte es sein Meisterschüler Platon später formulieren, der am ausführlichsten die Auffassungen des Sokrates überliefert hat. Und über das dem Menschen, jedem Menschen, innewohnende Streben, gut sein zu wollen, kam Sokrates zur Ahnung eines Gottes. Gewiss, dieser Gott blieb etwas blass, aber er schien Sokrates unabdingbar. Auch über das Schöne war für einen Griechen wie Sokrates, der täglich den Parthenon vor Augen hatte, eine Ahnung Gottes erlebbar. Die Wahrheit schließlich, um die Sokrates täglich rang und um deren Erkenntnis all sein Reden mit Menschen sich drehte, ließ diesen Gott, den Sokrates ahnte, aus dem Himmel der ewigen Ideen in die Welt hineinstrahlen. So sollte sein größter Schüler Platon es jedenfalls darstellen, der in den Ideen das Eigentliche sah, von dem die Welt nur ein Abglanz sei. In Raffaels Schule von Athen nimmt Platon, der mit der Hand nach oben auf diese seine Ideen weist, die zentrale Position ein.

Doch mit gleichem Rang schreitet neben Platon ein anderer antiker Philosoph einher. Es ist Aristoteles, den Thomas von Aquin einst »den Philosophen« schlechthin nennen wird. Dieser Lehrer Alexander des Großen, der bei Raffael keinen Blick für den Himmel hat, zeigt in eine ganz andere Richtung. Er weist machtvoll auf die Erde, die Realität, über die mit aller Intensität nachzusinnen die vornehmste Aufgabe des Philosophen sei. Beide Richtungen werden die Philosophie in ihrer gesamten Geschichte begleiten. Der Glaube an Gott wird nicht nur bei Platon gute Gründe finden. Gerade Aristoteles wird es sein, der Thomas von Aquin Argumente für seine berühmten Gottesbeweise liefern wird.

Wer ist nicht überrascht, dass christliche Theologen so problemlos Argumente für die Existenz Gottes von Denkern übernahmen, die mit dem Christentum nun wirklich überhaupt nichts zu tun haben konnten, da sie mehrere Jahrhunderte vor Christus lebten? Mehr noch, Sokrates, der Held Platons, war zu seiner Zeit des Atheismus beschuldigt und zum Trinken des tödlichen Schierlingsbechers verurteilt worden. Aristoteles, der dem heiligen Thomas immerhin die Gottesbeweise lieferte, wird sogar heutzutage noch von Georges Minois umstandslos für den Atheismus vereinnahmt. Hinzu kam, dass die Anhänger des Platon in den ersten nachchristlichen Jahrhunderten, die so genannten Neuplatoniker, mit intellektuellem Hochmut, geradezu mit Ekel auf das Christentum herabschauten, denn die Christen glaubten an die »Fleischwerdung Gottes« – eine abscheuliche Vorstellung für Philosophen, die den Körper als »Gefängnis der Seele« bezeichneten und alles Materielle, das den Göttern des Olymp so lieb war, strikt von ihrem Gottesbild fernhielten.

Die ersten christlichen Denker, die so genannten Kirchenväter, lehnten entschieden jeden Bezug auf den antiken Götterhimmel ab und bemühten sich, den Glauben an Jesus Christus als Antwort auf die offenen Fragen der antiken Philosophie verständlich zu machen. Das war ein schweres Stück geistiger Arbeit, denn es reichte natürlich nicht, bloß mit Goethes Gretchen nach Fausts Sophistereien auf die »Gretchenfrage« zum naiven Schluss zu kommen: »Ungefähr sagt das der Pfarrer auch, nur mit ein bisschen andern Worten.« Da war der unveränderliche Gott der griechischen Philosophie und der machtvoll geschichtlich handelnde der Bibel, da war der göttliche Demiurg des Platon, der aus der Ursuppe die Welt gestaltete, und der Gott der Bibel, der aus Liebe die Welt aus dem Nichts allmächtig schuf, da war eine »letzte Ursache« der griechischen Philosophie, die als solche doch auch immer noch Teil dieser Welt war, und der jenseitige Gott der Bibel, der die Welt und den Menschen in seinen Händen hielt. Doch das Verständlichmachen des biblischen Gottes in den Worten der griechischen Philosophie und vor allem die Anwendung der griechisch-philosophischen Begrifflichkeit auf den christlichen Glauben an die Menschwerdung Gottes gelang so eindrucksvoll, dass auch skeptische hochgebildete Heiden wie der geniale Aurelius Augustinus, blitzgescheite Gelehrte wie Hieronymus von Rom und geistvolle Staatsmänner wie Ambrosius von Mailand im Christentum ihre Erfüllung fanden. So konnte das Christentum die griechisch-römische Philosophie beerben und den gesamten philosophischen Instrumentenschrank der größten antiken Denker übernehmen.

Die gewaltige intellektuelle Leistung der ersten Jahrhunderte bescherte uns zwar in der christlichen Theologie manche heute schwer verständliche Begrifflichkeit. Aber nur so konnte das Christentum wirkliche vernünftige Antworten auf die wirklichen vernünftigen Fragen von Menschen der damaligen Zeit geben. Sonst wäre es nur eine unter vielen Religionen geblieben, die, wie heute auch manche Sekten, irgendetwas Unverständliches behaupten und dann bloß feststellen: Man muss das halt glauben …

Von der Vernunftversessenheit des christlichen Mittelalters haben wir schon gehört. Man dachte tiefsinnig nach, man dachte bis in letzte Konsequenzen weiter, man stritt sich heftig: Heilige auf der einen Seite, Heilige auf der anderen Seite. Die Denkkathedralen strebten nicht weniger kühn zum Himmel als die gotischen Steinkathedralen der Île de France. Der Glaube an Gott war zwar auch damals immer eine Entscheidung und man konnte, wie wir gesehen haben, auch anderer Wege gehen. Dennoch ging es den mittelalterlichen Philosophen nicht zuerst um den Beweis der Existenz Gottes angesichts eines interessierten Atheisten. Die Gottesbeweise des Thomas von Aquin versuchen vielmehr den Gott, den man im Glauben bereits bekannte, zusätzlich auch noch mit den Mitteln der Vernunft verständlich zu machen. Das war dennoch kein überflüssiges Geschäft, denn es sicherte die alte christliche Hochachtung vor der Vernunft, die zu allen Zeiten und so auch im Mittelalter immer wieder von schwärmerischen irrationalen Bewegungen gefährdet wurde.

Das sind des Thomas von Aquin Quinque viae, die fünf Wege der Gotteserkenntnis:

1. Da jede Bewegung als Ursache eine Bewegung hat, kann man die Ursachen immer weiter in die Vergangenheit verfolgen. Irgendwann muss es dann aber eine Ursache geben, die zwar bewegt, aber selbst nicht bewegt wird. Diese Ursache nennen alle Gott. Versuchte man sich aber vorzustellen, dass es unendlich viele Ursachen gäbe ohne einen ersten unbewegten Beweger, kann man sich eine solche theoretische Möglichkeit als Wirklichkeit gar nicht denken.
2. Es gibt in der Wirklichkeit wirkende Ursachen, die Wirkungen (nicht bloß Bewegungen) hervorrufen. Auch hier kann man die wirkenden Ursachen immer weiter in die Vergangenheit verfolgen. Irgendwann muss es dann eine wirkende Ursache geben, die wirkt, aber selber nicht bewirkt wird. Diese Ursache nennen alle Gott. Auch hier würde die Alternative eine unendliche Fortsetzung der Ursachenreihe in die Vergangenheit sein, die aber nicht als Wirklichkeit vorstellbar ist.
3. Es gibt Dinge, die haben die Möglichkeit, zu sein oder nicht zu sein, Dinge also, die werden und vergehen. Wenn aber alle Dinge die Eigenschaft haben, auch irgendwann einmal nicht zu sein, dann waren sie irgendwann auch einmal nicht, dann war also irgendwann einmal nichts. Aus nichts kann aber nichts werden. Nur durch etwas, das ist, kann etwas aus der Möglichkeit zur Wirklichkeit werden. Es muss also etwas geben, das nicht bloß möglich ist, sondern notwendig. Gewiss kann das Notwendige etwas anderes Notwendiges als Ursache haben. Aber es ist nicht denkbar, dass das bis ins Unend-

liche so geht. Daher muss man etwas annehmen, das von sich aus notwendig ist. Und das nennen alle Gott.

4. Es gibt in den verschiedenen Dingen Abstufungen. Es gibt etwas mehr oder minder Gutes, mehr oder minder Wahres, mehr oder minder Edles. »Mehr oder minder« kann man aber nur sagen, wenn man zugleich etwas denkt, was dies alles auf höchste Weise ist. Es gibt also etwas, das höchst wahr, höchst gut, höchst edel und folglich höchst seiend ist. Ohne dieses Höchste gäbe es also gar keine Abstufungen. Also gibt es etwas, das für alles die Ursache des Seins, der Güte und aller Vollkommenheit ist. Und das nennen wir Gott.
5. Wir sehen, dass auch Dinge, die selbst nichts erkennen können, zum Beispiel irgendwelche natürlichen Körper, dennoch auf ein Ziel hin wirksam sind. Sie können selbst kein Ziel wählen, da sie gar nichts erkennen können, aber sind doch auf ein Ziel hin gerichtet. Ein Ding aber, das selbst nichts erkennen kann, richtet sich nicht auf ein Ziel, wenn es nicht von irgendeinem erkennenden und einsehenden Wesen geleitet wird. Und das nennen wir Gott.

Der moderne französische Philosoph Jacques Maritain ist der Auffassung, diese Gottesbeweise hielten bis heute jeglicher Kritik stand. Thomas ging immer von den beobachtbaren Phänomenen aus und war darin ein treuer Schüler des alten Heiden Aristoteles. Den berühmten später so genannten »ontologischen« Gottesbeweis des heiligen Anselm von Canterbury, der aus dem Denken selbst heraus Gott beweisen wollte, hielt der heilige Thomas von Aquin dagegen für nicht überzeugend. Intellektueller Zoff unter Heiligen! Andere jedoch hat der Beweis des heiligen Anselm überzeugt – Heilige wie den heiligen Bonaventura und Nichtheilige wie Descartes und Hegel. Anselm sagt, dass auch jedem Blöden klar sei, dass er zumindest denken könne, dass Gott dasjenige sei, »über das hinaus nichts Größeres gedacht werden kann«. Wenn Gott, über dem nichts Größeres gedacht werden kann, aber nur ein Gedanke sei, dann gäbe es ja doch etwas

Größeres, nämlich Gott als Gedanke *und* Wirklichkeit. Daher existiere ohne Zweifel etwas, »über das hinaus nichts Größeres gedacht werden kann« nicht nur als Gedanke, sondern zugleich als Wirklichkeit. Anselm glaubt, dass Gott auf diese Weise sein Bild auch im Denken des Menschen zeigt.

Auch Augustinus wählte einen Beweis, der ohne äußere Anschauung auskommt. Er hielt die zeitlos gültigen Regeln der Vernunft, die zur Erkenntnis der Wahrheit unbedingt einzuhalten sind, für einen Hinweis, dass über den einzelnen wandelbaren und fehlbaren Menschen hinaus eine ewige Instanz angenommen werden müsse. Und das könne niemand anders als Gott sein. Noch Friedrich Nietzsche zollt diesem Gedanken seinen Respekt, wenn er schreibt, »dass auch wir Erkennenden von heute, wir Gottlosen und Antimetaphysiker, unser Feuer noch von dem Brande nehmen, den ein jahrtausendealter Glaube entzündet hat, jener Christenglaube, der auch der Glaube Platons war, dass Gott die Wahrheit ist, dass die Wahrheit göttlich ist«. In unseren Tagen hat der Philosoph Robert Spaemann daraus den Schluss gezogen: »Nur wenn Gott ist, gibt es etwas anderes als subjektive Weltbilder, so etwas wie ›Dinge an sich‹ … Es sind die Dinge, wie Gott sie sieht. Wenn es den Blick Gottes nicht gibt, gibt es keine Wahrheit jenseits unserer subjektiven Perspektiven … Die Spur Gottes in der Welt sind wir selbst. Der Begriff Gottebenbildlichkeit des Menschen, der oft nur als eine erbauliche Metapher benutzt wird, gewinnt heute eine ungeahnt genaue Bedeutung. Gottebenbildlichkeit heißt: Wahrheitsfähigkeit.« Und auf die Frage »Was glaubt der, der an Gott glaubt?« antwortet der Philosoph: »Er glaubt an eine fundamentale Rationalität der Wirklichkeit. Er glaubt, dass das Gute fundamentaler ist als das Böse. Er glaubt, dass das Niedere vom Höheren aus verstanden werden muss, und nicht umgekehrt. Er glaubt, dass Unsinn Sinn voraussetzt und dass Sinn nicht eine Variante der Sinnlosigkeit ist.«

Freilich, all das Philosophieren über den vollkommenen Gott blieb immer bloß unvollkommene menschliche Bemühung, darüber waren sich die christlichen Denker einig. Und sie wussten, dass alle menschlichen Worte und Begriffe, mit denen die Menschen gewöhnlich die Welt wie in einem Spiegel darstellen, zerbrechen, wenn sie auf Gott angewendet werden. Doch noch im gebrochenen Glanz dieser Scherben erscheint eine Ahnung von Gott. Für denjenigen, der die soeben dargestellten Gottesbeweise des heiligen Thomas nicht begreifen oder zwar begreifen, aber nicht teilen kann, mag tröstlich sein, was dieser größte Denker des Mittelalters mit Berufung auf den heiligen Augustinus an gleicher Stelle sagt: »Gott zu begreifen ist unmöglich für jeden geschaffenen Geist, Gott zu berühren aber mit dem Geiste, wie immer dies auch sein mag, ist größte Seligkeit.« Was damit gemeint ist, werden wir später bei der christlichen Mystik erleben.

Doch es gab nicht nur christliche »Gottesbeweise«. Schon die antike Philosophie hatte aus der wunderbaren Ordnung der Welt auf einen Schöpfer dieser Ordnung geschlossen: Wie ein Schiff nur deswegen zielgerichtet in einen Hafen einläuft, weil es von einem Kapitän gesteuert wird, so sei der regelmäßige Ablauf des Naturgeschehens nur durch einen lenkenden übermenschlichen Geist verständlich. Bis in die Zeiten der Aufklärung hinein, ja noch bis in unsere Zeit, ist dieser Beweis immer wieder aufgegriffen worden. Diesen Gedanken hat Augustinus am berührendsten weitergeführt, als er die Schöpfung darum bittet, ihm etwas von Gott zu erzählen: »Meine Frage war mein Gedanke, ihre Antwort war ihre Schönheit.«

2. Kurzer Prozess gegen ein Häufchen Elend

Das Mittelalter ging vorbei, die Neuzeit begann – zunächst keine Epoche bedeutender Philosophen. Die Aufmerksamkeit richtete sich auf andere Bereiche, auf die Kunst, die Wissenschaft, die Ökonomie und vielleicht noch auf die theologische Kontroverse zwischen den christlichen Konfessionen. Interessant wird die Philosophie wieder, als sie im 17. Jahrhundert mit René Descartes einen eigenständigen Weg der Wissenschaft beflügelt. Descartes vollzieht noch eine Gratwanderung. Er bekennt sich uneingeschränkt zum christlichen Glauben. Aber er löst die Vernunft methodisch los von allen religiösen Bezügen, und daraus werden später andere Denker andere Konsequenzen ziehen. Descartes selbst war noch fasziniert vom ontologischen Gottesbeweis des heiligen Anselm. Doch die Philosophen der Aufklärung meinten, »der Ausgang des Menschen aus seiner selbst verschuldeten Unmündigkeit« (Kant) verlange zuerst und vor allem die Loslösung vom christlichen Gott. Da man dennoch das Leben liebte und daher die düsteren Folgen des konsequenten Atheismus fürchtete, schuf man sich seinen eigenen Gott. Es war irgendwie Dr. Murkes Gott, »jenes höhere Wesen, das wir verehren«, künstlich ausgedacht in der Gelehrtenstube. Gerade so viel Gott, dass es einen nicht vor dem Nichts grauste. Doch so wenig Gott, dass er die Welt und die Menschen auch nicht störte, weil er sich freundlicherweise entschlossen hatte, sie komplett in Ruhe zu lassen.

Dann aber kam das schreckliche Erdbeben von Lissabon im Jahre 1755, und der drollige kleine Gott der Aufklärer purzelte vom Schreibtisch. Denn man warf Gott nun vor, das und auch so viel anderes Schlimmes zugelassen zu haben. Wie man ein paar Jahre später in der Französischen Revolution den tatsächlich tumben König Ludwig XVI. zum »Bürger Capet« degradieren sollte, so hatte man schon lange Gott auf Augenhöhe der gelehrten aufgeklärten Philosophen herabgestuft. Und diesem Häufchen Elend warf man jetzt nicht nur alles Elend Frankreichs, wie dem beschränkten Bürger Capet, sondern das Elend der ganzen Welt vor, das Erdbeben von Lissabon inbegriffen. Man nannte das die Theodizeefrage, die Rechtfertigung Gottes angesichts des Bösen und des Leids in der Welt. Der kleine selbstgemachte Gott der Aufklärer brach unter dieser Anklage hilflos zusammen. Der hatte nämlich die Welt wie ein Uhrwerk gebaut, so dass nun alles wie am Schnürchen weiterlaufen musste, automatisch und nach Maßgabe der ohne jede Ausnahme deterministisch geltenden Naturgesetze. Bei einer solchen Sicht von Gott und der Welt konnte man dem lieben Gott nur eine gute Haftpflichtversicherung wünschen, denn natürlich war er jetzt ausnahmslos für alles, das Erdbeben von Lissabon, den Mörder Heinrichs IV., die Hungersnot, die Laster der Adligen, die Arroganz der Herrschenden selbst höchstpersönlich verantwortlich. Mit anderen Worten, wenn irgendetwas schieflief, dann war er dran. Unvermeidlich.

Denkt man sich im Übrigen die Welt des Uhrmachergottes zu Ende, dann wäre das eigentlich an Lächerlichkeit oder Zynismus kaum zu überbieten gewesen. Gott schafft großzügig eine Welt und den Menschen, ist aber zugleich von einer so unbeschreiblich ängstlichen und spießigen Kleinkariertheit, dass er alles bis ins letzte Detail selber bestimmen, voraussehen und damit auch verantworten will. Was soll das? Da könnte man doch als selbstbewusster Mensch Gott gegenüber nur so reagieren wie der letzte König von Sachsen, der angesichts des mäßig revolutionären Volkes vor seinem Schloss ausrief: »Dann macht doch euren Dreck aleene!« Lieber Gott, wenn du Spaß an so was hast, dann bitte ohne mich! Ein solches kosmisches göttliches Marionettentheater wäre angesichts der Not und des Leids von Menschen in der Tat nur makaber. Gott wäre Leiter eines gigantischen Konzentrationslagers mit Todesstrafe für alle und ab und zu Musik zum Vergnügen der Wärter – Engel lieben Musik!

Doch wenn die wackeren Aufklärer nicht so sehr verblendet gewesen wären von ihrem Ressentiment gegen ihren selbstgemachten Gott, dann hätten sie merken können, dass sie die Antwort auf ihre Frage nach der Rechtfertigung Gottes für das Böse und das Leid in der Welt selbst stolz in Händen hielten. Es war die Freiheit und die Autonomie des Menschen, dessen Würde ihn über die tierische Existenz erhob.

Diese Erfahrung, die gerade in der Aufklärung zu neuer ausformulierter Klarheit reifte, setzte einen Gott voraus, der die Freiheit des Menschen wirklich respektierte und damit selbstverständlich das Böse zuließ. Menschliche Freiheit ohne eine realistische Möglichkeit des Bösen gibt es nicht wirklich. Dieses Böse musste dann aber dem frei handelnden Menschen selbst und nicht seinem Schöpfer zugerechnet werden. Man hat gegen den freien Menschen den allmächtigen Gott auszuspielen versucht. Wie also steht es mit der göttlichen Allmacht angesichts der Freiheit des Menschen? Doch heißt göttliche Allmacht keineswegs, dass Gott aus zwei plus zwei fünf machen wird – und eben auch nicht, dass er machtvoll die menschliche Freiheit schafft und sie im gleichen Moment ebenso machtvoll wieder unterbindet. Daher kam Leibniz zu seiner Idee, diese Welt mit all dem Bösen sei dennoch die beste aller denkbaren Welten, obwohl auch das wieder letztlich auf einen Gott hinauslief, dessen Kompetenzbereich von menschlicher Vernunft ausgedacht wurde.

Als ich das einzige Mal in meinem bisherigen Leben in den Vereinigten Staaten war, fuhr mich in Washington ein älterer schwarzer Taxifahrer zum Flughafen. Es war gerade Wahlkampf und im Autoradio kam eine gescheite Sendung über die Kandidaten. Ich machte, nur um höflicherweise etwas zu sagen, eine allgemeine Bemerkung zur Politik, und da passierte es: Der Taxifahrer begann zu reden – und hörte nicht mehr auf! Anfangs versuchte ich noch zu folgen, aber er sprach in einem Slang, den ich fast nicht verstand. Und jetzt ging das schon über eine Viertelstunde! Mir wurde etwas mulmig, denn ich war mir nicht sicher, ob der Mann nicht vielleicht ein bisschen verrückt war. Endlich kam der Flughafen in Sicht. Gerade kritisierte er den Irakkrieg und ich sollte in Europa mal erzählen, dass nicht alle Amerikaner für Bush seien ... Er begann sehr erregt zu werden, und plötzlich konnte ich sehr gut verstehen, was er mit ganz verzweifeltem Ton ausrief: »Wie sollen wir Gott am Jüngsten Tag bloß all diese Kriege erklären!« Wir waren angekommen. Und ich bedankte mich bei ihm. Nicht nur für die Taxifahrt. Noch nie hatte ich eine solche existenzielle Antwort auf die Theodizeefrage erlebt, und ich schämte mich sehr für meine dummen Gedanken ...

Nun ist zwar das Böse in der Welt auf diese Weise menschlicher Vernunft verständlich zu machen. Doch das Erdbeben von Lissabon stellte eine andere Frage, die Frage nach dem Sinn von Leid, vor allem dem Leid der Unschuldigen. Gewiss können Menschen diese Frage niemals vollständig beantworten, und ich kenne viele fromme Leute, die dem lieben Gott nach ihrem Tod als Erstes diese Frage vorlegen möchten. Doch eines ist sicher: Wenn mit dem Tod alles aus wäre, dann jedenfalls wäre jedes menschliche Leid absolut sinnlos. Nur wenn die Existenz des Menschen über den Tod hinausreicht, dann mag in jenem Jenseits die tiefe existenzielle Bewährung eines Menschen im stets zeitlich begrenzten irdischen Leid ewigen Sinn für ewiges Glück gewinnen. Ob das so ist und wie das dann ist, das bleiben Fragen, die philosophisch nicht zu einer befriedigenden Antwort vorangetrieben werden können. Doch zu behaupten, dass es darauf niemals eine befriedigende Antwort geben kann, nur weil man sie selbst jetzt nicht geben kann, mag eine stolze spektakuläre Geste sein – eine wissenschaftliche Aussage, eine philosophische Aussage ist das nicht.

Um stolze Gesten allerdings waren die zumeist mit romanischem Temperament gesegneten Philosophen der Aufklärung nie verlegen. Und so gab es keine Gnade und noch nicht einmal Recht für den Gott der Philosophen der Aufklärung. »Die Welt wird niemals glücklich sein, sofern sie nicht atheistisch ist«, dekretierte de Lamettrie in seinem Buch »Der Mensch als Maschine«. Wie man später im Trubel des Convents die Todesstrafe für den »Bürger Capet« fordern sollte, so forderten jetzt die Aufklärer ungestüm die Todesstrafe für Gott.

Doch wirklich glücklich wurde de Lamettrie mit seinem Atheismus nicht. Der Tod, schrieb er, sei ein Abgrund, ein ewiges Nichts, »... die Farce ist aus«. Auf dem Sterbebett dann aber bekehrte er sich zum katholischen Glauben, wie damals übrigens viele andere, die im vollen Leben den Atheisten gegeben hatten. Seine Aufklärerfreunde spien Pech und Schwefel ob dieses Überlaufens zum »Feind«. Doch gab es Aufklärer, die sich nicht nur einen selbstgemachten Gott, sondern auch eine selbstgemachte Unsterblichkeit ausgedacht hatten. Zwar seien natürlich nicht alle Menschen unsterblich, tönte es aus den feinen atheistischen Salons. Doch ein paar seien doch unsterblich, nämlich vor allem sie selbst, die Geistreichen, die unbestechlich Vernünftigen, die Philosophen eben, deren geistiges Heldentum noch künftigen Generationen vor Augen stehen werde. »Kehrt zurück, gewöhnliche Geister, in die ewige Nacht«, ruft Voltaire allen Durchschnittsmenschen zu.

Ob solcher Unverfrorenheit packt auch den Atheismusforscher Georges Minois der Ekel: »Pathetisch und widerwärtig monopolisierten die Philosophen die Rettungsboote beim großen Schiffbruch der Unsterblichkeit.« Doch wer wird wohl wirklich froh, wenn er sich mal ausmalt, was für eine Unsterblichkeit das ist: Künftige Gymnasiasten bekommen eine schlechte Note, weil sie den Namen des Berühmten nicht kennen. Oder seine Sandalen stehen in der Vitrine eines kleinen Museums – »Schlüssel bitte in der Bäckerei abholen«, heißt es draußen auf der Tür. Auf diese Weise entlarvt sich das Philosophentum des 18. Jahrhunderts in letzter Konsequenz als eine elitäre gnostische Sekte.

Die alte Frage also blieb und wurde durch die hektischen, zum Teil kabarettreifen Lösungsversuche der Aufklärer – »Ein Familienvater ist ewig« (S. Maréchal) – nur noch dringlicher: Was ist nach dem Tod? Wenn da wirklich gar nichts ist, sind zugleich alle anderen Überlegungen über Gott und die Moral wenig relevant. Gegen den Eindruck, dass da gar nichts ist, sträubt sich der Mensch mit aller Macht. Selbst die atheistischen Vorkämpfer der Aufklärung wurden an dieser Stelle windelweich. Alle Zeugnisse von Menschen seit Anbeginn der Menschheit zeigen den intensiven Glauben an ein Leben nach dem Tod. Die liebevolle und sorgfältige Ausgestaltung von Begräbnisorten schon Zehntausende Jahre vor Christi Geburt macht nur Sinn bei einem Glauben an die Unsterblichkeit des Menschen, jedenfalls seiner Seele, wie man später sagen wird. Allen Religionen der Welt ist dieser Glaube an die Weiterexistenz eigen. Ja, sogar die Atheisten sind bereit, die Vernunft und alles andere über Bord zu werfen, um doch so etwas wie Unsterblichkeit zu retten.

Dagegen steht ebenso seit Anbeginn der Menschheit die Evidenz von Biologie und Chemie: die verwesende Leiche.

Angesichts der verwesenden Leiche muss jeder für sich eine Entscheidung treffen: Hält er diese Evidenz von Biologie und Chemie für die einzig wahre Erkenntnismöglichkeit? Oder hält er die Evidenz von Milliarden Menschen aus allen Völkern und Epochen für wahr, dass der Mensch von einer Eigenart ist, dass er nicht ins Nichts versinkt? Natürlich kann man hier wieder mit Feuerbach und, wenn man will, mit Freud alle möglichen psychologischen Gründe dafür anführen, warum man an die Unsterblichkeit der Seele glaubt, obwohl es sie in Wirklichkeit nicht gibt. Genauso gut kann man aber auch gute psychologische Gründe dafür anführen, warum man nicht an die Unsterblichkeit der Seele glaubt, obwohl es sie in Wirklichkeit gibt. Die Psychologie, wir sahen es schon, hilft bei der Erkenntnis existenzieller Wahrheit nicht weiter.

Doch kann vielleicht das systemische Denken helfen, das Erkenntnis immer unter verschiedenen Perspektiven sieht. Unter chemischer Perspektive ist der Mensch, da er im Wesentlichen aus Wasser besteht, nur wenige Cent wert. Dennoch ist diese Perspektive nicht falsch. Aber es gibt auch andere legitime Perspektiven, unter denen man den Menschen sehen kann. So zum Beispiel unter dem Aspekt seiner Würde. Diese Würde gebietet zu allen Zeiten und bei allen Völkern Pietät gegenüber der Leiche auch über den Tod hinaus. Und auch die Würde kann man erkennen, allerdings überhaupt nicht mit den Instrumenten von Chemie und Biologie. Dennoch bestreitet niemand diese Erkenntnis. Und die tiefe Gewissheit, die wir alle von der Wahrheit dieser Erkenntnis haben, die immerhin Grundlage unserer Gesellschafts- und Staatsordnung ist, ist erheblich höher als die Gewissheit, die wir beim heutigen Stand der Wissenschaftstheorie durch Chemie und Biologie jemals erreichen könnten. Bei wirklich Existenziellem geht es nämlich niemals bloß um Wissen, sondern immer um mehr, um Gewissheit.

Daher muss sich jeder die Frage stellen: Ist die einzige ernstzunehmende Wahrheit über die Welt die Wahrheit, die durch die Erkenntnisse von Chemie und Biologie zu begreifen ist? Sind also die Erkenntnisse von Kunsthistorikern wertlos? Die Erkenntnisse von Musikkritikern? Wäre es besser, die gesamte Literatur, weil mit ihrer Hilfe angeblich keine Erkenntnis der Welt und des Menschen möglich ist, für völlig irrelevant zu erklären und damit vielen Wäldern das Abholzen zu ersparen? – Oder glauben wir nicht doch, nicht nur durch Biologie und Chemie, sondern auch durch die Kunst Wesentliches zu erkennen, durch die Musik, durch die Literatur und schließlich durch ein nachdenkliches Gespräch? Mit anderen Worten: Gelingt es Ihnen wirklich, lieber Leser, an der Leiche eines geliebten Menschen ganz konsequent – nicht an die Unsterblichkeit zu glauben? Den Aufklärern jedenfalls gelang das bei allem ernsthaften Bemühen zuletzt doch nicht.

Ein anderes Problem rüttelte fast noch ungestümer an den Grundfesten aufklärerischer Philosophie. Der englische Philosoph David Hume bestritt ganz grundsätzlich die Möglichkeit jeglicher wirklicher Erkenntnis von irgendwelchen Dingen. Der Skeptizismus Humes griff im Grunde ganz ohne Absicht das Herzstück der Aufklärung an, nämlich die Aufklärung selbst. Mit mehr Wissen hatte man die Menschen aus den Dunkelheiten früherer Zeiten befreien wollen. Die große »Enzyklopädie« war nicht bloß ein gigantisches Buchprojekt, es war eine geistige Bewegung. Alle Aufklärer von Rang nahmen daran teil. Und diese gewaltige stolze Aufhäufung des gesamten Wissens der Menschheit sollte im Kern Makulatur sein? Mehr Einbildung als Bildung? Mehr Schein als Sein, kein fester Boden, auf dem jeder hohe Turm – und sei er nach babylonischer Art entworfen – guten Halt finden konnte? War das alles nur ein gewaltiger Steinhaufen auf einem treibenden Floß? Hume hinterließ Ratlosigkeit.

Schließlich gab es noch eine ganz praktische Schwierigkeit. Wenn Voltaire, der Star der Aufklärung, einige seiner Aufklärerfreunde zum Abendessen in sein Schloss Ferney einlud und man über die Existenz und vor allem die Nichtexistenz Gottes geistreich zu parlieren beabsichtigte, dann traf der alte Voltaire stets Vorkehrungen: Er schickte alle seine Bediensteten fort. Denn, so fürchtete er, wenn sie beim Lauschen dem Atheismus verfielen, würden sie ihn nachts im Schlaf womöglich ausrauben oder sogar töten. Vor der Polizei des Königs hatte Voltaire keine Angst. »Einen Voltaire verhaftet man nicht«, wird viel später der französische Präsident sagen, als man ihm vorschlägt, Jean-Paul Sartre in Gewahrsam zu nehmen. Doch wirkliche Angst hatte Voltaire vor einem Umsichgreifen des Atheismus in der Gesellschaft, eines Atheismus, mit dem er immerhin selber in abendlichen Salongesprächen gebildet flirtete. Der weltbekannte Aufklärer auf Schloss Ferney hatte die arrogante und wenig demokratische Auffassung, die Religion sei gut fürs Volk, für ihn selbst aber gälten andere Kategorien. Fürs Volk wäre schlimmstenfalls also sogar die Kirche nützlich.

Er war da ganz anderer Auffassung als der atheistische Aufklärer Sylvain Maréchal, der sich selbst und andere großsprecherisch über die öffentliche Moral in einem atheistischen Staat mit den Worten zu beruhigen versuchte: »Ein gutes Strafgericht würde ausreichen ... niemals wird die Gegenpolizei der Priester besser sein als die aktive Beaufsichtigung durch die Spitzel.« Unabsichtlich hellsichtig hatte Maréchal vorausgesehen, dass später alle offiziell atheistischen Staaten für ihre grauenhaften Geheimdienste vom NKWD in der Sowjetunion über die Gestapo bis zur Stasi bekannt und berüchtigt sein sollten. Mit dem von aller Welt begrüßten Untergang des Staatsatheismus in unserer Zeit stürzte erfreulicherweise auch das alte Maréchalsche Projekt in den Orkus. So also war die öffentliche Moral nicht zu befestigen. Was also kann man dem ängstlichen alten Voltaire zur Beruhigung sagen? Nicht viel.

Und so ist bis heute nicht sicher, was François Marie Arouet, genannt Voltaire, wirklich geglaubt hat. Was hat er aus Ressentiment, was hat er aus Angst, was hat er aus Überzeugung gesagt? Oder hat er irgendwann etwas aus Angst gesagt, wovon er dann später auch ernsthaft überzeugt war, was er aber aus Ressentiment verschwieg? Bedauerlicherweise sind charaktervolle Menschen nicht immer geistreich – und geistreiche Menschen nicht immer charaktervoll.

Am Ende einer langen Entwicklung war die so optimistisch und schwungvoll aufgebrochene Aufklärung in eine scheinbar ausweglose Sackgasse geraten. Alle Fluchtversuche endeten komisch oder tragisch. Viele resignierten deprimiert. Und anstatt durch Aufklärung Probleme zu lösen, hatte man es nun am Ende zu noch viel größeren Problemen gebracht. Denn jetzt hatte man ein ungelöstes Problem mit der Unsterblichkeit, ein ungelöstes Problem mit der Erkenntnis der Wahrheit und man hatte zu allem Überfluss noch ein ungelöstes Problem mit der Moral.

3. Philosophieren im Nebel – Ein scharfsinniger Junggeselle

Da schickte sich in einer Gegend an der Ostsee, die an Dunkelheit gewöhnt war, ein schon etwas in die Jahre gekommener Stubengelehrter an, die Aufklärung über sich selbst aufzuklären. Er war sein Lebtag nicht aus Königsberg herausgekommen und hatte das auch künftig nicht vor. An undurchdringlichen Nebel war er gewöhnt; er kannte das von seinen Spaziergängen an manchen Herbsttagen am Frischen Haff. Keine Lampe konnte solchen Nebel durchdringen. Doch einen Menschen, den es nie hinaus in die Welt ziehen wird, kann auch äußerliche Undurchdringlichkeit nicht schrecken, solange er nur in sich selbst Klarheit gefunden hat. Und zur Aufklärung des Menschen über die Welt und über sich selbst war dieser ältliche Junggeselle mit den klaren Augen unbeirrbar entschlossen.

Sein Name war Immanuel Kant. Er war aufgewachsen in einem pietistischen evangelischen Milieu, das jede Freude an Äußerlichem mied und den Weg ins Innere des Menschen suchte. Allerdings nicht, um da die Bedingungen der Möglichkeit von Erkenntnis und Moral zu finden, sondern Jesus, den man zärtlich verehrte. Zärtlichkeit nun war des Junggesellen Kants Sache nicht. Man munkelte von ihm, er sei auf seine älteren Tage mit zwei Frauenzimmern – nacheinander! – in engere Beziehung getreten, habe aber jeweils so lange mit der Anfrage nach der Möglichkeit einer Verlobung gezögert, dass beide Damen von einer derart komplizierten Beziehung Abstand genommen und beizeiten das Weite gesucht und gefunden hätten.

Kant war ein überzeugter Anhänger der Aufklärung, und er sah mit aller Deutlichkeit das Problem, das David Hume aufgeworfen hatte. Wenn nämlich menschliche Erkenntnis im Grunde nicht möglich wäre, wozu dann noch Aufklärung? Er dachte also über diese Frage intensiv nach, und dann schrieb er die berühmte »Kritik der reinen Vernunft«, in der er die Möglichkeit von Erkenntnis dadurch sicherte, dass er präzise die Bedingungen der Möglichkeit von Erkenntnis herausarbeitete. Dabei bestand sein Kunstgriff darin, dass er die Möglichkeit von Erkenntnis streng einschränkte, so dass diese Erkenntnisse dann aber als gesichert gelten konnten. Nicht dass er behaupten wollte, es gäbe darüber hinaus nichts. Man könne nur, sagte Kant, über die Gegenstände, die die von ihm angegebenen Bedingungen der Möglichkeit von Erkenntnis nicht erfüllten, keine fundierten theoretischen Aussagen machen. Solche Bedingungen waren insbesondere, dass man diese Gegenstände in Raum und Zeit anschauen konnte und dass man sie auf den Begriff bringen konnte. Wie das dann genau ging, hat Kant höchst exakt definiert.

Ich kann mich erinnern, dass wir im Philosophie-Hauptseminar allein über einen Satz der »Kritik der reinen Vernunft« eine ganze spannende Seminarsitzung abgehalten haben. Mit der »Kritik der reinen Vernunft« hatte Kant die Möglichkeit von Erkenntnis gegen Hume eindrucksvoll gesichert, aber um den Preis der Begrenzung der Erkenntnismöglichkeiten auf in Raum und Zeit anschaubare Gegenstände.

Ein solcher Gegenstand aber war Gott eindeutig nicht. Indem Kant die Krise der Erkenntnis überwand, schuf er scheinbar die Krise der Gotteserkenntnis. Das fiel damals allgemein gar nicht auf, denn man war vor allem dankbar für die Rettung menschlicher Erkenntnismöglichkeit, und an Gott glaubten viele Aufklärer ohnehin nicht. Auch heute berufen sich manche Atheisten noch auf einen schlecht verdauten Kant, wie übrigens auch auf den 150 Jahre später lebenden Philosophen Ludwig Wittgenstein. Der schrieb als Vertreter des so genannten Positivismus den auch von Theologen oft zitierten Satz in seinem mit kantischer Strenge durchgeführten »Tractatus logico-philosophicus«: »Worüber man nicht reden kann, darüber muss man schweigen.« Auch ein solcher Satz scheint jegliche Gotteserkenntnis auszuschließen. Doch manche Atheisten und manche Theologen wissen nicht, dass Ludwig Wittgenstein, der Begründer der modernen Sprachphilosophie, ein frommer Mann war. »Der mit dem Evangelium« nannten ihn seine Kameraden im Ersten Weltkrieg, denn er verschwand immer wieder mit einem bestimmten Buch und las darin. Das Buch war eine Bearbeitung der Evangelien von Tolstoi. Die meisten kennen nämlich nicht den Satz, der dem oben zitierten vorausgeht: »Es gibt allerdings Unaussprechliches. Dies zeigt sich; es ist das Mystische.« Das Mystische aber erkennt man anders als Gegenstände von Physik und Chemie. Und der Weg über die Mystik hat den Positivisten Wittgenstein am Ende seines Lebens zu Gott geführt.

Aufklärerische Zeitgenossen fanden den prinzipiellen Ausschluss Gottes als mögliches Objekt der reinen Vernunft durch Immanuel Kant also nicht weiter schlimm. Sie fanden vielmehr die asketische Beschränkung der reinen Vernunft auf Gegenstände in Raum und Zeit vollauf berechtigt, um überhaupt die Möglichkeit von Erkenntnis zu sichern. Dagegen sah Kant selbst die von ihm damit geschaffene Schwierigkeit mit aller Deutlichkeit. Und man hat gesagt, nicht die dicke »Kritik der reinen Vernunft«, mit der er berühmt wurde, sei sein Herzensanliegen gewesen, sondern das Werk, was dann folgte: die »Kritik der praktischen Vernunft«. Denn Kant war der Auffassung, dass man die Probleme, vor denen die Aufklärung ratlos stand, nicht über die bloße Erkenntnis lösen konnte. Deren Möglichkeiten hatte er vielleicht sogar etwas zu heftig zurückgestutzt. Die Lösung kam vielmehr durch das Nachdenken über die Bedingungen der Möglichkeit von Moral. Um Moral ging es also in der »Kritik der praktischen Vernunft«, oder um die etwas gedrechselte Wortwahl Kants aufzugreifen, um die Bedingungen der Möglichkeit von Moral.

Im Grunde war der Gedankengang der »Kritik der praktischen Vernunft« sehr einfach und überzeugend: Jeder Mensch kennt in sich das Bestreben, gut sein zu sollen. Damit ist nicht irgendetwas künstlich Anerzogenes gemeint. Kant ist der Auffassung, dass auch der sittlich völlig verwahrloste Raubmörder tief in seinem Herzen weiß, dass er nicht morden soll. Gewiss, man kann diese moralische Überzeugung mit Drogen, schlechter Erziehung und sonstigen äußeren Einflüssen einzuschläfern versuchen. Außerdem ist kein Mensch absolut sicher, ob er im nächsten Moment genau das, wovon er überzeugt ist, dass er es unbedingt tun sollte, auch wirklich tun wird. Doch all das ändert überhaupt nichts daran, dass jeder Mensch, das fromme ungebildete alte Mütterchen und der Raubmörder, der König und der Sklave, der Intelligente und der Dumme, in sich dieses moralische Gesetz spürt, den »Kategorischen Imperativ«, wie Kant ihn nennt: »Handle so, dass die Maxime deines Willens jederzeit zugleich als Prinzip einer allgemeinen Gesetzgebung gelten könne.« Und am Ende der »Kritik der praktischen Vernunft« wird Kant schreiben: »Zwei Dinge erfüllen das Gemüt mit immer neuer und zunehmender Bewunderung und Ehrfurcht, je öfter und anhaltender sich das Nachdenken damit beschäftigt: der bestirnte Himmel über mir und das moralische Gesetz in mir.« Jeder Mensch weiß also, dass er gut sein soll, auch wenn er es im Moment aus welchen Gründen auch immer nicht ist. Für diese in jedem Menschen angelegte geistige Überzeugung gibt es keine Begründung, sie ist einfach unbezweifelbar da, sie ist, wie Kant das nennt, das »Faktum der praktischen Vernunft«.

Diese Einsicht ist aber höchst folgenreich. Sie hat drei unvermeidliche Konsequenzen, die Kant Postulate nennen wird: Das moralische Gesetz kann nur dann vernünftig sein, wenn es a) die Freiheit des Menschen gibt, wenn es b) die Unsterblichkeit der Seele gibt und wenn es c) schließlich auch Gott gibt.

Das tiefe innere Bestreben, gut sein zu sollen, setzt natürlich die *Freiheit* des Menschen voraus, gemäß dem moralischen Gesetz, also gut, oder gegen das moralische Gesetz, also böse zu handeln. Ohne Freiheit keine Moral, das ist logisch. Doch die Logik bei Kant ist stets unerbittlich. Freiheit nach Kant ist gerade nicht die Freiheit, zu tun und zu lassen, wozu man gerade Lust hat. Denn Lust nennt Kant »Naturkausalität«, also Unfreiheit. Da gibt es halt gewisse Hormone, den gefüllten oder ungefüllten Zustand des Magens, die aus Angst vor Strafe antrainierten wohlanständigen Verhaltensweisen, von denen man gelernt hat, dass man dann ein »gutes Kind« ist. Nichts von all dem hat auch nur das Geringste mit Freiheit zu tun, sagt Kant. Im Gegenteil. Freiheit in jenem hohen moralischen Sinne heißt gerade, dem widerstehen zu können, wozu einen die »Naturkausalität« in diesem Moment bringen will: Wenn man sehr großen Hunger hat, und neben dem Tisch, auf dem das köstliche Essen steht, sitzt auf dem Boden ein verhungerndes Kind, dann spürt man, dass man die moralische Pflicht hat, dem Kind zu essen zu geben. Wenn man das tut, dann handelt man wirklich frei. Doch handelt man natürlich auch frei, wenn man seinem Egoismus nachgibt. Freilich ist das dann eine Entscheidung zum Bösen, eine moralische Entscheidung dazu, nicht der Pflicht zu folgen, sondern dem eigenen Hungergefühl. Kant würde die Situation sogar noch exakter beschreiben. Er würde bei einer wirklich guten Handlung darauf bestehen, dass keine Presse und überhaupt niemand dabei ist, der einen anschließend für die ach so »moralische« Tat loben wird, so dass man dann nicht gut wäre aus reiner Pflicht, sondern um des Lobes willen. Kant würde sogar darauf bestehen, dass man nicht hinschaut, ob das Kind einen während der guten Tat anlächelt, denn wenn man um des Lächelns willen handelt, ist das ebenfalls kein moralisch gutes Handeln aus reiner Pflicht. Man mag das für etwas pingelig halten, aber worum es hier geht, ist für Kant die entscheidende Grundlage seiner ganzen Philosophie. Ist alle Moral bloß eine moralisch angestrichene subtile Form des Egoismus oder gibt es Moral wirklich? Für Kant war klar: Es gibt Moral wirklich und es gibt auch Freiheit wirklich.

Kant war aber nicht weltfremd. Er wusste um die uralte Erfahrung der Menschheit, dass moralisches Verhalten in diesem Leben zumeist nicht zum Glück des moralischen Menschen führt. Schon Platon beschreibt eine merkwürdige Vision: »Sie werden dann sagen, dass der Gerechte unter diesen Umständen gegeißelt, gefoltert, gebunden werden wird, dass ihm die Augen ausgebrannt werden und dass er zuletzt nach allen Misshandlungen gekreuzigt werden wird.« Wenn aber mit dem Tod alles aus wäre, dann wäre moralisches Verhalten, das ja nach Kant gerade dadurch gekennzeichnet ist, dass es die Lust nicht vermehrt, eine Riesendummheit. Kant nennt das Beispiel, dass jeder Mensch weiß, dass es moralische Pflicht ist, das Versprechen zu halten, ein Geheimnis zu wahren, selbst wenn man dafür aufs Schafott gehen müsste. Ob man es schafft, das dann wirklich zu tun, ist für Kants Argumentation nebensächlich. Wichtig ist, dass man die innere Gewissheit hat, dass man die Pflicht hat, das zu tun, und dass man dieser Pflicht folgen könnte. In diesem inneren Gefühl besteht nach Kant sogar die Gewissheit der eigenen Würde. Wenn aber mit dem Tod alles aus wäre, dann wäre das, was man zutiefst als moralische Pflicht erlebt, zum Beispiel um ein Versprechen zu halten, aufs Schafott zu gehen, selbstverständlich zugleich zutiefst unvernünftig. Das moralische Gesetz, das man als verbindlich erlebt, wäre zugleich ein Irrsinn. Wenn man das moralische Gesetz aber nicht als Irrsinn erlebt, sondern als unbedingt verpflichtend und es vernünftig findet, danach auch zu handeln, dann muss man zwingend von der Unsterblichkeit der Seele ausgehen. Nur so nämlich ist sicherzustellen, dass nach dem Tod das Unglück, das dem moralisch guten Menschen ob seiner Moralität zugestoßen ist, wiedergutgemacht werden könnte. Nur durch die Überzeugung von der Unsterblichkeit der Seele also ist Moralität vernünftig. Die Argumentation von Kant ist deswegen außerordentlich stark, weil sie auf jede Sentimentalität verzichtet und nur ganz nüchtern an die Vernunft appelliert.

Damit ist klar, dass die Freiheit des Menschen und die Unsterblichkeit der Seele sich logisch zwingend aus der Überzeugung jedes Menschen ergeben, eigentlich gut sein zu sollen. Doch das reicht nicht. Wer soll denn wirklich sicherstellen, dass der unsterblichen Seele dann nach dem Tod des moralisch guten Menschen Gerechtigkeit widerfährt? Wer garantiert, dass das erreicht wird, was Kant das »höchste Gut« nennt, die Einheit von Heiligkeit, das heißt pflichtgemäßem Handeln, und Glückseligkeit? Eine Instanz, die das sicherzustellen vermag, muss allmächtig sein und allgütig. Und eine solche Instanz nennen die Menschen seit Urzeiten Gott.

Damit sind *Freiheit, Unsterblichkeit* und *Gott* die zwingenden Schlussfolgerungen aus der Überzeugung von der Vernünftigkeit des moralischen Gesetzes. Oder umgekehrt gesagt: Es wäre völlig irrsinnig, dieses Gesetz zu befolgen, wenn man nicht zugleich genauso fest von der Freiheit des Menschen, der Unsterblichkeit der Seele und von der Existenz Gottes ausgehen würde. Entweder ist also das moralische Gesetz unvernünftig, dann muss man es vernünftigerweise mit aller Macht unterdrücken und versuchen, guten Gewissens ohne jede Moral zu leben. Nietzsche wird als einziger Denker wohl mit aller Konsequenz diesen Weg versuchen. Oder man hält das moralische Gesetz für vernünftig. Dann muss man aus strengen Vernunftgründen absolut sicher von wirklicher Freiheit des Menschen, sicherer Unsterblichkeit der Seele und unbezweifelbarer Existenz Gottes ausgehen. Eine dritte Möglichkeit, und da ist Immanuel Kant von humorloser logischer Strenge, würde der Vernunft widersprechen. Das aber ist für Kant so ziemlich das Schlimmste, was es gibt. »Setzen, sechs!«, hieß es bei uns auf der Schule in solchen Fällen.

Nur mit Nietzsche hätte Kant wohl ein interessantes Gespräch geführt. Er hätte ihm wahrscheinlich nicht die innere Logik seiner Position bestritten, aber er hätte ihn vermutlich mit unerbittlichem Nachdruck gefragt: Haben Sie für Ihre Hypothese, dass die Moral ein lästiges anerzogenes Kunstprodukt missgünstiger Schwächlinge sei und die unbegrenzte Unmoral das Recht des Übermenschen, irgendwelche Argumente? Wird denn im Übrigen diese These von irgendeinem vernünftigen Menschen in Vergangenheit und Gegenwart wirklich geteilt? Nietzsche hätte dann vielleicht den Marquis de Sade und einige andere genannt. Und dann hätte Kant ihm entgegengehalten, dass eine Überzeugung, für die es keine Argumente gibt und die bloß eine nur von vereinzelten Menschen geteilte ausgedachte Hypothese sei, unvernünftig sei, selbst wenn sie keine inneren Widersprüche aufweise.

Am Ende des Zeitalters der Aufklärung hatte es also Immanuel Kant mit einer gewaltigen Gedankenanstrengung noch einmal verstanden, die intellektuellen Probleme der Zeit einer Lösung zuzuführen. Er hatte als Antwort auf die skeptischen Einwände David Humes zur Rettung der Möglichkeit von Erkenntnis den Bereich sicherer Erkenntnis – vielleicht etwas zu rigide – eingeschränkt. Er hatte dem peinlichen unentschiedenen Gerede über die Unsterblichkeit der Seele ein Ende gemacht. Und er hatte die Notwendigkeit der Existenz Gottes im zentralen Bereich seines philosophischen Systems nachgewiesen.

Damit wies er dem Denken seiner Zeit und künftiger Generationen einen wichtigen Weg. Sein »Gottesbeweis« ist auch heute noch vielen Menschen gut verständlich zu machen, denn er besticht durch Nüchternheit und Vernunft. Doch hat die Entscheidung Kants, Gott sozusagen zum Untermieter seiner Moralphilosophie zu machen, auch durchaus bedenkliche Auswirkungen gehabt. Gerade in der protestantischen Tradition wurden Kirche und Christentum ganz wesentlich zu moralischen Veranstaltungen. Nun gab es nicht mehr nur das unselige Bündnis zwischen Thron und Altar; es gab jetzt zusätzlich noch das Bündnis zwischen den Eltern und dem lieben Gott, das nach dem Motto »Der liebe Gott sieht alles« den lieben Gott tüchtig in die Kindererziehung einspannte. Wenn man mit dem lieben Gott drohen konnte, konnte man im rechtschaffenen bürgerlichen Haushalt vielleicht sogar eine Kindermädchenstelle einsparen. Dass es

Martin Luther vor allem um die Erlösung des Menschen ging, um die Erlösung durch Jesus Christus aus allen Bedrängnissen, geriet im bürgerlichen Kinderzimmer fast völlig in Vergessenheit. Man scheute sich ganz im Gegenteil überhaupt nicht, mit dem lieben Gott ein bisschen Angst zu machen. Und der Erfolg heiligte die Mittel. Allerdings nur der angebliche Erziehungserfolg. Vernünftige Menschen werden sich von einem solchen eigenartigen Gottesbild bald mit Recht abgestoßen fühlen. Mancher hat seiner Kirche den Rücken gekehrt wegen des völlig verkorksten Gottesbildes, das ihm so in der Kindheit vermittelt worden war.

Vor allem aber wirkte sich aus, dass Kant Gott als Erkenntnisobjekt der reinen Vernunft ausgeschlossen hatte. Damit wurde die Theologie eine problematische Wissenschaft. Doch Karl Rahner, der vielleicht wirkungsreichste katholische Theologe des 20. Jahrhunderts, und andere bemühten sich, Kant in die Gegenwart hinein weiterzudenken. Die Ergebnisse waren durchaus interessant. Rahner wies darauf hin, dass Gott sehr wohl ein Gegenstand der Erkenntnis sei, freilich ein *indirekter*. Wenn man gemäß dem Ansatz Kants nach den Bedingungen der Möglichkeit von Erkenntnis fragte, dann war die Erkenntnis eines Gegenstands überhaupt nur möglich, wenn man ihn in seinen Grenzen erkannte. Damit hatte man aber immer schon den Raum um den Gegenstand selbst herum miterkannt, denn es gibt keine Grenze ohne den Raum jenseits der Grenze. Und dieser Raum ist unendlich.

Wer in ruhigen Mußestunden diesem tiefen Gedanken mit aller Konsequenz nachgeht, der kann etwas von der Unendlichkeit erleben, aus der heraus Gott die Menschen anspricht. Es sind Momente, in denen der Blick nicht wie gewöhnlich an den bunten Gegenständen der umgebenden Welt klebt, »mit denen man etwas machen kann, wenn man sie besitzt«, sondern das unendliche All wahrnimmt, in das sie hineinleuchten, es sind Momente, in denen man an das Geheimnis rühren kann, von dem auch Wittgenstein sprach: »Es gibt ... Unaussprechliches ... das Mystische.« Ohne die immer mitgeschehende Erkenntnis der

Unendlichkeit jedenfalls wäre Erkenntnis eines endlichen Gegenstands gar nicht möglich. Jede noch so alltägliche Erkenntnis also setzt mit routinierter Selbstverständlichkeit in gewisser Weise die ergreifende Unendlichkeit Gottes voraus. Auf diese Weise ist der Mensch nach Rahner allein schon in seinem Erkenntnisvermögen auf Gott hin geschaffen.

Karl Rahner vertiefte dann aber noch einen anderen Gedanken Kants und verband ihn mit einer uralten Überzeugung der christlichen Tradition. Wenn nämlich ein Mensch uneigennützig aus moralischer Pflicht das Gute tut, es ihm aber dennoch trotz aller Bemühungen nicht gelingt, zur Erkenntnis Gottes vorzustoßen, dann kann er dennoch das ewige Heil erlangen. So hatte das Zweite Vatikanische Konzil eine altehrwürdige Glaubensüberzeugung noch einmal in Worte gefasst. Eine solche geistige Weite bezeichnet den Unterschied zu einer Sekte. Sie war begründet in dem großen Respekt, den man vor Menschen anderer Meinung haben sollte, und in der Demut, dass man dem Urteil Gottes über einen Menschen nicht vorgreifen darf. Immanuel Kant hätte zwar vielleicht einem solchen, aus moralischer Pflicht das Gute tuenden Atheisten etwas schulmeisterlich vorgehalten, er sei unvernünftig. Aber er hätte gewiss dann auch eingestanden, dass die Befolgung des moralischen Gesetzes wichtiger sei, als daraus die vernünftige Folgerung zu ziehen, dass Gott existiert.

Karl Rahner hätte einen solchen Menschen vielleicht sogar im Überschwang als »anonymen Christen« bezeichnet, da er ja das wesentliche Gebot der Nächstenliebe vorbildlich erfüllte. So etwas hat Rahner allerdings Ärger mit manchen ansonsten netten Atheisten eingehandelt, da sie sich gegen ihren Willen christlich vereinnahmt fühlten. Doch es ging hier nicht um Vereinnahmung, sondern darum, dass Christen stets bescheiden bleiben müssen. Denn die so genannten Atheisten können bisweilen durch ihre Taten einen lebendigeren Glauben an den liebenden Gott an den Tag legen als mancher laue Christ. Freilich, auch die Theologenkollegen waren irritiert. Denn bei Rahner blieb tatsächlich etwas unklar, warum man dann noch nach der Wahrheit des christlichen Glaubens suchen soll. Sein geistreicher Zeitgenosse Hans Urs von Balthasar hat ihm das wohl zu Recht intelligent um die Ohren gehauen. Der Grundgedanke Kants und Rahners war dennoch kostbar: Wichtig im Leben ist nicht, ob man viel weiß. Wichtig ist, ob man gut handelt.

Immanuel Kant starb am 12. 2. 1804 in Königsberg. Die Aufklärung war da schon längst in der Französischen Revolution verblutet. Doch das kantische Denken rettete sich über den geistigen und historischen Bankrott der Aufklärung hinweg. Um die anderen philosophischen Denksysteme des 19. Jahrhunderts, von denen schon die Rede war, ist es inzwischen still geworden. Manche von ihnen haben im 20. Jahrhundert politische Machtsysteme inspiriert, die katastrophale Konsequenzen hatten.

4. Die Schreckensfahrt in den Tunnel

Neben der kraftvollen Philosophie Friedrich Nietzsches ragt ebenbürtig allein der existenzielle Ernst des dänischen Philosophen Sören Kierkegaard mit unverminderter Wirkung in unsere Zeit hinein. Auch Kierkegaard griff das Christentum unerbittlich an, aber nicht, um es zu zerstören, sondern, um die Christen aus ihrer behäbigen, oberflächlich plätschernden Lethargie herauszureißen, sie höchstpersönlich vor die Frage zu zerren, wie ernst sie es eigentlich wirklich mit ihrem Christentum nehmen wollten, und das Christentum auf diese Weise existenziell zu radikalisieren. »Wenn ein Mensch unlauteren Sinnes zu dem wahren Gott betet und ein anderer mit der vollen Inbrunst des Unendlichen zu einem Bild, so betet der Erste eigentlich einen Götzen an und der Zweite in seinem Herzen Gott.«

Kierkegaard ist der große philosophische Inspirator der Moderne. Er denkt radikal vom Individuum her, von der Angst machenden Vereinzelung, in der der moderne Mensch sich in einer unübersichtlichen Welt erlebt. Die Existenzphilosophie des

20. Jahrhunderts, Jean-Paul Sartre, Karl Jaspers, Gabriel Marcel werden von ihm ihren denkerischen Antrieb erfahren.

Vor allem aber wird es Martin Heidegger sein, der von Kierkegaard ausgehend eine ganz neue Philosophie versuchen wird. Ich gestehe, dass ich zu Martin Heidegger ein eher ironisches Verhältnis hatte – bis ich ihn selbst las. Mir war das »Heideggern« mancher Theologen ein Greuel, die sich mit ein paar unverständlichen Heideggerbegriffen wichtigtaten. Doch dann habe ich in einem Urlaub Heideggers Hauptwerk »Sein und Zeit« gelesen – und war fasziniert. Wahrscheinlich wirken Bekehrungserlebnisse umso stärker. Jedenfalls wurde mir sofort klar, dass Heidegger die neuen Worte, die er da verwendete, wirklich brauchte, um sein neues Denken zum Ausdruck zu bringen. Die alten philosophischen Worte, die von den alten Objekten des Denkens her kamen, hätten auch die alten philosophischen Gedanken wieder aufgerufen. »Sein und Zeit« eröffnete mir eine ganz neue Art des Philosophierens vom einzelnen, in diese Welt geworfenen menschlichen Subjekt her. Heidegger dachte den Menschen ganz radikal als »Sein zum Tode«, als das einzige Lebewesen, das von seinem Tod weiß und in jedem bewussten Moment seines Lebens darauf hinlebt. Alles, was wir tun, bekommt von diesem Bewusstsein her seine besondere Tönung. Daher ist Entschiedenheit gefordert, in jedem unwiederholbaren Moment des Lebens wirklich selbst zu leben und nicht immer bloß zu tun, was »man« so tut, und sich auf diese Weise ans »Getriebe« der Welt zu verlieren.

Viele Theologen – ich sagte es – waren von Heidegger beeindruckt. Psychotherapeuten haben versucht, sein Denken für die Behandlung von psychisch gestörten Menschen fruchtbar zu machen. Ludwig Binswanger vor allem, aber auch Medard Boss haben daraus wirklich eindrucksvolle Formen eines existenziellen Dialogs zwischen Therapeut und Patient entwickelt. Das aber geht nach meiner Auffassung über Psychotherapie weit hinaus. Man müsste es eher existenzielle Seelsorge nennen. Denn hier begibt sich der Therapeut so persönlich existenziell in die Beziehung hinein, dass das die Grenzen bezahlter symptomorientierter Psychotherapie weit überschreitet.

Interessant ist an »Sein und Zeit«, dass die Frage nach der Existenz Gottes an keiner Stelle auch nur indirekt berührt wird. Fast wie im Buddhismus lässt die starke Konzentration auf die Grundbedingungen menschlicher Existenz die Frage nach Gott wirklich offen. Wenn auch Theologenfreunde mir später berichtet haben, in anderen Schriften Heideggers gebe es atheistische Anklänge, so ändert das für mich nichts daran, dass ich diese Philosophie als wirklich erhellend erlebt habe. Bekannte Theologen wie Karl Rahner haben das ebenso gesehen. Georges Minois resümiert: »Heidegger lässt die Gottesfrage offen.« Heidegger soll im Alter zwar nicht die Messe, aber immerhin Maiandachten gerne besucht haben, in denen er persönlich das urtümlich Religiöse offenbar eher fand. Als er starb, wurde er nach katholischem Ritus beerdigt. Der katholische Priester Bernhard Welte, selbst bedeutender Theologe und Philosoph, der dem Heideggerschen Denken viel zu verdanken hatte, hielt die Trauerrede. Obwohl Martin Heidegger eine Philosophie der Entschiedenheit entwickelt hatte, blieb er selbst in seinem Leben dann doch allzu oft unentschieden. Das gilt auch für sein inakzeptables Verhalten gegenüber dem heraufziehenden Nationalsozialismus. Doch die Philosophie von »Sein und Zeit« ist nach meinem Eindruck von solchen Tendenzen gänzlich unberührt.

Inzwischen ist die öffentliche Bedeutung der Philosophie herabgesunken. Philosophen unterschiedlichster Richtungen vertreten geschmeidig annähernd jede denkbare Position. Gott ist kaum ein Thema. Man ist nicht dagegen, man ist nicht dafür, man kümmert sich um anderes. Vor allem die philosophische Ethik ist in Teilen zur Dienerin mächtiger Interessen geworden, die jede denkbare moralische Hürde mit philosophisch klingenden Sophistereien zum Einsturz zu bringen versucht. Von der kantischen unbedingten moralischen Pflicht wagt kaum jemand noch zu sprechen. Anything goes. Man beschreibt noch Regeln, nach denen die nun einmal in einer Gesellschaft vertretenen unterschiedlichen ethischen Positionen gewaltfrei miteinander kommunizieren können. Doch wenn man sich bloß noch darauf beschränkt, dankt die Ethik ab, jedenfalls Ethik als eine philosophische Bemühung um die Bedingungen der Möglichkeit moralischen Handelns. Dann sagen die Demoskopen, wo's langgeht, und philosophisch dienstbare Geister werfen dem lärmend nach vorne stürmenden Pöbel den Fusel zu, damit er nicht merkt, in welch grässlichen Abgrund er stürzt.

Friedrich Dürrenmatt hat in seiner Erzählung »Der Tunnel« eine solche gruselige Situation beschrieben. Ein Zug fährt in einen Tunnel. Die Reisenden merken das kaum, es scheint ja ein Tunnel zu sein wie so viele zuvor, ein Tunnel, der einen Anfang und ein Ende hat, wie es sich gehört. Doch die Fahrt durch den Tunnel dauert und dauert, die Geschwindigkeit nimmt zu. Man beginnt, sich zu beunruhigen. Schließlich fasst sich ein Reisender ein Herz und geht nach vorne in die Kanzel des Lokführers. Sie ist leer. Und er sieht, wie der Zug immer tiefer in den Abgrund stürzt ... So kann es gehen, wenn eine Gesellschaft immer nur tut, was »man« so tut, und so geht es jedem Einzelnen von uns, wenn wir unvorbereitet sterben.

Philosophen von Rang haben aber inzwischen der Philosophie wieder neue Anstöße gegeben. Jürgen Habermas, der sich selbst mit demütiger Offenheit als »religiös unmusikalisch« bezeichnet, erklärte 2001 in einem vielbeachteten Vortrag in der Frankfurter Paulskirche, man müsse die Bedeutung der Religion wieder ernst nehmen. Der religiöse Bürger im säkularen Staat müsse als religiöser Bürger respektiert werden. Man dürfe ihm nicht zumuten, von seiner religiösen Überzeugung abzusehen, wenn er am öffentlichen Diskurs teilnehme. Das betraf zwei Tendenzen gleichzeitig. Zum einen die Intoleranz der atheistischen Laizisten, die Religion zur Privatsache erklären und religiöse Bürger zwingen wollen, nur mit Argumenten an der öffentlichen Debatte teilzunehmen, die unter der Bedingung gelten »Etsi Deus non daretur« (als wenn es Gott nicht gäbe). Zum anderen betraf das eine Tendenz mancher Kirchenvertreter, im vorauseilenden Gehorsam das eigene Profil zu verstecken und so allgemein daherzureden, wie das ohnehin schon alle tun.

Der Philosoph Robert Spaemann ruft in den höchst folgenreichen bioethischen Debatten, in denen der Horrorzug Dürrenmatts sehr schnell Wirklichkeit werden kann, gegen alle interessengesteuerte Hofphilosophie zur strengen Beachtung der Vernunft in der Ethik auf. Was die Gottesfrage betrifft, ist er der Auffassung, dass Atheismus unvernünftig sei. Denn wenn vernünftig sei, was alle vernünftigen Wesen für vernünftig halten, dann war es zu allen Zeiten der Menschheit vernünftig, an Gott oder Göttliches zu glauben. Die gerade einmal 250 Jahre Atheismus einer kleinen Minderheit in einem sehr kleinen Teil der Welt könnten den Atheismus nicht vernünftig machen. Als ich diese Aussage in einem Interview bei einem ostdeutschen Rundfunksender zitierte, gab es einen Ansturm an – interessierten – Anrufen Ostdeutscher, die so etwas in früheren Zeiten dank der staatlichen Indoktrination zum Zwangsatheismus noch nie gehört hatten. Die Gottesfrage ist also wieder auf der Tagesordnung. Der englische Philosoph Richard Swinburne hat ein eindrucksvolles Werk vorgelegt, in dem er auf hohem intellektuellem Niveau mit den Mitteln streng wissenschaftlicher Beweisführung die Existenz Gottes zu beweisen versucht. Wie bei wissenschaftlichen Arbeiten üblich, wurde er dafür kritisiert, und John Mackie hat versucht, diese Beweisführung zu widerlegen.

Man darf es sich also nicht zu einfach machen mit der Frage nach Gott. Gläubige dürfen nicht alle Atheisten für böswillig halten und Atheisten nicht alle Gläubigen für dumm. Wir konnten es verfolgen: Es gibt hochintelligente skeptische Gläubige und hochintelligente uneigennützige Atheisten. Selbst wenn man der Behauptung Hegels zustimmt, es gebe »eine unendliche Menge von Ausgangspunkten, von denen zu Gott übergegangen werden kann und übergegangen werden muss« – die Frage nach Gott fordert alle geistigen Kräfte des Menschen heraus. Doch auch bei noch so großer eigener Anstrengung bleibt das Ergebnis unbefriedigend. Martin Heidegger hat gesagt: Zum Gott der

Philosophen »kann der Mensch weder beten, noch kann er ihm opfern. Vor der Causa sui kann der Mensch weder aus Scheu aufs Knie fallen, noch kann er vor diesem Gott musizieren und tanzen.« Dieser Gott ist nüchtern, kühl und unnahbar. Er garantiert den Sinn des Alls, den Sinn des Lebens und den Sinn des Menschen. Er garantiert den Sinn der Moral. Gewiss, das ist schon viel, und wer sich mit dem Gott der Philosophen befasst hat, wird niemals mehr denken, Gläubige glaubten, weil sie zu dumm für den Atheismus seien. Vielmehr haben auch die philosophischen Bemühungen um Gott ganz gewiss die intellektuellen Fundamente des Atheismus erschüttert. Doch selbst wenn man sich von den zahlreichen philosophischen Argumenten für die Existenz Gottes hat überzeugen lassen, kann man dann wirklich an Gott glauben?

Die hochbegabte Philosophin und emanzipierte jüdische Atheistin Edith Stein jedenfalls konnte das nicht. Sie hatte früh zum Atheismus gefunden und wie Heidegger bei Edmund Husserl Philosophie studiert. Doch über die Philosophie kam sie an eine Grenze, die sie mit Hilfe der Philosophie nicht überschreiten konnte und an der sie fast verzweifelte. Auch viele andere Menschen haben diese Erfahrung gemacht. Wunderschön hat es der atheistische Dichter Gottfried Benn in Worte gefasst: »Ich habe mich oft gefragt und keine Antwort gefunden, woher das Sanfte und das Gute kommt, weiß es auch heute nicht und muss nun gehn.«

Als der große Mathematiker und Philosoph Blaise Pascal gestorben war, fand man eingenäht in seinen Mantelsaum ein Stück Papier, das als das »Mémorial« des Blaise Pascal berühmt geworden ist. In ungelenker Schrift stand dort zu lesen: »Gott Abrahams, Isaaks und Jakobs, nicht der der Philosophen und Wissenschaftler.«

Der Gott Abrahams, Isaaks und Jakobs – Das Geheimnis im Mantelsaum

1. Das Geheimnis einer schönen Frau

Das älteste und schönste Frauenporträt aller Zeiten und Völker kann man in Berlin bewundern, im Ägyptischen Museum: Nofretete. Die über die Jahrtausende hinweg unvermindert wirkende erotische Anmut dieser Frau hat mit der völlig unbefangenen Lebensfrische des Gesichts zu tun und vielleicht auch mit der leichten Melancholie, die sich um ihre Augen gelegt hat. Denn Nofretete birgt ein Geheimnis.

Zu ihren Lebzeiten herrschte Aufregung in Ägypten, maßlose Aufregung. Ruhig standen schon seit Jahrhunderten die Pyramiden von Giseh da, schweigende Zeugen der reichen religiösen Vergangenheit eines Volkes, das es von allen Völkern der Erde zu den höchsten kulturellen Leistungen gebracht hatte. Ruhig floss der Nil dahin, der durch den Rhythmus seiner Überschwemmungen den Gang des Lebens der Menschen im Land der Pharaonen bestimmte. Ruhig hatten seit unvordenklichen Zeiten die Priester in den Tempeln der unzähligen Gottheiten ihres Amtes gewaltet, um durch unterwürfige Opfer nach ewigen Riten die Götter milde zu stimmen. Doch plötzlich war etwas Unglaubliches geschehen. Was die Menschen in atemlose Aufregung versetzte, war eine Rebellion nie gekannten Ausmaßes. Nicht eine Rebellion gegen den Pharao. So etwas kannte man im Land am Nil. Beim Wechsel der vielen Dynastien war es immer einmal wieder zu politischen Unruhen gekommen. Die Stabilität des Alten Reiches, aus dem noch die Pyramiden von Giseh herübergrüßten und in dem die Pharaonen als Götter verehrt worden waren, war ohnehin schon lange dahin. Eine Rebellion gegen den Pharao wäre bloß eine unter vielen gewesen. Die Rebellion aber, um die es im Jahre 1359 v. Chr. ging, war ohne Beispiel. Es war eine Rebellion gegen die Götter. Und der Anführer dieser Rebellion – unfassbarer Gedanke – war der mächtigste aller Menschen, der Schutzherr des Reiches, war der Pharao selbst, und die schöne Nofretete war seine Gemahlin.

Amenophis IV. hatte im Jahre 1365 v. Chr. den Thron Ägyptens bestiegen. Sein Vater, Amenophis III., und seine Vorfahren hatten diesen Thron machtvoll befestigt. Es gab im Grunde nichts mehr, was ein Pharao sich noch hätte wünschen können, der, wie man in späteren Zeiten einmal sagen würde, »wie Gott in Frankreich« lebte. An Genüssen hatte das Leben alles zu bieten. Dem Pharao wirksam zu widersprechen, hatte niemand auf der Erde die Macht. Genau das aber scheint eine Situation zu sein, die einen Menschen dazu bringen kann, sich selbst nach dem eigentlich Wichtigen im Leben zu fragen.

Menschen vor 3300 Jahren standen uns Heutigen an Intelligenz und an Fähigkeit zu existenziellen Fragen um keinen Deut nach. Wie später anderen sensiblen Denkern – etwa Buddha und Sokrates – ging auch Amenophis IV. der vielgestaltige Götterhimmel eher auf die Nerven. Diese bunte ägyptische Götterwelt verfügte im Stile einer doppelten Buchführung für jeden Vorgang auf der Erde auch gleich im Himmel über einen zuständigen Gott. Doch dieses himmlische Panoptikum gab dem Pharao nicht wirklich Antwort auf die Fragen, die ihn als einzelnen Menschen tief im Inneren ernsthaft bewegten und die ihn nachdenklich über dieses irdische Leben hinausfragen ließen. Mit anderen Worten: Pharao Amenophis IV. tat genau das, was 3229 Jahre später im rechten Querarm der Petersbasilika in Rom die 700 Konzilsväter des Ersten Vatikanischen Konzils als möglich verkündeten: Er suchte, bloß ausgestattet mit den Mitteln der Vernunft, Gott. Und er fand ihn tatsächlich. Den einen Gott. Man kann sich diese Situation gar nicht dramatisch genug vorstellen. Hunderte von Göttern wurden schlagartig hinweggefegt, und es blieb als für den Pharao einzig überzeugende Möglichkeit ein einziger Gott. Aber nicht bloß ein ausgedachter Gott. Der Pharao war kein Philosoph, er war der Sohn eines leidenschaftlich religiösen Volkes. Der Gott also, den er fand, war nicht ein abstrakter Gott der Philosophen, es war ein wirklicher Gott, ein Gott, zu dem man beten konnte. Er nannte ihn Aton und verehrte ihn im Symbol der Sonne. Die eignete sich deswegen besonders gut dafür, weil sie die Eigenart eines einzigen Gottes sinnfällig machte. Sie war die unbestrittene Königin der Gestirne, von ihrer Wärme kam alles Leben, von ihrer Hitze kam aller Tod. Sie war einzig, unvergleichlich.

Wenn ein gewöhnlicher Mensch sich bekehrt, dann ist das für ihn beglückend, dann wird ihm plötzlich vieles klar, was bisher im Dunkeln lag. Doch eine Bekehrung ist oft auch schmerzlich. Sie heißt zugleich Abschied nehmen von lange eingefahrenen Denk- und Lebensgewohnheiten, die jetzt nicht mehr passen. Wenn aber ein Pharao sich bekehrt, dann hat das nicht nur Auswirkungen auf ihn persönlich. Dann hat das grundstürzende Auswirkungen auf das ganze Reich. Und so herrschte in der mächtigen Priesterschaft des Reiches eine explosive Mischung aus lähmendem Entsetzen, hektischer Geschäftigkeit und unbändiger Wut. Der Pharao freilich war entschlossen, die Sache beherzt mit aller Konsequenz durchzuziehen. Zunächst gab er sich selbst einen neuen Namen. Amenophis, in diesem Namen klang die Reichsgottheit Amun mit, und die Amunpriester waren nun seine erbittertsten Gegner. Also nannte er sich nach dem Gott, zu dem er sich jetzt bekannte: Echnaton, Strahl des Aton.

Doch er tat noch mehr. Er löste sich auch geographisch vom täglichen Einfluss der konservativen Hofpriester und baute sich eine völlig neue Residenzstadt: Achet-Aton (Amarna). Dort entwickelte sich sogar ein eigener Kunststil, der so genannte Amarna-Stil. Lebensnah und realistisch ließ Echnaton sich selbst und seine Familie darstellen. Mit allen Hässlichkeiten, aber auch mit aller Schönheit, wie im berückenden Porträt seiner anmutigen Gattin. Als man in unserer Zeit Achet-Aton ausgrub, fand man eine gewaltige Bibliothek aus Tontafeln, die uns einen faszinierenden Einblick in die damalige Zeit gewährt.

Doch Achet-Aton sollte nicht lange bestehen. Den konservativen Kräften im Ägyptischen Reich waren die Reformen des Echnaton verständlicherweise ein Dorn im Auge. Wir wissen nicht genau, wie weit sie ihm schon in seiner Regierungszeit das Leben schwer gemacht haben. Nach seinem Tod jedenfalls übernahmen sie sofort die Macht und rotteten das Andenken des »Ketzerpharaos« mit Stumpf und Stil aus. Sie machten Achet-Aton dem Erdboden gleich. Sie tilgten nach Möglichkeit auch sonst alle Andenken an den Rebellen auf dem Pharaonenthron. Seinen Nachfolger, den hilflosen Knaben Tut anch Aton, nahmen sie unter ihre Fittiche und gaben ihm einen neuen Namen. Nach der altehrwürdigen Reichsgottheit Amun nannten sie ihn nun Tut anch Amun. Auch dieser Kinderpharao musste bald sterben und wurde in einer so außergewöhnlichen goldenen Pracht beigesetzt, dass man daraus auf ein schlechtes Gewissen der beerdigenden Priesterschaft geschlossen hat. Man streitet noch heute, ob er nicht vielleicht doch ermordet wurde. So war das Werk des Echnaton scheinbar vollständig gescheitert, seine Residenzstadt zerstört, seine Familie ausgelöscht.

2. Ein heilbringender Mordversuch

Doch das stimmt nicht ganz. Keine 100 Jahre später ruft ein Mann mit dem ägyptischen Namen Moses seine hebräischen Volksgenossen in Ägypten zusammen, befreit sie vom Joch des ägyptischen Herrenvolks und zieht mit ihnen gen Osten – nach Palästina. Dieser Mann schafft das nicht aus eigener Kraft. Er schafft das nur, weil er den Hebräern verkündet, dass ihr Gott Jahwe dies wolle und dass dieser Gott der Herrscher der Welt und einzig sei.

Die Hebräer in Ägypten hatten schon eine lange Geschichte, die sie sich in der ägyptischen Knechtschaft immer wieder erzählten. Abraham sei es gewesen, der Vater des Glaubens, der schon einmal auf Gottes Geheiß weggezogen sei. Obwohl er ein gutes Auskommen gehabt habe, sei er einen beschwerlichen Weg zu Fuß mit seinem ganzen Clan aus dem heutigen Irak nach Palästina gezogen, in das Land, das Gott ihm und den Seinen als Heimat zugesagt habe. Die Beziehung dieses Abraham zu seinem Gott muss etwas ungeheuer Intensives gehabt haben.

Sören Kierkegaard hat das gespürt, und er hat in seinem Werk »Furcht und Zittern« bis ins letzte psychologische Detail den Zug Abrahams zusammen mit seinem Sohn Isaak zum Berge Morija geschildert. Dort sollte Abraham seinen Sohn auf Gottes Geheiß opfern. Von heutigen naiven Schnellschüssen, da sei der liebe Gott aber sehr böse gewesen, da er doch mit einem solchen Auftrag gegen die Menschenrechtserklärung der Vereinten Nationen, das Deutsche Strafgesetzbuch und vor allem die allgemeine Political Correctness verstoßen habe, ist Kierkegaard meilenweit entfernt. Ihm ist klar, dass der Glaube an Gott entweder lächerlich oder todernst ist. Und für Sören Kierkegaard ist der Glaube tatsächlich eine Sache auf Leben und Tod. Es geht beim Opfer des Isaak nicht um den beabsichtigten Mord an einem unschuldigen Kind. Es geht darum, ob ein Mensch wirklich rückhaltlos Gott vertraut, selbst wenn er wirklich überhaupt nichts mehr versteht.

An dieser Stelle kommt dann der berechtigte Einwand eines modernen Menschen: Sagen wir unseren Kindern nicht immer wieder, dass sie Menschen nicht einfach blind vertrauen sollen? Bemühen wir uns nicht selbst, unseren Kindern auch für das, was wir von ihnen verlangen, gute Gründe zu sagen? Ist nicht rückhaltloses blindes Vertrauen gefährlich und vor allem unvernünftig, mit anderen Worten eines erwachsenen Homo sapiens nicht würdig? Wir stehen hier präzise vor der Wand, vor der Edith Stein ratlos stand, die Gottfried Benn nicht überwinden konnte, der Wand, vor die wir mit dem Gott der Philosophen geraten sind. Der in restlosem Vertrauen auf seinen Gott gefasste Entschluss Abrahams, überhaupt mit Isaak loszuziehen, ist vor dem Gerichtshof der Vernunft niemals zu rechtfertigen. Das sagt auch Sören Kierkegaard – und er spottet über das übermütige kleine Licht der Vernunft.

Was jetzt folgen muss oder eben auch nicht, ist der entscheidende Schritt über die Mauer. Diesen Schritt können wir Menschen nicht von uns aus tun. Wir sind mit dem Gott der Philosophen am Ende unserer Schulweisheit angelangt. Oder versuchen wir doch noch ein Letztes: Wenn uns der kühle Gott der Philosophen nicht reicht, wenn er der Kälte der Welt doch nur die Kälte Gottes hinzufügen würde, wie müsste dann ein Gott sein, der wirklich die unendliche Sehnsucht erfüllen könnte, die das menschliche Herz beunruhigt? Der die tiefe Angst vor dem Nichts, die Kierkegaard spürt, mit machtvoll tröstender Hand beruhigen könnte? Er dürfte gewiss nicht bloß Sache sein, nicht bloß Prinzip. Die Antwort auf die Sehnsucht der Menschen müsste vielmehr ein Gott sein, der Person ist, ein Gott, dem wir wirklich begegnen könnten, der uns anredete und dem wir betend antworten könnten.

Gewiss, da hat Feuerbach recht, die Sehnsucht allein beweist keinesfalls die Existenz des ersehnten Objekts. Ob es diesen personalen Gott also wirklich gibt, darüber können wir Menschen von uns aus nichts sagen.

Darüber könnte nur dieser personale Gott selbst etwas sagen. Wenn es ihn wirklich gibt und wenn er will. Die Juden, die Christen und die Muslime glauben, dass er gewollt hat und dass er etwas über sich gesagt hat. Was er gesagt hat, nennt man Offenbarung. Offenbarung kann man sich prinzipiell nicht vorher ausdenken, sie geschieht, wenn sie geschieht, unvorhersehbar. Und sie berührt den Menschen existenziell. Auch wenn Ihnen jemand seine Liebe offenbart, dann können Sie sich das nicht vorher ausdenken. Sie können es ersehnen, Sie können es vermuten, Sie mögen den anderen Menschen so gut kennen, dass Sie vielleicht sogar seine Worte vorhersagen können. Ob es dann aber wirklich geschieht, ist niemals völlig sicher. Das gilt für alle tiefen beglückenden oder erschütternden menschlichen Erfahrungen.

Sie sind nicht von außen berechenbar. Solche existenziellen Erfahrungen, die dem Leben seinen eigentlichen Geschmack geben, müssen dann auch ganz konkret und wirklich an einem bestimmten Ort, zu einer bestimmten Zeit, in einer bestimmten Situation geschehen, und zwar höchstpersönlich und nicht durch irgendeinen Vertreter. Niemand wird sich mit der Erklärung seiner Angebeteten abfinden: »Ob ich dich liebe, Schatz, oder nicht, darüber hast du dir, glaube ich, schon sehr gute Gedanken gemacht, und daher brauche ich dich selbst nicht auch noch mit diesem Thema zu langweilen. Im Übrigen kannst du ja meine Freundin fragen, ob ich dich liebe, die kennt mich in- und auswendig.« Ich bin sicher, lieber Leser, so etwas würde Ihnen nicht reichen.

Wenn Gott also wirklich Person wäre, die von sich aus Beziehung aufnehmen kann und zu der ein Mensch auch umgekehrt wirklich in Beziehung treten kann: dann ist sofort klar, dass eine wirkliche Person und ihr wirkliches Verhalten nicht bloß das Ergebnis meiner vernünftigen Schlussfolgerungen auf ihn hin sein kann. Was immer sich ein kluger Philosoph in seinem Studierzimmer über Gott gedacht haben mag: Wenn Gott Person ist – und nur eine Person könnte uns ja in all der Angst unserer irdischen Existenz wirklich trösten –, dann muss auch der Philosoph aus seiner Studierstube heraustreten, um dieser Person wirklich zu begegnen. Dann muss er bereit sein, sich überraschen zu lassen von der liebevollen Unberechenbarkeit des personalen Gottes, um den er gewusst und den er geahnt, aber den er in seiner gut aufgeräumten Studierstube nie wirklich kennengelernt hatte. Sören Kierkegaard wirft daher all den stubengelehrten Philosophen und ihren so genannten Gottesbeweisen empörende Respektlosigkeit vor: »Das Dasein jemandes, der da ist, zu beweisen, ist ja das unverschämteste Attentat, da es ein Versuch ist, ihn lächerlich zu machen. ... Wie verfällt man doch darauf, zu beweisen, dass er da sei, außer weil man sich erlaubt hat, ihn zu ignorieren? Und schlimmer noch, als dass man ihn ignoriert, ist es doch, dass man ihm gerade vor der Nase sein Dasein beweist.«

Gottes oder eines Menschen kann man sich gewiss sein. Sie wissen zu wollen, ist respektlos. Denn Gott und der Mensch sind kein Rätsel, das man irgendwann mit Wissen lösen könnte, wie die Fragen bei der Quizshow. Gott und der Mensch sind Geheimnis, das nicht lösbar ist, sondern dem Respekt gebührt. Wenn ein Ehemann seiner Ehefrau sagt: »Ich kenne dich ganz genau, du bist für mich wie ein offenes Buch«, dann ist das vielleicht das Respektloseste, was er über seine Frau sagen könnte. Denn er billigt ihr keine wirkliche Freiheit, keine wirkliche lebendige Veränderungsfähigkeit, keine wirkliche Würde zu. Er beschreibt sie wie die Spülmaschine, die nach vernünftigen Regeln genau das tut, was ich von ihr verlange oder, wenn sie sich weigern sollte zu tun, was ich vernünftigerweise von ihr verlange – auf dem Sperrmüll landet. Karl Rahner meinte, möglicherweise sei der Mensch Abbild Gottes vor allem, insofern er – wie Gott – ein Geheimnis ist.

Vielleicht können Sie sich erinnern, lieber Leser, dass mein Religionslehrer immer dann, wenn es spannend wurde, mit großer Geste verkündete: »Das ist ein Geheimnis.« Vielleicht war das sogar einer meiner Antriebe, selbst Theologie zu studieren. Meine Diplomarbeit schrieb ich über die Gotteslehre bei Karl Rahner. Und da musste ich beunruhigt zur Kenntnis nehmen, dass Rahner Gott mit Vorliebe als »Geheimnis« bezeichnet. Ja, auf dem Höhepunkt seiner Gotteslehre fand ich den Satz, in der seligen Schau Gottes im Paradies würden wir eines Jüngsten Tages Gott schauen – als das »bleibende Geheimnis«.

Da hatte ich nun fünf Jahre lang gründlich Theologie studiert, und dann dieses Ergebnis: das »bleibende Geheimnis«. Doch meine Enttäuschung währte nur kurz, denn Rahner beschreibt dieses bleibende Geheimnis Gottes eindrucksvoll nicht als düsteres, immer noch ungelöstes Rätsel, sondern als das lichte Geheimnis. Im Zustand der ewigen Glückseligkeit würden wir nämlich, schreibt Rahner, all die irdischen Bedürfnisse nach Definitionen und exakten Beschreibungen, die doch nur Begrenzungen seien, nicht mehr verspüren und uns in erlöster Freiheit dem unergründlichen Licht Gottes fraglos und glücklich aussetzen. Das bleibende Geheimnis Gottes hat mit seiner bleibenden Personalität zu tun.

Wenn Sie all diesen Überlegungen folgen konnten, sind damit einige außerordentlich wichtige Fragen über Gott, die sich viele Menschen immer wieder gestellt und die mich selbst in meiner Jugend sehr beschäftigt haben, gelöst. Ich hatte mich immer gefragt, warum denn der liebe Gott so eine Geheimnistuerei betreibt. Wenn er wirklich Gott ist, dann hätte er doch die Macht, uns ganz einfach ein für alle Male unmissverständlich zu sagen, dass es ihn gibt, wie er so ist und vielleicht noch, wie es ihm meistens so geht. Das würde möglicherweise viele Theologen arbeitslos machen, aber unsereinem würde das mächtig viel Zeit sparen. Wenn Gott eine Sache wäre, und sei es ein aufwendig konstruierter Terminator, dann wäre das kein Problem: kurze Beschreibung des Geräts und Gebrauchsanweisung, basta.

Wenn er aber wirklich Person ist, dann »weiß« man das Entscheidende über ihn nicht dadurch, dass man etwas über ihn »weiß«, sondern natürlich nur dadurch, dass man ihm begegnet. Das Elend der Heiratsvermittlungsinstitute besteht genau in diesem Umstand. Wenn man aber durch eine noch so detaillierte Beschreibung noch nicht mal einen einzigen Menschen wirklich kennenlernen kann, wie viel weniger dann Gott. Die scheinbar so einfache Methode »Auflösung des Kreuzworträtsels im nächsten Heft« funktioniert also bei Gott nicht. Wenn Sie ehrlich sind, funktioniert sie nicht einmal bei Ihrer Frau.

Halten wir also fest: Einen personalen Gott kann man sich nicht ausdenken, über einen personalen Gott kann man sich nicht einfach so informieren. Ein personaler Gott, wenn es ihn denn gibt, müsste sich höchstpersönlich offenbaren, wenn wir wirklich Wesentliches von ihm erfahren sollen. Doch wie? Mal an der Tür schellen und sagen: Hier bin ich? – Und dann: Fuß in die Tür! Ein Gott, der sich aufdrängt, wäre peinlich, und ohnehin wäre das dann eine ziemlich ungleiche Beziehung zwischen dem von Ewigkeit zu Ewigkeit herrschenden Schöpfer der Welt und einem kleinen sterblichen Menschen. Ein bisschen wie Väterchen Stalin, wenn er Kinder begrüßte – und damit gewisse Eltern in Angst und Schrecken versetzte. So einfach geht das also auch nicht. Aber vielleicht machen wir dem lieben Gott jetzt mal besser nicht allzu viel gute Vorschläge, nach dem dämlichen Motto »Also, ich an deiner Stelle …«. Gerade wenn es um Beziehungen geht, tut man gut daran, jedem seinen persönlichen Stil zu lassen. Der eine ist stürmisch, der andere zurückhaltend, manchmal wechselt das Temperament auch je nach Situation. Schauen wir also einfach, was er selbst gemacht hat, um das unbestreitbare Problem zu lösen.

Die Juden jedenfalls glauben, dass Gott sich als Person aus Respekt vor der Freiheit und Würde des Menschen liebevoll Schritt für Schritt offenbart hat, gemäß der Fassungskraft des Menschen. Freilich sprach der ewige Gott nicht über Belangloses, sondern er sprach stets als Gott, der dem Menschen das Glück sichern will und ihm dafür Vertrauen schenkt, aber auch Vertrauen fordert. Etwa im Jahre 1900 vor Christi Geburt sprach Gott zu Abraham. Er sprach liebevoll und verheißungsvoll und Abraham fasste Vertrauen zu Gott. Man hat das mit den Worten ausgedrückt: Abraham glaubte Gott.

An dieser Stelle ist eine Klarstellung über das Wort Glauben fällig. Im Deutschen würde man es überhaupt besser mit Vertrauen übersetzen. Beides heißt im Lateinischen *fides*. Das Wort Glauben ist im Deutschen nämlich äußerst missverständlich. Wenn man etwas nicht genau weiß, dann kann man es bloß glauben, so sagt man. Fragt ein Fallschirmspringer danach, ob der Fallschirm, den man ihm gegeben hat, auch aufgehen wird, dann wird ihm die fröhliche Antwort »Ach, ich glaube schon« ganz sicher nicht reichen. Er möchte das verständlicherweise ganz genau wissen. Alles andere wäre fahrlässig.

In menschlichen Beziehungen ist es genau umgekehrt. Um einem Menschen zu vertrauen, reicht kein Wissen. Um einem Menschen zu vertrauen, muss man ihm persönlich begegnen, und man braucht ein wenig Zeit dazu. Dann aber bedeutet es viel mehr an Gewissheit, wenn man jetzt aus voller Überzeugung sagen kann, dass man diesem Menschen vertraut, als wenn man bloß etwas über ihn weiß, zum Beispiel durch psychologische Tests oder Internetrecherche. Es wäre also umgekehrt fahrlässig, einem Menschen zu vertrauen, nur weil man irgendetwas über ihn weiß. Und es wäre fahrlässig, an Gott zu glauben, nur weil man irgendwie etwas über ihn vermutet.

Natürlich ist also die Gewissheit, die bei Abraham mit dem Wort Glauben bezeichnet wird, unendlich viel größer, als wenn wir so landläufig etwas »glauben«. Es hat mich schon im Religionsunterricht aufgeregt, wenn der Religionslehrer sich mit den Worten zu retten versuchte: Das kann man nur (!) glauben. Abraham wäre verrückt gewesen, wenn er bloß so aufs Geratewohl seine Zelte im fruchtbaren Halbmond, wie man die damals blühenden Landschaften des heutigen Irak genannt hat, abgebrochen hätte, nur weil er mal so das Gefühl hatte und vage einem dahergelaufenen Gott glaubte, man könne in Palästina Land gewinnen. Leichtgläubig wie die Goldgräber die physische Existenz seines ganzen Clans für eine vage Hoffnung aufs Spiel zu setzen, das hätte Abraham keineswegs zum Urvater der Religion, sondern eher zum Patron aller Spielcasinos qualifiziert. Das Entscheidende war: Gott hatte sich Abraham offenbart, und Abraham hatte eine ganz tiefe Beziehung zu Gott: Er vertraute auf ihn mit einer geradezu unbändigen inneren Gewissheit.

Der Glaube an Gott ist keine eigene Leistung, er ist ein Geschenk Gottes. Der Mensch kann sich dem öffnen oder sich dem verschließen. Abraham verschloss sich nicht. Wie Gott Abraham diesen Zugang zu sich ermöglicht hat, wissen wir nicht ganz genau. Dass er dem alten Abraham und vor allem der alten Sarah im hohen Alter noch einen Sohn schenkte, wird dabei keine geringe Rolle gespielt haben. Der zuverlässigen Treue Gottes entsprach die zuverlässige Treue Abrahams.

Und diese unbändige Treue Abrahams zu Gott, die zeigt sich, als er mit seinem einzigen Sohn Isaak loszieht, um ihn gemäß dem Willen Gottes zu opfern. Diese Treue Abrahams überschreitet sogar im Zweifel jede Vernunft, darauf besteht Sören Kierkegaard nachdrücklich. Irgendeine Lösung mag Abraham im Stillen erhofft haben, aber doch nicht so, dass er sich wirklich erleichtert gefühlt hätte. Er hielt sich nur noch an seinem Glauben, an seinem unerschütterlichen Vertrauen an Gott fest, außerhalb dieses Vertrauens muss für Abraham tief in seinem Herzen auf seinem langen Weg zum Berg Morija nur grauenvolle Nacht geherrscht haben. Man mag sich das unbändige Glück Abrahams vorstellen können, als dann sein Sohn vom Tod und sein Gott vom Mord verschont ward. Jedem, der das hört, wird klar sein, dass die Beziehung Abrahams zu Gott viel zu harmlos beschrieben ist, wenn man sie bloß Beziehung nennt. Sie war ein fester Bund, der über die Jahrtausende Frucht trug.

3. Die längste Liebesgeschichte aller Zeiten

An diesen Bund erinnerten nun auch in Ägypten die versklavten Hebräer ihren Gott und ihr Gott die Hebräer.

Die unkultivierten Hebräer hofften, dass ihr Gott stärker sei als all die stolzen Reichsgötter der Ägypter. Zwar glaubten sie schon lange an ihren einen Gott, doch eher als einen Stammesgott wie die Stammesgötter anderer Völker. Die ausdrückliche Vorstellung von einem einzigen universalen Gott war noch nirgends aufgetaucht. In den Psalmen des Alten Testaments – sie gehören zum frühesten Schriftgut der Bibel – ist noch ganz unbefangen von anderen Göttern die Rede. Gott ging in seiner Pädagogik mit den Menschen, wie das später die Kirchenväter nennen sollten, Schritt für Schritt vor, so dass die Menschen jeden Schritt auch wirklich verstehen konnten.

Jetzt aber war der nächste Schritt vorbereitet. Im Mutterland der Religion und der Vielgötterei war unter Echnaton die Vorstellung von einem einzigen Gott entstanden – unklar zwar und kaum getrennt vom traditionellen Kult der Himmelskörper, dem die Babylonier gehuldigt hatten. Doch Echnaton glaubte zweifellos nur an einen Gott. Materiell war Echnaton so vernichtend versunken, wie man nur versinken kann. Nichts mehr erinnerte in Ägypten an ihn. Sein kühnes Projekt war im Wüstensand versunken, das Werk des Mose aber erstand aus der Bewährung in der Wüste zu jahrtausendelanger Stabilität über alle entsetzlichen Prüfungen hinweg. So könnte Echnaton dem ausdrücklichen Monotheismus der Juden geistig einen wichtigen Impuls gegeben haben, der noch heute in den monotheistischen Weltreligionen nachklingt. Auch das mag man vor dem melancholisch schönen Gesicht der Nofretete in Berlin bedenken.

In modernen Zeiten, wo man alles ins atheistische Arsenal aufnahm, was einem so in die Finger fiel, war es ein gängiger Vorwurf, die Juden und die Christen hätten doch alles irgendwie vom Heidentum übernommen. Den Monotheismus von Echnaton, die Sintflut aus dem Gilgamesch-Epos, die Jungfrauengeburt von manchen heidnischen Göttergeburten. Mit anderen Worten, das Judentum und das Christentum seien nicht sehr originell. Nun hat der Philosoph Robert Spaemann den klärenden Satz geprägt: »Die Wahrheit ist nicht originell, der Irrtum ist originell.«

Tatsächlich ist Originalität eine völlig falsche Kategorie bei einer einfühlsamen Pädagogik Gottes mit den Menschen. Was hätte denn die Jungfrauengeburt Jesu bedeutet, wenn es nicht vorher viele Geschichten von göttlichen Rettern gegeben hätte, die von einer Jungfrau geboren wurden. Die Jungfrauengeburt Jesu wäre dann bloß ein gynäkologisches Mirakel gewesen, wie heute noch Uta Ranke-Heinemann, die alte Dame des unfreiwilligen Kirchenkabaretts, behauptet. Die Jungfrauengeburt Jesu konnte nur dann den Menschen etwas besagen, wenn die religiöse Sprache damit bereits etwas verband, rettende Göttlichkeit nämlich. Allerdings war die Jungfrauengeburt Jesu nach dem Glauben der Christen natürlich dann ein ganz besonderer Fall, Gott zeugte nicht biologisch einen Sohn wie Zeus, der alte Schwerenöter; Gott schuf diesen Menschen Jesus in Maria ganz neu. So wurde nach christlichem Glauben in der Jungfrauengeburt Jesu Realität, was zuvor in bloß mythischen Geschichten erahnt worden war.

Und auch der Glaube an den einen Sonnengott Aton hatte nicht zur Folge, dass Moses nun einfach nach Amarna gefahren ist und schnell mal den Glauben des Echnaton abgekupfert hat – Dan Brown lässt grüßen. Vielleicht machte es – man weiß es schlicht nicht – der Monotheismus des Echnaton den Hebräern leichter, den Glauben an Jahwe tiefer zu verstehen. Jahwe spielte bei ihnen immer schon eine überragende Rolle, doch dass er der einzige Gott war und dass er, der Gott des Volkes Israel, der Herr der ganzen Welt war, diese fast unglaubliche Ahnung gewannen die Hebräer in Ägypten möglicherweise aus dem geistigen Umfeld von Amarna. Zur Überzeugung wurde diese Ahnung aber jedenfalls erst durch die Machttaten Jahwes am mächtigsten Herrscher der Welt, dem Pharao, mit denen er sein auserwähltes Volk rettete.

Erst danach steigt Mose auf den Berg Sinai, um die Gesetzestafeln mit den Zehn Geboten zu erhalten, von denen das erste heißt: Ich bin Jahwe, dein Gott. Du sollst keine anderen Götter haben als mich! Was sie erlebt hatten, konnten sie jetzt verstehen. Und viel später sollten die Propheten Israels in starken Bildern die universale Macht Gottes gegenüber allen anderen Mächten verkünden: »Imperien sind wie ein Tropfen am Eimer, wie ein Stäubchen auf der Waage gelten sie gegenüber Gott« (Jes 40,15–18).

Doch warum überhaupt ein »auserwähltes Volk«? Auch hier gilt das Argument der Pädagogik Gottes. Wenn Gott sich schlagartig aller Welt offenbart hätte, dann wäre in diesem kommunikativen Tsunami jede Freiheit und Eigenständigkeit des Menschen hinweggespült worden. Der Gott der Juden reagiert aber nicht mit dem Paukenschlag wie Zeus, der wichtigtuerische Donnerer der Griechen. Er ist im leisen Windhauch oder im brennenden Dornbusch und er warnt den Menschen Mose, dass er ihn nicht anschaue, damit ihn der Anblick Gottes nicht umbringe. Wenn Gott wirklich Person ist, dann muss er sich an einem ganz konkreten Ort, zu einer ganz konkreten Zeit, in einer ganz konkreten Situation offenbaren. Und so begegnet er einzelnen

Menschen und auch einem einzelnen Volk im Vorderen Orient zu bestimmten historischen Zeitpunkten. Das heißt nicht, dass Gott darauf verzichtet, universal zu wirken. Daher kann es auch in anderen Völkern Menschen geben, die ihn suchen und finden. Doch als Zeichen für die ganze Welt gilt zunächst seine konkrete Begegnung mit einzelnen Menschen und vor allem mit einem einzelnen auserwählten Volk, das er in freier göttlicher Souveränität wählt. Auf diese Weise tritt Gott in die Geschichte ein. Und es ist faszinierend und auch erschütternd zu verfolgen, wie diese Leidenschaft Gottes für sein Volk und auch seines Volkes für ihn über viele glückliche Höhen und schreckliche Tiefen jahrtausendelang beständig bleibt, bis heute. Manches wird der Außenstehende nicht ganz verstehen, wie auch bei manch anderer Liebesbeziehung. Im Gegensatz zum kalten Gott der Philosophen scheint der Gott Abrahams, Isaaks und Jakobs mitunter sogar ungerecht zu sein, eifersüchtig sogar, wie ein Liebender, der ja auch vor Gericht auf Befangenheit plädieren kann und geliebte Angehörigen nicht selber ärztlich behandeln sollte. Der Gott Abrahams, Isaaks und Jakobs ist gewiss auch all das, was die philosophische Gotteslehre von Gott verlangt, er ist allmächtig, allgütig, allwissend etc., aber er ist vor allem ein die Schöpfung beständig in Händen haltender lebendiger Gott, der handelt; der Gott Abrahams, Isaaks und Jakobs ist vor allem Person.

Wer das verstanden hat, begreift auch, warum das Alte Testament aus so vielen historischen Erzählungen besteht. Eine Sache lernt man schlimmstenfalls durch eine Gebrauchsanweisung kennen; eine Person durch die Erzählung ihrer Geschichte. Wer hat sich nicht von einem Menschen, der ihn wirklich interessiert hat, Geschichten aus seinem Leben erzählen lassen, notfalls auch noch illustriert durch Fotoalben. Daher haben die Juden keine theoretische Gebrauchsanweisung für ihren Gott verfasst, sie haben jahrtausendelang erzählt von dem Gott, dem sie vertrauen. Ein Gott, der sie immer wieder errettet hat, aber der auch schreckliche Katastrophen zugelassen hat, die Babylonische Gefangenschaft, die Zerstörung Jerusalems durch die Römer, die

Zerstreuung der Juden in alle Welt und Auschwitz, dieses unsagbare Grauen der Moderne. Dass hochintelligente und dumme, temperamentvolle und müde, schrille und verbindliche Juden in aller Welt auch heute noch diesem Gott trotz allem vertrauen wie Abraham auf seinem grauenvollen Weg mit seinem Sohn Isaak zum Berg Morija, das berührt gewiss jeden, der noch menschlich empfinden kann. In einer Zeit der Lebensabschnittspartner mag das allein schon ein unfassbares Wunder, ja ein »Gottesbeweis« sein: Die jahrtausendelange in guten und bösen Tagen, in Gesundheit und Krankheit, in Freude und Leid niemals unterbrochene Geschichte Gottes mit seinem auserwählten Volk Israel ist gewiss die längste und dramatischste Liebesgeschichte aller Zeiten.

Als ich einen Austausch von israelischen Jugendlichen mit einer deutschen Gruppe von behinderten und nichtbehinderten Jugendlichen organisierte, war ich mit meiner deutschen Gruppe in Israel unter anderem im Kibbuz Yad Mordechai. Es liegt an der Grenze zum Gazastreifen. Mordechai, so hatte der Anführer des Warschauer Ghetto-Aufstands geheißen, und Überlebende dieses einzigen verzweifelten militärischen Aufbäumens der Juden selbst gegen den Holocaust hatten dieses Wehrdorf sofort nach dem Krieg gegründet. Doch nur drei Jahre nach dem Ende des Zweiten Weltkriegs hörten sie in einer völlig anderen Weltgegend und in einer völlig anderen Sprache schon wieder von jenseits der Grenze die Aufforderung, sie zu vernichten: »Treibt die Juden ins Meer!« Es hat mir damals Tränen in die Augen getrieben, mir vorzustellen, wie man das durchstehen kann. Es ist schon etwas Besonderes um dieses Volk, und vielleicht gehen manche guten Ratschläge aus der guten Stube in Mitteleuropa auch deswegen so an ihm vorbei, weil das auserwählte Volk vielleicht nicht besser, aber möglicherweise doch sehr viel anders ist als alle anderen Völker der Erde.

Doch nicht nur Gott sprach mit den Juden, die Juden sprachen auch mit Gott. Sie konnten mit ihm streiten und ringen wie der Urvater Abraham selbst, als er Gott in einer Art levantinischem

Handel drängt, um einiger Gerechter willen das lasterhafte Sodom zu verschonen. Gott verspricht, die Stadt zu verschonen, wenn man 50 Gerechte findet. Doch Abraham, ohne große Illusionen über die Gerechtigkeit der Menschen, drängt Gott, die Stadt auch bei 45 Gerechten zu verschonen, bei 40, bei 30, bei 20. Und schließlich, nach langem Hin und Her, verspricht Gott, Sodom zu verschonen, wenn man auch nur 10 Gerechte in der Stadt auftreiben könne. Jakob kämpfte sogar körperlich mit seinem Gott am Jabbok. Dabei verletzte er sich so, dass er hinkte. Gott anerkannte das Ringen Jakobs mit ihm und gab ihm daher den Namen Israel, das heißt, der mit Gott gerungen hat. Israel, das ist wahrhaftig ein unglaublicher Name. Dieses lebendige und nicht sehr unterwürfige Verhältnis zu ihrem Gott zeichnet die Juden bis zum heutigen Tage aus.

Weise Menschen haben gesagt, Gott erkenne man am besten dadurch, dass man einfach zu ihm bete. Es stimmt, auf eine Person richtet man sich am besten aus, wenn man nicht bloß über sie nachdenkt, sondern sie anspricht. Und so beten die Juden zu ihrem Gott – mit der gleichen Leidenschaft, mit der sie bisweilen mit ihm streiten. Mit dem ganzen Körper beten sie, weil in der Heiligen Schrift steht: »Du sollst Jahwe, deinen Gott, lieben aus deinem ganzen Herzen, aus deiner ganzen Seele und mit all deiner Kraft.« Und so bewegen sie ihren Körper nach vorne und hinten, wenn sie an der Westmauer des zerstörten Tempels in Jerusalem mit ihrem Gott sprechen.

4. Ein unheimlicher Herrscher

Die Juden stehen vor ihrem Gott. Die Muslime beugen sich vor ihm tief in den Staub. Auch Mohammed hatte in Arabien im 7. Jahrhundert n. Chr. eine krude Vielgötterei angetroffen. Und auch er verkündete den Völkern dieser Region einen einzigen Gott. Er ging dabei allerdings viel konsequenter und rigoroser als Echnaton vor, und so überlebte sein Werk. Er kannte den jüdischen Glauben, der aber im Wesentlichen auf das jüdische Volk beschränkt war. Er kannte auch Christen, aber wohl nur solche, die in die Wüste ausgewichen waren, weil ihre etwas absonderlichen Lehren von der Großkirche nicht als rechtgläubig akzeptiert worden waren. Mohammed übernahm für seinen strengen Monotheismus manches aus dem Judentum und dem Christentum. Doch in einem war er wegen der chaotischen religiösen Vorstellungen der Wüstenvölker, die bisher vom Christentum weitgehend unberührt geblieben waren, unerbittlich: Alles, was auch nur entfernt an Vielgötterei erinnerte, wurde von ihm radikal ausgemerzt. Dabei mag es ihm vielleicht mitunter so gegangen sein, wie uns in unserem Vorgarten, wo wir manches als Unkraut ausgerissen haben, das in Wirklichkeit ein Schmuck unseres Gartens geworden wäre. Jedenfalls bestand Mohammed darauf, dass es nur einen Gott gebe, und deswegen wurden die Gottheit Christi und die Lehre von der göttlichen Dreifaltigkeit mit Gott Vater, Gott Sohn und Gott Heiligem Geist strikt abgelehnt. Ein folgenreiches Missverständnis des Christentums. Die Christen glaubten doch an drei Götter, so etwas kann man heute noch von manchem Muslim hören. Und auch einige entwurzelten Westeuropäer haben ihr Heil deswegen in einer Konversion zum Islam gesucht, weil da wirklich eindeutig an einen einzigen Gott geglaubt werde. Der Islam sei klar und unmissverständlich, das Christentum sei zu kompliziert. Und so beugen nun auch diese neuislamischen Westeuropäer ihren Kopf vor dem einen Gott in den Staub.

Tatsächlich, winzig klein wie ein Staubkorn erscheint der Mensch vor dem unendlich machtvollen Gott im Islam. Und die Befehle dieses gewaltigen Gottes fordern ohne jeden Abstrich demütige Ausführung. Man diskutiert nicht mit diesem Gott wie die Juden. Man gehorcht ihm, ohne Wenn und Aber. Die Gesetze Gottes, die Mohammed den Menschen verkündet hat, sind zu erfüllen. Wer dem heiligen Willen des allmächtigen Gottes widersteht, ist ein verdammungswürdiger Sünder. Manche gesellschaftlichen Regelungen, die im 7. Jahrhundert als gesellschaftlicher Fortschritt gelten konnten, wirken heute eigentümlich fremd und starr. Dennoch, sie gelten.

Und ein Gott, der unduldsam keinerlei andere Götter neben sich duldet, kann auch den Abfall vom Islam nicht dulden. Ewige Verdammnis droht dem Ausgetretenen, und zum abschreckenden Beispiel, um nicht auch andere fromme Muslime in die Gefahr ewigen Verderbens zu bringen, muss schon hier auf Erden ein Exempel statuiert werden: Auf den Abfall vom Islam steht die Todesstrafe. Ohnehin ist das Leben des einzelnen kleinen Menschen vor dem unendlichen Gott wenig wert, das ungläubige Leben ohnehin und auch das irdische Leben des Gläubigen hat nur sehr bedingten Wert, da das eigentliche Leben im Paradies wartet. Mit Koransuren auf den Lippen stürzten sich die Attentäter vom 11. September auf die von »Ungläubigen« bevölkerten Twin-Towers in New York.

Nun darf man gewiss nicht den Fehler machen, den Islam nur vom islamistischen Terrorismus aus zu beurteilen. Der Islam hat durchaus auch zur Humanisierung und Kultivierung der Welt beigetragen. Denn es gibt ein weites Spektrum an Interpretationen des Islam. Der Islam in Indonesien ist völlig anders als der Islam in Saudi-Arabien, in Bangladesch ganz anders als in Marokko, im Iran ganz anders als in Ägypten. Auch in der Geschichte hat es Zeiten gegeben, die den Islam recht milde interpretierten, und Zeiten, die ihn rigider verstanden. Dennoch, es bleibt ein unüberwindbares Problem: Auch wenn im Koran die Nähe Gottes zu den Menschen in starken Bildern – näher als die eigene Halsschlagader! – beschworen wird, der Abstand zwischen dem unendlichen allmächtigen Gott und diesem demgegenüber verschwindend kleinen Wesen Mensch bleibt unüberwindbar. Fatalistisch haben sich Muslime über Jahrhunderte in ihr vom allmächtigen Allah bestimmtes Schicksal gefügt, wie Max Weber festgestellt hat, und dadurch keinen wirklichen industriellen Fortschritt produzieren können. Der heutige Reichtum ist ja mehr eine künstliche Blüte aus dem Treibhaus des »Schwarzen Goldes«.

Das Ergebnis des Glaubens an den einen Gott im Islam ist also ein unendlicher Abstand zwischen Gott und Mensch, der ausnahmslos alles den strikten Befehlen des allmächtigen Gottes unterwirft, dadurch jede wirkliche Freiheit des Menschen zerstört und eigentlich eine etwas trostlose Landschaft aus Schwarz und Weiß hinterlässt. Gott und Mensch, die Ungläubigen und die Gläubigen, die Guten und die Bösen sind streng geschieden. Das gleißende Licht Gottes verbrennt den Menschen, die schwarze Finsternis der Hölle verschlingt ihn. Der Gott Abrahams, Isaaks und Jakobs wird im scheinbar so ganz konsequenten Monotheismus des Islam zu einem unendlich weit entfernten unheimlichen Herrscher.

Doch entspricht das wirklich der menschlichen Erfahrung? Mit anderen Worten: Kann es eine andere Antwort geben, eine personale Antwort, auf die hin der Mensch geschaffen ist und die seine existenzielle Frage nach dem Sinn der Welt, dem Sinn des Lebens und dem Sinn des Menschen glaubwürdig beantwortet? Eines jedenfalls ist klar: Eine solche Antwort kann man sich so wenig ausdenken, wie man sich den Gott Abrahams, Isaaks und Jakobs ausdenken konnte. Eine solche Antwort, wenn es sie denn überhaupt geben könnte, müsste von Gott selber kommen.

Doch bevor wir uns dieser möglichen Antwort zuwenden, sollten wir vielleicht noch einmal kurz innehalten. Was hat unser bisheriger Weg erbracht? Die Erfahrung von Musik und Kunst eröffnete uns den Blick über einen primitiven Materialismus hinaus. Die Psychologie jedenfalls schien als Instrument zur Widerlegung des Glaubens an Gott genauso hilflos zu sein wie zum Beweis Gottes. So blieb die Frage nach Gott offen. Außerordentlich ernsthaft haben sich die Atheisten mit Gott befasst, manchmal ernsthafter als die Gottgläubigen. Doch der Gott, gegen den die Atheisten rebellierten, war allzu häufig kein wirklich ernstzunehmender Gott, und der Atheismus selbst brach als intellektuelle Option an der Wende zum 20. Jahrhundert zusammen, da die Naturwissenschaft ihm die Argumente weggeschlagen hatte.

Nur der radikale Protest Friedrich Nietzsches blieb davon unberührt. Der Gott der Kinder dann entpuppte sich als keineswegs kindische Veranstaltung. Vielmehr sahen wir, dass die Art, wie Kinder die Welt unmittelbar und unverfälschter erfahren können, einen durchaus kostbaren Zugang zur Wirklichkeit darstellt. Der Gott der Lehrer warf Licht auf die Religionen der Welt, die die Menschheit auf eine Vorstellung Gottes hin erzogen haben mögen, aber oft aus heutiger Sicht keine wirklich befriedigenden Antworten gaben. Einzig die im gott-losen Buddhismus angesammelte Weisheit im Umgang des Menschen mit sich selbst schien weiterführend.

Der Gott der Wissenschaftler zeigte die spannende Geschichte moderner Wissenschaft mit ihren extremen Schwankungen und Spannungen im Verhältnis der Wissenschaftler zu Gott. Die scheinbar unüberwindbaren Hürden zwischen Wissenschaft und Religion sind durch die Revolution der Naturwissenschaften jedenfalls verschwunden. Moderne Wissenschaftler haben sich verabschiedet vom früheren platten Atheismus der Zunft. Die Wahrheit ist ihnen entzogen, die Wahrscheinlichkeit ist ihnen geblieben. Und so nehmen sie sich die Freiheit, wieder selbst in sich hineinzuhören, die Welt wenigstens probeweise einmal mit anderen Augen zu sehen und sich ganz ernsthaft die Frage nach Gott zu stellen. Denn weder der Fall Galilei noch die Darwinsche Evolutionstheorie, noch auch die moderne Hirnforschung bieten heute noch Argumente gegen die Existenz Gottes. Der Gott der Philosophen brachte dann wichtige Argumente für die Existenz Gottes, doch gegen den Gott der reinen Vernunft blieb der Protest des Blaise Pascal. Pascals Gott Abrahams, Isaaks und Jakobs ist der personale Gott, der sich selbst den Menschen in der Geschichte offenbart. Viele, unzählig viele Argumente und Erfahrungen deuten also auf die Existenz Gottes hin.

Doch manch einen wird dann zuletzt vielleicht das Beispiel des Islam eher abschrecken. Ein so ferner Gott mit einem so rigiden Machtanspruch und eine Religion, befleckt von so viel Fanatismus! Setzt man sich da nicht lieber zu einem netten humanistischen Atheisten, der niemanden missionieren oder im Namen Gottes bekämpfen will, mit dem man angstfrei über Gott und die Welt reden kann in der Gewissheit, nach dem Gespräch den lieben Gott einen guten Mann sein zu lassen? Doch der Atheismus hat als Staatsatheismus in der Moderne womöglich mehr unschuldige Menschen auf dem Gewissen als alle Religionen zusammen. Und die Frage nach Gott einfach auf sich beruhen zu lassen, ist auch keine Lösung, wenn man nicht gleichzeitig die Frage nach dem eigenen Tod und nach dem Sinn des eigenen Lebens auf sich beruhen lassen will. Auch heute also kann niemand ernsthaft der Frage nach Gott aus dem Weg gehen. Wäre es also denkbar, dass es darauf doch eine Antwort gibt, vielleicht sogar eine abschließende Antwort?

Die Antwort – Ein aufregendes Ereignis

1. Die Überraschung

Edith Stein schellte an der Tür. Als die Tür sich öffnete, stand vor ihr eine freundliche junge Frau. Eine Frau, die lächelte. Edith Stein war völlig überrascht. Sie war gekommen, um dieser Frau ihr Beileid auszusprechen zum allzu frühen Tode ihres Mannes, der ein bewunderter Kollege von Edith Stein war. Die Frau bat sie herein. Sie sprachen miteinander und die Frau sagte ihr, wie traurig sie sei, aber dass sie gläubige Christin sei, ihr Leid im Glauben annehme und nun hoffe, dass ihr Mann bei Gott sei. Die Frau sagte das milde, wie um Edith Stein zu trösten, aber sie sagte es mit Überzeugung.

Als Edith Stein das Haus verließ, war sie ganz aufgewühlt. Wie konnte ein Mensch nach einem so schrecklichen Verlust eine solche ruhige und ganz unspektakuläre Zuversicht haben? Edith Stein war Atheistin. Sie war das schon lange. Sie entstammte einem assimilierten jüdischen Elternhaus, der Vater war gestorben, als sie gerade mal ein Jahr alt war, und die Mutter vermochte es nicht, den Glauben an Gott ihren Kindern weiterzugeben. Irgendwann mit 15 Jahren hatte sich Edith entschieden, den Glauben an den Gott Abrahams, Isaaks und Jakobs endgültig fahren zu lassen. Sie war geistig außerordentlich wach, und die alten Geschichten genügten ihrem intellektuellen Anspruch einfach nicht mehr. Sie ging dann zum Philosophiestudium zu Edmund Husserl nach Göttingen und Freiburg. Sie war brillant. Sie war emanzipiert. Sie nahm sich die Freiheit zu denken und zu tun, was sie wollte. Das entsprach ganz dem unkonventionellen Denken Husserls, der mit seiner Phänomenologie der Welt möglichst unbefangen erkennend gegenübertrat. Der Atheismus Edith Steins war unerschüttert. Das Judentum kam für sie ohnehin nicht mehr in Frage, das Christentum war ihr fremd. Aber die Antworten der Philosophie befriedigten sie auch nicht.

Da schellte sie bei Anna Reinach. Und seit dieser kurzen Begegnung ließ sie die Erinnerung daran nicht los. Einige Zeit später war sie bei Freunden eingeladen, wo sie auch übernachtete. Abends hatte man ihr noch die Bibliothek gezeigt, alles stehe ihr zur Verfügung, sie könne sich ruhig noch ein Buch wählen. Aufs Geratewohl hatte sie in den Bücherschrank gegriffen und die Selbstbiographie der heiligen Teresa von Ávila in die Hände bekommen. Und ebenso zufällig begann sie darin zu lesen. Sie las die ganze Nacht durch. Edith Stein erinnerte sich später ganz genau: Als sie am Morgen das Haus verließ, war sie keine Atheistin mehr. Sie war entschlossen, sich taufen zu lassen.

Edith Stein war eine höchst intelligente und rationale moderne Frau. Sie war in allem ernsthaft und gerade als Philosophin von Rang überhaupt nicht leichtgläubig. Sie hatte keinerlei Hang zu Schwärmerei und Gefühlsduselei. Ihre Lehrmeisterin war jahrelang die Vernunft gewesen und sie war eine glänzende unbestechliche Schülerin. Die Selbstbiographie der heiligen Teresa von Ávila ist keine mystische Geheimschrift, die die Kirche in petto hat, um überfallartig Atheisten zu bekehren. Die Schrift kann man überall kaufen und sie ist bei aller Frömmigkeit der heiligen Teresa durchaus nicht überschwenglich, sondern eher nüchtern abgefasst. Aber sie ist natürlich ein Bekenntnis. Ein Glaubensbekenntnis. Und zwar ein höchst persönliches Bekenntnis zum Glauben an Jesus Christus, den Sohn Gottes. Mehr nicht, aber auch nicht weniger.

Der Weg, auf dem Edith Stein zum Glauben gefunden hatte, war für Christen an sich nicht ungewöhnlich. Schon Platon hatte in seinem Siebten Brief gesagt, Sokrates sei der Auffassung gewesen, die Wahrheit erschließe sich nicht durch endlose Ketten von Argumenten. Die Wahrheit blitze plötzlich auf im Moment.

Die Wahrheit des christlichen Glaubens hat die atheistische Philosophin Edith Stein nicht bloß durch irgendeine Lektüre oder durch Nachdenken erkannt. Die Wahrheit des christlichen Glaubens blitzte ihr auf durch eine vergleichsweise unspektakuläre Begegnung und dann durch ein Lebensbekenntnis, zwar ein aufgeschriebenes, aber dennoch ein höchst persönliches. Gehen wir davon aus, dass die Antwort auf alles Fragen der menschlichen Person nicht ein Satz ist, eine Lebensweisheit oder ein Wortschwall, sondern wiederum eine Person, der personale Gott, dann ist dieser Weg der Edith Stein nicht verwunderlich. Nach christlichem Glauben kann man Gott – wie einen Menschen – nicht begreifen, man kann ihm nur begegnen. In Menschen zum Beispiel.

Der Atheismusforscher Georges Minois weist mit Recht darauf hin, dass bei Intellektuellen der Glaube häufig aus Überdruss an der endlosen Suche nach der Wahrheit verloren geht. Der Satz »Drum prüfe, wer sich ewig bindet, ob sich nicht doch was Bessres findet« ist ein Scherzwort. Doch heute scheint zugleich mit der ehelichen Treue auch der Sinn für Humor abhanden zu kommen und man hält ein solches Scherzwort für einen genialen Simplify-your-life-Tipp. So wie man aber niemals heiraten wird, wenn man an sich selbst den Anspruch stellt, erst einmal alle weltweit in Frage kommenden Frauen kennenzulernen, so funktioniert der Weg, auf den ich mich als Jugendlicher, angeregt durch den Religionsunterricht, begeben hatte, auch beim Glauben an Gott nicht. Die Auswahl der für mich besten Religion oder Weltanschauung nach den Kriterien der Stiftung Warentest ist ein pubertäres endloses und deshalb aussichtsloses Unterfangen. Dennoch muss auch die religiöse Überzeugung seriös gewonnen werden, bestimmt sie doch mein Leben womöglich nachhaltiger als meine Heirat. Aber wie?

An dieser Stelle wird es spannend, und wir müssen nun etwas genauer hinsehen. Was bedeutet die eigentümliche christliche Überzeugung, dass man Gott in Menschen begegnen kann? Sind diese Menschen die Topverkäufer Gottes, vermarkten sie das

Produkt Gott professionell oder sogar genial? War Frau Reinach der Herr Kaiser von der Hamburg-Mannheimer Versicherung, der »immer für Sie da ist«? Ganz sicher nicht.

Ich hatte gesagt, dass existenzielle personale Erfahrungen nur höchstpersönlich und nicht durch Vertreter gemacht werden können. Damit hatte ich zu erläutern versucht, dass der personale Gott sich an konkreten Orten zu konkreten historischen Momenten gegenüber konkreten Menschen und einem konkreten Volk offenbart hat. Als ich das schrieb, zögerte ich ein wenig, denn ich habe Ihnen, lieber Leser, zwar versprochen, einigermaßen verständlich zu schreiben, es soll aber auch nichts falsch sein. Genau genommen hat Gott Abraham aber gewöhnlich nicht direkt, sondern indirekt angesprochen. Er schickte ihm drei Engel, die ihm die Fruchtbarkeit seiner alten Frau Sarah verkündeten, was Sarah bekanntlich köstlich amüsierte. Dennoch habe ich mir erlaubt, davon zu sprechen, dass Gott höchstpersönlich mit Abraham in Kontakt tritt. Denn die Engel waren im Grunde keine Vertreter, wie irgendein Versicherungsvertreter; sie waren vielmehr die authentische Stimme Gottes.

Man muss aber dennoch zugeben, dass beim personalen Handeln Gottes im Alten Testament ein Defizit bleibt. Gott ist zwar persönlich engagiert für sein Volk und rettet es mit mächtiger Hand, er redet kraftvoll und sanft, zürnend und liebevoll, mahnend und strafend von seinem ewigen Thron herab zu den Menschen und zu seinem Volk – aber er bleibt letztlich bei alldem dennoch der unendlich ferne, der unberührbare, vielleicht sogar ungerührte ewige allmächtige Gott. Ein bisschen, wie Friedrich Schiller sich seinen Gott vorstellte: »Und ein Gott ist, ein heiliger Wille lebt, / Wie auch der menschliche wanke, / Hoch über der Zeit und dem Raume webt / Lebendig der höchste Gedanke; Und ob alles in ewigem Wechsel kreist, / Es beharret im Wechsel ein ruhiger Geist.« Freilich, mit einem »heiligen Willen«, mit einem »höchsten Gedanken«, mit einem Wesen, das ob all des entsetzlichen Leids und des Elends in der Welt ein ungerührter »ruhiger Geist« bleibt, wird der hungernde hilflose

Analphabet in den Armenvierteln dieser Welt nichts zu tun haben können und wollen. Dieser Gott Schillers wäre also kein wirklich universaler Gott für alle Menschen. Es wäre ein etwas gravitätischer, kurzsichtiger Gutwettergott für eine nette, gesittete und ein bisschen gebildete bürgerliche Elite – der bei der Krebsdiagnose des Hausherrn allerdings von der Wohnzimmerkommode fällt, wie die Gipsgöttin bei Wilhelm Busch: »Ach! – Die Venus ist perdü – Klickeradoms! – von Medici.«

Der Gott Schillers wäre ein Missverständnis des alttestamentlichen Gottes. Doch vielleicht ein nicht so völlig fernliegendes. Denn für den Außenstehenden bleiben beunruhigende Fragen auch an den alttestamentlichen Gott. Gewiss, dieser Gott bleibt nicht in der philosophischen Abstraktion, sondern redet und handelt personal. Er tritt den Menschen wirklich gegenüber, schützt sie, rettet sie, ist ihnen treu. Aber wer sagt denn verbindlich, dass dieser Gott nicht doch in Wirklichkeit ein Dämon ist, der sich mit seinem unendlichen Spieltrieb diese Welt nur so zum Spaß erschaffen hat? Wer sagt denn verbindlich, dass zwar wir vielleicht ihm personal begegnen können, wir selbst aber für ihn nicht bloß Zeug sind, Spielzeug? Nach dem Motto einer bayrischen Einführung ins Ewige Leben: »Armer Maikäfer, hast' keinen Vater mehr, hast' kei' Mutter mehr, hast' nur noch den lieben Gott im Himmel.« Und dann drückt der brutale Bayer mit dem Daumen aufs imaginierte Käfertier: »Magst' ihn sehn?« Goethe, der das Leben so liebte, hat die Unberechenbarkeit der alten Götter beunruhigt: »Es fürchte die Götter das Menschengeschlecht! Sie halten die Herrschaft in ewigen Händen / Und können sie brauchen, wie's ihnen gefällt … / Es wenden die Herrscher ihr segnendes Auge von ganzen Geschlechtern. / Und meiden, im Enkel die ehmals geliebten still redenden Züge des Ahnherrn zu sehn. / Es horcht der Verbannte in nächtlichen Höhlen, der Alte die Lieder, denkt Kinder und Enkel und schüttelt das Haupt.« Und wer sagt denn verbindlich, dass dieser Gott, dem wir im Alten Testament begegnen, nicht mit all seinen vielen Worten letztlich – lügt? Dass nicht seine Gebote vielleicht bloß eine neidische

Quälerei der Menschenkinder sind, seine Verheißungen erlogene Vertröstungen, seine Rettung des Volkes Rettung für den nächsten gottgefälligen Untergang?

Um das definitiv zu klären, musste in der Pädagogik Gottes über seine Offenbarung im Alten Testament hinaus ein weiterer, der letzte Schritt geschehen. Ob dieser Schritt geschehen würde, ob Gott das klären wollte, das konnte kein Mensch voraussagen. Auch wie das geschehen würde, war absolut unvorhersehbar. Es war die Frage, um es neudeutsch zu sagen, ob Gott sich endgültig outen würde, ob er irgendwie von sich aus mitteilen würde, wie er wirklich ist. Diese Offenbarung musste alle bisherigen Vorsichtsmaßnahmen – Schuhe ausziehen in Anwesenheit des heiligen Gottes am Berg Horeb, Wegschauen vor dem brennenden Dornbusch – hinter sich lassen. Und ein solches Ereignis musste außerdem sorgfältig vorbereitet sein, damit es den schwachen freien Menschen dann nicht völlig aus den Schuhen hauen würde.

Auch hier könnte man dem lieben Gott nun viele Vorschläge machen, wie er es am besten bewerkstelligt, damit wir das so richtig gut finden. Es gibt Menschen und auch manche ehemalige Theologen, die es dem lieben Gott verübeln, dass er es nicht so gemacht hat, wie sie es sich so schön gedacht haben. Doch damit verhalten sie sich wie jene Frau in Paul Watzlawicks »Anleitung zum Unglücklichsein«, die ihrem Mann sagt: Nie bist du nett zu mir, nie tust du mal etwas nur für mich, deine Liebesbeteuerungen kannst du dir an den Hut stecken. Sieh dir doch mal unseren Nachbarn an, der liebt seine Frau wirklich, ab und zu schenkt er ihr sogar Blumen ... Als der Ehemann dann am nächsten Tag mit Blumen vor seiner Frau steht, fährt sie ihn noch grimmiger an: Aha, nur weil ich es dir gesagt habe, schenkst du mir Blumen. Ich möchte, dass du mir freiwillig Blumen schenkst! Watzlawick nennt das die »Sei-spontan-Paradoxie«, ein Kunstgriff, der schon so manche Ehe ruiniert hat. Bei der Beziehung zwischen Menschen muss man jedem seinen Stil lassen und nicht versuchen, dem anderen dauernd vorzuschreiben, wie er sich benehmen soll, damit man ihn akzeptieren kann. Lassen wir also auch Gott seinen Stil.

Was also hat Gott selbst gemacht? Er hat uns zunächst so geschaffen, dass wir uns nicht nur mit allen unseren Kräften bewusst oder unbewusst nach Gott sehnen, sondern dass wir Menschen auch über die Fähigkeit verfügen, ihn zu hören und ihm wirklich zu begegnen, wenn wir wollen. Das ist keinesfalls selbstverständlich. Er hat dann den Menschen in seiner Pädagogik über Jahrtausende hinweg Schritt für Schritt in allen noch so skurrilen Religionen ganz allmählich eine Vorstellung vom Göttlichen nahegebracht. Schließlich hat er in seiner Geschichte mit seinem auserwählten Volk Israel nicht nur den Juden, sondern allen Menschen, die die Geschichte dieses Volkes erleben können, eine konkrete Vorstellung von sich mitgeteilt. Und er hat in seinen heiligen Zehn Geboten von seinem Volk nicht nur die Verehrung Gottes gefordert, sondern auffälligerweise zugleich den Respekt vor dem Mitmenschen. Doch all das war in seiner Pädagogik nur Vorspiel, Vorbereitung auf ein im Grunde fast unglaubliches Ereignis. Damit die Menschen diesem Ereignis nicht nur in fassungslosem blödem Staunen ausgeliefert sein würden, sondern es auch mit ihrem Verstand wahrnehmen könnten, traten die jüdischen Propheten auf – und die heidnischen Sibyllen, würde der fromme Michelangelo hinzufügen –, die bestimmte Aspekte des Ereignisses vorhersagten. Das war auch nötig, denn wer sollte schon beim höchstpersönlichen Erscheinen des ewigen allmächtigen Gottes auf der Welt – einen »leidenden Gottesknecht«, einen schwachen »Menschensohn«, ein »Lamm Gottes« erwarten, einen Gott, der es duldet, sich foltern zu lassen?

Und dann geschah es. Gott sandte seinen Sohn. Jesus Christus. So wurde Gott Mensch. Für uns. Er selbst. Ohne Abstriche. Höchstpersönlich. Nicht völlig unerwartet. Aber dann doch überraschend. Ergreifend. Einmalig. Wie jede Liebeserklärung. Und er offenbarte sich nicht als Dämon. Der Gott des Alten Testaments offenbarte sich endgültig als liebender Gott. Als ein Gott der uneingeschränkten, verlässlichen, geduldigen Liebe. Unseren

Vater sollen wir ihn nennen, Jesus nennt ihn sogar zärtlich und ehrfurchtsvoll Väterchen, Abba. Und nicht so sehr, was er sagte, war wichtig. Gesagt hatte Gott schon viel. Was er, was Jesus tat, war wichtig.

Er wurde in Armut geboren. In einem Stall. Er verkündete die Gegenwart des befreienden Reiches Gottes. Er sagte, dass Gott wolle, dass die Menschen nicht selbstherrlich, sondern vielmehr uneigennützig sein sollten. Er sagte, dass man Gott am besten dadurch ehre, dass man den nächstbesten Menschen so lieben solle, wie sich selbst. Und er sagte etwas Ungeheures, dass man nämlich in diesem Nächsten, im Armen, Kranken, Leidenden, Einsamen, Sterbenden Gott selbst begegne. Wir mögen das heute nicht mehr ungeheuerlich finden, weil wir es schon zu oft gehört haben. Wenn Sie aber überlegen, dass Sie vielleicht eben achtlos an Gott selbst vorbeigegangen sind, dann ist das wahrscheinlich auch heute ziemlich ungeheuerlich. Das ist nicht irgendwie bloß nett symbolisch gemeint. Jesus sagt das alles sehr ernsthaft und ziemlich direkt. Und dann zeigt er, Gott, höchstpersönlich, wie man nach Gottes Auffassung leben soll. Man soll nicht nur einen gewissen Teil seines Aktienpakets für die Menschen einsetzen, sondern alles, wenn es sein muss sein Leben. Er selbst tut das. Er stirbt unschuldig am Kreuz. Freiwillig. Ein kaum glaubliches Ereignis: Gott erniedrigt am Galgen. So etwas gab es in keiner anderen Religion. Doch es war die äußerste Konsequenz seiner Liebe. Allerdings starb er nicht wie so viele andere scheinbar gescheiterte unschuldige Menschen: Jesus ersteht am dritten Tage vom Tode auf, um den Menschen wirklich zu zeigen, dass auch sie, wenn sie ihm nachfolgen, gerettet werden und das Ewige Leben erlangen. Und Jesus erklärt dann noch, dass die Entscheidung Gottes für das Heil der Menschen unwiderruflich ist und dass der Heilige Geist, der auch ihn selber bewegt, ihnen bis ans Ende aller Tage helfen wird, zu glauben, zu hoffen und zu lieben.

Das war's. Das ist die Antwort. Punkt.

Doch was soll dann die ganze christliche Theologie, dieser unübersehbare Wust an gelehrten Schriften, diese Dogmen, diese ewige Rechthaberei? – Das hat alles im Grunde nichts zu sagen. Nichts Wirkliches wenigstens. Jedenfalls nichts anderes und vor allem nichts Neues. Mit der Menschwerdung Gottes durch die Geburt, das Leben, das Sterben und die Auferstehung Christi ist die Offenbarung definitiv beendet. Alles andere ist noch nicht mal Nachspielzeit oder persönliches Elfmeterschießen. Und – übrigens – alle christlichen Kirchen lehren das! Wir leben jetzt in einer Zeit der Entscheidung. Jeder muss sich nun entscheiden, ob er wie die Patriarchen Abraham, Isaak und Jakob, wie die Propheten Jesaja, Jeremia und Jona, wie vor allem die Apostel Petrus, Andreas und Paulus glaubt, das heißt, dem menschgewordenen Gott vertraut. Oder ob er dieses Angebot Gottes stolz zurückweist und für sich selbst bleiben will, um dann irgendwann in sich selbst im Nichts zu versinken.

Die Kirche kann jenem nach christlichem Glauben größten Ereignis der Weltgeschichte nichts Neues hinzufügen. Das sagt sie selbst. Auch die Dogmen, die Theologie und die großen Kirchenlehrer können dem Ereignis der Menschwerdung Gottes nichts hinzufügen. Darum hat das milde und gar nicht rechthaberische alte Mütterchen, das vielleicht nicht lesen und nicht schreiben kann, völlig recht, wenn es einfach nur in die Kirche geht, regelmäßig betet und liebevoll, bescheiden und unspektakulär für die Nachbarn und die Familie sorgt. Mehr ist nicht nötig. An dieser Stelle können also jetzt alle, die nicht lesen und schreiben können, die Lektüre einstellen.

2. Tumulte unter Metzgern und Bäckern

Doch der Apostel Paulus sagt, man müsse auch Verständnis für die Schwachen haben. Es gibt Menschen, denen fehlt die selbstverständliche geistige und menschliche Weite des alten Mütterchens. Es sind hochintelligente und ganz unbegabte Menschen, überfürsorgliche und herzensharte, feinsinnige und grobschlächtige. Und auch ihnen ist das Heil zugesprochen. Zu diesen

»Schwachen« gehörte der geniale Aurelius Augustinus, von dem wir schon hörten. Anfangs war er von der Einfachheit der biblischen Geschichten so abgestoßen wie später etwa Albert Einstein. Als Augustinus aber dann die allegorische Auslegung der Theologen kennenlernte, war seine Bewunderung auch der Bibel groß. Solche Menschen brauchen also mehr Erklärungen, sie möchten die eine Antwort besser verstehen durch viele Antworten für ihre Vernunft, für ihr Wissen, für ihre Sinnlichkeit. Der Glaube fragt den Verstand, hat Anselm von Canterbury das im 12. Jahrhundert genannt. Und man muss schon zugeben, dass durch all diese Bemühungen nicht nur bisweilen Ermüdendes, sondern auch Ergreifendes hervorgebracht wurde.

In unserer Zeit hat zum Beispiel der Franzose Teilhard de Chardin das ungeheure Ereignis der Menschwerdung Gottes in einem großartigen theologischen Entwurf als das zentrale kosmische Ereignis beschrieben. Eindrucksvoll schildert Teilhard, wie der ewige Gott, der Schöpfer der Welt, diese ganze Schöpfung auf den »Punkt Omega«, auf Christus hin erschaffen hat, wie er sie durch die Jahrmillionen machtvoll vor dem Versinken ins Nichts bewahrt hat und als Herrscher des Alls schließlich selbst ein schwacher Mensch geworden ist. Man warf Teilhard anfangs die Neuheit seines Denkens vor, doch in Wahrheit war es ein uralter christlicher Gedanke. Schon in den frühchristlichen Mosaiken und dann vor allem im Mittelalter kann man Christus als den Weltenherrscher auf der Weltkugel thronend dargestellt sehen. Es ist ein weiterer Horizont, in dem Christus da erscheint, als bloß in der Begegnung mit jedem Einzelnen.

Wenn man die Frage hat, wie man angesichts der Evolutionstheorie an Gott glauben kann, dann kann man sich von Teilhard de Chardin begeistern lassen. Wenn man die Frage aber gar nicht hat, braucht man ihn auch nicht zu lesen. Und so war es zu allen Zeiten. Die Theologie hatte die Aufgabe, die Fragen, die aus der Welt auf die tiefe und eigentlich so einfache christliche Botschaft zukommen, für Menschen, die solche Fragen hatten, redlich auf höchstem intellektuellem Niveau zu beantworten.

Was jetzt folgen muss, ist eine kurze Erklärung der zentralen Aussagen des Glaubens der Kirche. Da ich diesen Glauben teile und mir ja vorgenommen habe, nicht zu kompliziert zu werden, werde ich nun nicht immer wieder »die Christen glauben« dazu schreiben. Ich werde also den christlichen Glauben so darstellen, als sei er der wahre Glaube. Atheisten, die es bleiben möchten, bitte ich an dieser Stelle um etwas Geduld. Auch bei Science-Fiction-Filmen wird ja nicht immer wieder eigens betont, dass für die Handlung bestimmte Voraussetzungen gemacht werden müssen, die zurzeit im wirklichen Leben noch nicht erfüllt sind. Atheisten können das also wie »Faith-Fiction« lesen. Am Schluss können sie sich natürlich wieder in ihr atheistisches Wohnzimmer begeben und den lieben Gott wie immer einen guten Mann sein lassen. Sie können das Folgende aber auch als Bildungslektüre begreifen. Ein der christlich-abendländischen Kultur entwachsener Atheist sollte als gebildeter Mensch wenigstens die Wurzeln kennen, von denen er sich abgeschnitten hat. Und sei es nur fürs nächste Fernsehquiz.

Fangen wir mit dem Glauben da an, wo etwas weitergehen musste – in den Jahren nach Jesus also. Was schlichte Fischer am See Genezareth erlebt hatten, was dann andere Orientalen aufgeschrieben hatten und was der jüdische Schriftgelehrte Paulus aus Tarsus den Juden und Heiden verkündet hatte, das musste jetzt mehr oder weniger schlagartig einem halbgebildeten traditionsbewussten Römer, einem hochgebildeten philosophierenden Griechen und überhaupt einer anspruchsvollen intellektuellen Elite des Römischen Reiches erklärt werden. Vom Gelingen oder Scheitern dieses Projekts hing immerhin ab, ob die Christen eine unter vielen orientalischen Sekten blieben oder ob sie eine universale Einrichtung werden konnten, über welche die Erlösung durch den menschgewordenen Gott gewissermaßen jedermann zugänglich werden konnte. Sekten halten sich bekanntlich in einem »Schwarz-Weiß-Denken« ausschließlich selbst für Besitzer der Wahrheit; sie trennen sich nicht nur von allen anderen Zeitgenossen, sondern auch von allen früheren historischen Epochen strikt ab. Dagegen hatte die christliche Botschaft in Respekt vor der bisherigen Geschichte Gottes mit den Menschen zu erfolgen, nicht nur in Respekt vor der Geschichte mit den Juden, sondern – darauf bestand der Jude Paulus – auch in Respekt vor der Geschichte Gottes mit den Heiden. Das Christentum musste antiken Menschen verständlich gemacht werden, denen auch schon das jüdische Denken fremd war. Diese gewaltige geistige Arbeit der frühen Christenheit war deswegen so schwierig, weil die Begriffe der griechischen Philosophie bereits vorlagen und natürlich eigentlich nicht für christliche Inhalte gedacht waren. Andererseits konnte man auch nicht einfach eine neue Sprache erfinden, um das wirklich Neue des Christentums verständlich zu machen. Niemand hätte das dann verstanden.

Man hat diese Entwicklung der ersten nachchristlichen Jahrhunderte als Abrücken vom Ursprung kritisiert oder als Vertiefung und tieferes Verstehen gefeiert. Es ist natürlich beides gewesen. Denn das Christusereignis – und auch das Wirken des Heiligen Geistes – ist historisch. Daher muss sich auch das Verstehen dieses Ereignisses historisch entwickeln – jedoch ohne Brüche, kontinuierlich und organisch aus der Quelle des Anfangs heraus.

Die großen Denker des frühen Christentums scheuten keinen Augenblick vor dieser Riesenaufgabe zurück. Sie krempelten die Ärmel hoch, legten sich den Papyrus zurecht, spitzten die Feder und schrieben ohne Berührungsängste in der Sprache der griechischen Philosophie, in der Sprache des römischen Rechts und in den vielen anderen Sprachen der damaligen Welt über dieses größte Ereignis aller Zeiten. Und da sie den großen liberalen Gedanken der göttlichen Pädagogik mit den Menschen gefunden hatten, gingen sie mit großem Respekt vor den jahrtausendelangen Erfahrungen und geistigen Leistungen der Menschheit wie selbstverständlich davon aus, dass in allen Sprachen und Traditionen der Welt Christus vorausgeahnt sei.

Der Apostel Paulus hatte das rhetorisch brillant vorgemacht, als er in Athen auf dem Areopag über Christus sprechen wollte.

Er redete zunächst von einem Altar mit der Aufschrift »Einem unbekannten Gott«, den er beim Umhergehen in Athen zufällig gesehen hatte. Und er sagte, genau diesen unbekannten Gott wolle er den Athenern nun verkünden. Sofort musste aber auch er erleben, wie schwierig das war. Denn als er dann über die leibliche Auferstehung reden wollte, da winkten die Athener ab: Darüber wollen wir dich ein andermal hören. Denn der Leib, das Gefängnis der Seele, wie ihn die heidnischen Philosophen genannt hatten, war in den Augen der Athener eine ärgerliche Last. Solchen Menschen die Auferstehung des Fleisches verständlich zu machen, war ein gutes Stück Arbeit, eine Arbeit, die nicht immer sofort gelang, wie auch der missionserfahrene Apostel Paulus erleben musste. Doch gerade die Auferstehung des Fleisches ist die diesseitsfreudige Pointe des christlichen Jenseitsglaubens. An die Unsterblichkeit der Seele glauben auch viele andere Religionen.

Niemand wird also bestreiten, dass diese Dolmetscher-Aufgabe zwar schwierig, aber zugleich äußerst wichtig war, und sie hatte schließlich weltweiten Erfolg. Doch wir Heutigen haben ein Problem damit. Denn die dadurch entstandenen theologischen Definitionen und Begriffe klingen in unseren Ohren manchmal ziemlich fremd und kompliziert. Das liegt nicht daran, dass Gott kompliziert ist, sondern dass viele Menschen kompliziert sind. Gott ist ja in die wirkliche Geschichte eingetreten und er respektiert die wirklichen Menschen mit all ihren absonderlichen Fragen – wirklich. Theologie ist eine Krücke, eine Dienstleistung für Leute, denen das hilft. Wem das nicht hilft, der kann sich besten Gewissens beim alten Mütterchen unterhaken und mit in die nächstbeste Kirche marschieren. Theologie ist ein wichtiges, aber nicht für jeden erforderliches und auch immer ein gefährliches Geschäft, da man stets in die Versuchung geraten kann, Gott in herrscherlicher Geste mit dem Mittel der menschlichen Vernunft in die Zettelkästen seines Schreibtischs zu sperren. Gute Theologie macht sich nicht wichtiger, als sie ist. Gute Theologie dient dem Glauben, sie beherrscht ihn nicht.

In der Medizin unterscheidet man zwischen Befund und Diagnose. Befund, das sind die Phänomene, die der Arzt bei der Untersuchung beobachtet. Die Diagnose bringt dann all diese erhobenen Befunde auf den Begriff. Der Befund des Christentums steht in der Bibel. Er ist vergleichsweise einfach: In der Regierungszeit des Kaisers Augustus wird in Palästina der Jude Jesus geboren. Er ist ganz normaler Mensch, lebt, lehrt, dass Gott die Liebe ist und die Menschen von aller Not befreien will, wird unschuldig zum Tode verurteilt und stirbt am Kreuz. Dieser Mensch Jesus wird zugleich als Sohn Gottes verehrt und er steht vom Tode auf. Er betet zu Gott seinem Vater und sagt, dass der eine Gott selbst als Heiliger Geist bis ans Ende aller Tage bei den Menschen bleiben wird.

Für diesen Befund gibt es eine einfache Erklärung. Wenn man jemand anderem seine Liebe erklären will, kann man dafür keinen Vertreter schicken, das muss man schon selbst machen. Und wenn es eine ganz uneingeschränkte Liebe ist, dann ist man bereit, für diesen geliebten Menschen ganz ernsthaft sogar sein Leben einzusetzen. Ein Gott, der kein Dämon und kein Marionettenspieler ist, sondern der die Menschen aus ganzem Herzen wirklich liebt, konnte also nicht bloß einen Vertreter schicken oder ein nettes Buch aus den Wolken fallen lassen, in dem alle seine guten Ideen von der Liebe schön aufgeschrieben stehen. Er musste selbst kommen. Höchstpersönlich. Und wenn diese Liebe nicht bloß wie bei Hans Albers auf Sankt Pauli »bis morgen früh um neune« dauern, sondern wirklich radikal und unwiderruflich sein soll, dann schließt sie die Möglichkeit des Einsatzes des ganzen Lebens ein. Gott musste bereit sein, sogar zu sterben.

Wie soll man sich das vorstellen? Genau vor dieser Frage standen die Denker der frühen Christenheit. Natürlich geht das nicht, wenn Gott Vater, der Schöpfer der Welt, stirbt und damit sich und die Welt ins Nichts versinken lässt. Deswegen gibt es Gott Sohn. Denn wenn Gott bloß scheinbar sterben würde, wäre das Ganze ein Possenspiel. Wenn es aber andererseits nur scheinbar Gott wäre oder ein Gott zweiter Klasse, der da am Kreuz stirbt, wäre eben doch nicht Gott selbst wirklich Mensch geworden und als Zeichen der Liebe für die Menschen unschuldig gestorben. Hinzu kommt: Sollte diese Tat wirklich kosmisch sein, das heißt, sollte sie den Sinn des ganzen Weltalls und aller Menschen bis in alle Zukunft bestimmen, dann musste Gott ebenso persönlich für alle Zeiten bei den Menschen bleiben. Und das tut er – persönlich – als Heiliger Geist. Dennoch ist es natürlich für unsere wirkliche Erlösung wichtig, dass es immer der eine selbe Gott ist, der uns in den unterschiedlichen Personen wirklich begegnet, der eine selbe Gott, der uns erschafft, erlöst und wirksam bei uns bleibt. Irenäus von Lyon nennt im 2. Jahrhundert den Sohn und den Geist »die eigenen Hände Gottes«.

So jedenfalls habe ich mir persönlich das alles erklärt. Man kann sich das natürlich auch anders zu erklären versuchen. Alle Erklärungen kommen ohnehin, wenn es um Gott geht, irgendwann ins Stottern, denn sie versuchen irgendwie dann doch, alle Gedanken Gottes zu denken, und übernehmen sich dabei. Wenn ich zum Beispiel oben schreibe, »dann musste Gott«, heißt das natürlich nicht, dass ich mir erlaube, dem lieben Gott vorzuschreiben, was er muss und was er nicht muss. Er könnte natürlich auch ganz anders. Und wenn ich sage, »deswegen gibt es Gott Sohn«, dann gibt es Gott Sohn natürlich von Ewigkeit her nicht bloß deswegen, um für uns zu sterben. Richtig aber daran ist, dass alles, was wir Menschen von Gott Vater, Sohn und Geist sagen können, das ist, was Gott für uns Menschen, für unser Glück, für unsere Befreiung aus aller Not getan hat, und dass das für ihn keine lästige Nebentätigkeit war und ist, sondern dass diese liebevolle Zuwendung zum Menschen ganz seinem Wesen entspricht. Und das war das so völlig Unerwartete dieses Ereignisses: dass der ewige allmächtige Gott, der Schöpfer des Alls, ganz klein und ohnmächtig wird – um uns freie Menschen aus überströmender Liebe zu ewigem Leben an sich zu ziehen. Ein gewisser Joseph Ratzinger hat dazu in seiner sehr lesenswerten »Einführung in das Christentum« geschrieben: »Für den, der als Geist das Weltall trägt und umspannt, ist ein Geist, ist das Herz eines Menschen, das zu lieben vermag, größer als alle Milchstraßensysteme.« Gott ist Überfluss. Er schafft ein riesiges materielles Weltall für das geistige Drama Gott und Mensch. Er gibt nicht irgendwas oder irgendwen, er gibt sich selbst aus Liebe. Der unendliche jenseitige Gott ist zugleich jedem Einzelnen von uns liebevoll nahe. Und so ist Nachfolge Christi nicht göttliches Herrschen, sondern göttliches Dienen, aus Liebe von sich absehen und ganz klein werden, aus Liebe sein Kreuz auf sich nehmen, aus Liebe nicht bloß irgendetwas opfern wie in den vielen Religionen der Welt, sondern sich selbst geben, notfalls sogar unter Einsatz des Lebens. Doch um noch genauer zu sein, müsste ich das jetzt exakter »differenzieren«, wie man so sagt. So etwas wäre dann hohe Theologie, eine wichtige, eine schwierige Wissenschaft, die aber nicht Gegenstand dieses Buches sein soll.

Theologie begann, als der Apostel Thomas so seine Fragen hatte. Man hat ihn den »ungläubigen Thomas« genannt, doch das ist ganz ungerecht. Thomas hatte Fragen, die viele von uns wahrscheinlich auch gehabt hätten. Und man muss betonen, dass die Kirche den Apostel Thomas dennoch immer als Heiligen verehrt hat. Thomas hatte sich also offensichtlich eine Menge Gedanken gemacht, ohne aber die Phänomene selbst im Blick zu haben. Er fand, das Ganze mit der Auferstehung Jesu sei total unglaublich, eine Spinnerei, eine vielleicht unbändige Hoffnung enttäuschter Jünger, die ihren sehnlichen Wunsch mit der Wirklichkeit verwechselten. Feuerbach lässt grüßen. Die Antwort Jesu auf die zweifelnden Fragen des Thomas ist keine theologische Abhandlung. Er fordert Thomas auf, die Hand in die von den Soldaten geschlagene Wunde an seinem Herzen zu legen und die Auferstehung auf diese Weise mit den Händen zu greifen. Und damit zu begreifen, dass die uralte, intensive Sehnsucht aller Menschen bis auf den heutigen Tag, dass der geliebte Mensch, an dessen Grab sie stehen, über den Tod hinaus lebt, nicht bloß ein psychisches Phänomen bleibt. Sondern dass Gott selbst diese Auferstehungssehnsucht für alle Menschen, die ihm vertrauen, erfüllen wird. Auch hier muss man wieder betonen: Die Phänomene sind wichtig, der Befund. Darüber nachzudenken ist auch wichtig, aber zweitrangig. Und es ist ein gutes Stück Denkarbeit, das alles auf die Reihe zu kriegen. Wir können uns jedoch damit beruhigen, dass auch die frühen Christen immerhin einige Jahrhunderte brauchten, um zu mehr begrifflicher Klarheit zu kommen.

Diese Klarheit könnte man die Diagnose nennen. Die Diagnose wäre vielleicht gar nicht nötig gewesen, wenn es nicht immer wieder Theologen gegeben hätte, die mit großer Selbstgewissheit Fehldiagnosen gestellt hatten und so die Leute in Verwirrung brachten. Daher musste sich die Kirche aufraffen, um eine verbindliche Diagnose zu stellen. Es ging dabei nicht um irgendeine Rechthaberei. Doch eine unverbindliche Gemeinschaft von »Gläubigen«, die alles und jedes glaubten oder nicht glaubten, hätte nichts zu tun gehabt mit dem in der Kraft des Heiligen Geistes weiterlebenden Christus. Mit der Kirche also, die die Menschen zur Entscheidung ruft: sich dieser verbindlichen Botschaft zu ihrem ewigen Heil zu öffnen oder sich ihr zu ihrem ewigen Unheil aktiv zu verschließen. Die Kirche ging diese ungeheuer schwierige Aufgabe der diagnostischen Klärung in der festen Überzeugung an, dass Gott selbst, der Heilige Geist, den Christus ihr als Beistand dagelassen hatte, ihr dabei helfen werde. Eine solche Diagnose wurde dann unter Gebeten und Bitten zum Heiligen Geist auf so genannten Konzilien formuliert, in wissenschaftlicher Sprache versteht sich, also auch für manche heutige Menschen vielleicht mitunter ein wenig unverständlich.

Um klarzustellen, dass Jesus Christus wirklich Gott war und nicht eine minderwertige Zweitversion, wie manche behauptet hatten, nannte man ihn auf dem Konzil von Nizäa feierlich »eines Wesens mit dem Vater«. Und nach unendlichen Streitigkeiten, an denen sich im ägyptischen Alexandrien nicht nur die gelehrtesten Köpfe der Zeit, sondern sogar die Metzger und die Bäcker mit tumultartigen Ausschreitungen beteiligten, setzte sich diese Formulierung endgültig durch. Dabei ging es um keine Nebensächlichkeit. Wenn Jesus Christus nämlich nicht wirklich Gott selbst war, dann wäre die ganze Geschichte von der endgültigen und nicht mehr zu überbietenden Liebestat Gottes selbst eben nur eine bedeutungsschwangere Story unter anderen Storys gewesen, doch sie wäre nicht wirklich wahr gewesen.

Um die ungewöhnliche Vorstellung von dem einen Gott in drei Personen – Gott Vater, Gott Sohn, Gott Heiliger Geist – in Worte zu fassen, benutzte man den griechischen Ausdruck Hypostase, was so ungefähr Verwirklichung bedeutete. Man verwendete auch den lateinischen Ausdruck »persona«, was eigentlich Maske hieß. Beide Begriffe trafen aber den christlichen Glauben nicht ganz genau, weil sie dafür ja auch nicht erfunden worden waren. Die drei gleichberechtigten göttlichen Hypostasen waren nicht bloß allgemeine Verwirklichungen des einen Gottes, sondern konkret fassbare, ganz besondere Verwirklichungen, und sie waren andererseits nicht nur unterschiedliche Masken, die sich der eine Gott aufsetzte, sondern hatten eine eigene unterschiedene Bedeutung. Der dreifaltige Gott war kein Maskenspiel. Daher musste das Christentum für die völlige Neuheit seines Gottesbegriffs geradezu um Worte ringen und diese in ihrer Bedeutung sogar leicht verändern. Das trifft beim Personenbegriff zu.

So, wie er jetzt in allen Sprachen verwendet wird, stammt er aus der christlichen Gotteslehre. Der Wandel ist allerdings inzwischen so weit gegangen, dass wir mit Person heute den unverwechselbaren Kern eines Menschen mit jeweils eigenem Bewusstsein meinen, also geradezu das Gegenteil einer oberflächlichen Maske. Daher haben einige Theologen darauf hingewiesen, dass heute das Wort Person, auf die drei göttlichen Personen angewandt, umgekehrt missverständlich geworden ist, als könnten da, salopp gesagt, die drei göttlichen Personen sozusagen zu dritt rumsitzen und Skat spielen. Es gibt natürlich nur einen Gott, der in drei Personen für uns da ist. Skatspielen ausgeschlossen. Der Gott, der die Liebe ist, existiert lebendig in drei göttlichen Personen, die nicht getrennte Individuen, sondern reine liebevolle Beziehung aufeinander zu sind – in die wir Menschen durch Jesus Christus und den weiter wirkenden Heiligen Geist einbezogen sind. Man merkt hier schon, dass diese Glaubenssätze der

Kirche, genannt Dogmen, vor allem Abwehrdogmen waren, die irgendwelche ausgeklügelten ausgedachten Definitionen Gottes ausschlossen, aber sich nicht nun ihrerseits anmaßen wollten, mit menschlichen Worten Gott voll in den Griff zu kriegen.

Schwierig wurde es dann noch einmal, als man sich klarzumachen versuchte, wie denn nun die göttliche und die menschliche Natur in Jesus Christus zueinander in Beziehung standen. War die göttliche Natur in Christus völlig dominierend, wäre das menschliche Leid am Kreuz nicht wirklich ein Mitleiden mit der leidenden Menschheit gewesen, sondern im Hinterkopf wäre Jesus immer klar gewesen, dass das alles doch nur halb so schlimm ist. Dagegen sagte die Bibel eindeutig, dass er wirkliche Todesangst hatte, wirklich gelitten und sich sogar von Gott verlassen gefühlt hat. Jesus war also wirklich ohne alle Abstriche Mensch – in allem uns gleich außer der Sünde, versichert Paulus. Wäre aber andererseits die menschliche Natur völlig dominierend gewesen, dann wäre das Leben und Sterben Jesu nur ein weiteres Leben und Sterben eines ungerecht behandelten guten Menschen gewesen, nicht weniger, aber auch nicht mehr.

Die Theologen der Zeit hatten sich damals in zwei Lager gespalten. Die einen behaupteten, beide Naturen seien weitgehend getrennt, die anderen, sie seien im Gegenteil innigst vermischt. Die Entscheidung des Konzils von Chalkedon von 451 ist charakteristisch. Beide Extreme wurden abgelehnt und das göttliche Geheimnis gewahrt: In Jesus Christus sind göttliche und menschliche Natur unvermischt und ungetrennt geeint. Mehr gab der biblische Text auch nicht her, und mehr sollte man sich nicht einbilden, da hineingeheimnissen zu können.

Man sieht, wenn der Glaube nach dem Motto des heiligen Anselm von Canterbury den Verstand fragt, kommt manchmal Schwerverständliches heraus. »Mühsal« nannten wir Theologiestudenten das theologische Lehrbuch »Mysterium Salutis«. Die hochbedeutsame Entscheidung des Konzils von Chalkedon müssen Christen nicht kennen, jedenfalls nicht ausdrücklich. Nur ausdrücklich leugnen darf man sie nicht. So ist das mit allen kirchlichen Glaubenssätzen, den Dogmen. Kaum ein Theologe kennt alle Dogmen, die in den Jahrhunderten der Kirchengeschichte als Antworten auf damalige Streitigkeiten verkündet wurden. Es reicht, wenn man sich zum Glauben an Gott bekennt, dazu, dass Jesus Christus, der Sohn Gottes, die Menschen aus aller Not befreit hat und der Heilige Geist in der Kirche konkret und anschaulich weiterwirkt. Alles andere glaubt man dann sozusagen einfach mit.

Bei alldem muss man sich immer wieder in Erinnerung rufen, dass die eigentliche Aufgabe der Theologie ist, den tiefen Glauben des alten Mütterchens auf höchstem intellektuellem Niveau zu erklären und vor intellektueller Arroganz zu schützen. Daher soll es hier auch genug sein mit dem kleinen Ausflug in die Dreifaltigkeitstheologie, deren »armseliges Gestammel« Joseph Ratzinger einmal den »Verzicht auf die Anmaßung des Bescheidwissens« genannt hat. Denn wie die Liebe zwar unendlich wichtig, aber so gar nicht gut in Begriffe einzupacken ist, so geht es auch mit Gott, der die Liebe ist. Und so ist schon eines deutlich: Der christliche Glaube ist in seinem wesentlichen Kern für das alte Mütterchen wohl einfacher zu verstehen und als Nachfolge Christi zu leben als für manche pseudointellektuelle Neunmalgescheite, die zwar intelligent, aber nicht klug sind, zwar viel wissen wollen, aber nie Gewissheit erlangen, zwar manches kennen, aber sich zu nichts bekennen.

3. Ein Saustall kommt in die Jahre

Wir haben mehrfach erwähnt, dass die dritte Person der göttlichen Dreifaltigkeit, der Heilige Geist, bis ans Ende der Zeiten anwesend bleiben wird, nicht nur als ermutigende Kraft im Herzen jedes Christen, sondern insbesondere in der Kirche. Für manchen mag aber gerade das am schwersten zu glauben sein. Was manch einer so vom Hörensagen über die Kirche weiß und was er möglicherweise selbst schon erfahren hat, das macht für ihn den Glauben an den göttlichen Ursprung der Kirche so schwer. Es gab aber Leute, für die genau das Gegenteil der Fall war. Pater Leppich war ein berühmter Prediger, der vor fünfzig Jahren in ganz Deutschland die Marktplätze füllte. Ich habe den alten Pater Leppich noch erlebt, als er im Bonner Münster nach der Messe auf die Kanzel stieg. Mir war erst nicht klar, warum der denn nicht während der heiligen Messe predigte. Als ich die Predigt dann hörte, verstand ich, dass die Wortwahl für die heilige Handlung nicht so passend war. »Wisst ihr, warum ich an diese Kirche glaube? – Weil dieser Saustall zweitausend Jahre nicht untergegangen ist!« Wahrhaftig, dass eine Institution mit einem so hohen Anspruch immer wieder so viele Schwächen gezeigt hat und dennoch nicht untergegangen ist, das ist schon fast ein Wunder.

Es ist auch in Wirklichkeit sehr tröstlich. Stellen wir uns nur einmal probeweise vor, die Kirche würde aus lauter Engeln oder wenigstens Halbengeln bestehen. Das wäre doch total frustrierend – für uns Normalverbraucher nämlich. Wir hätten dann mit unseren Macken und Fehlern keinerlei Chance auf Erlösung. So aber gilt, dass die Menschwerdung Gottes keine ausgedachte Idee ist, sondern Wirklichkeit. Deswegen konnte sie nicht theoretisch und überzeitlich in einer idealen Welt für eine ideale Welt stattfinden, sondern musste zu einem konkreten Zeitpunkt, an einem konkreten Ort, für konkrete Menschen stattfinden: im Jahre 4 v. Chr., in einem stinkenden Stall in Bethlehem in Palästina und für Menschen wie du und ich. Also nicht für freudvolle, aber lustlose Engel! Wenn Gott normale Menschen aus Liebe erlösen wollte, dann musste er konkret und anfassbar bei ihnen bleiben und nicht nur in einem Text.

Das Christentum ist daher auch keine »Buchreligion«, wie die Muslime glauben. Es ist konkrete Nachfolge Christi in einer konkreten Gemeinschaft, genannt die Kirche. Daher durfte seine Kirche natürlich bloß nicht aus abgehobenen idealen Gestalten bestehen, sondern aus wirklichen normalen Menschen, die trotz allem die Chance haben, erlöst zu werden. Meistens sind übrigens Christen, die so tun, als seien sie Engel, wenig überzeugend.

Lieber ist mir da mein Lieblingsheiliger Phillipus Neri, der heilige Clochard, der, als das Gerücht aufkam, er sei heilig, sich ordentlich betrank und eine ganze Nacht lang fluchend, rülpsend und randalierend durch Rom torkelte. Doch damit konnte er seine spätere Heiligsprechung auch nicht mehr verhindern. Die Kirche sorgt also dafür, dass der Glaube konkret und anfassbar bleibt, dass man, wie Heidegger vielleicht sagen würde, entschieden und konkret glaubt und mit anderen Menschen zusammen verbindlich. Nicht also nach dem Motto: »Irgendwie ist doch alles ein Stück weit relativ und, wissen Sie, ich persönlich finde meinen Gott im Wald.« Sich zur Kirche bekennen heißt dagegen: »Ich ärgere mich über den Pfarrer – und gehe trotzdem hin, verbindlich.«

Die Kirche ist Gott sei Dank mehr als die Summe ihrer Mitglieder; sie ist, bei allen einzelnen Macken, ein Ganzes, das unter der tröstlichen Führung des Heiligen Geistes steht. Ohne die Kirche hätten wir gar keine verlässliche Kunde von der Menschwerdung Gottes. Und sie ist wichtig sozusagen zur Demokratisierung des Heils. Wenn es die Kirche nicht gäbe, wäre nämlich das arme alte Mütterchen heimatlos. Die Glaubensstars wären die Bibelkundler, die Theologen, die wahnsinnig diskursfähigen Intellektuellen. Die Dichterin Cordelia Spaemann hat einmal gesagt, der viele Kitsch an katholischen Wallfahrtsorten sei dazu da, die eingebildeten Bildungsbürger – aus den ästhetizistischen »Sinusmilieus« würde man heute sagen – fernzuhalten. Vielleicht liegt das daran, dass die Mutter Gottes alte Mütterchen besonders gerne mag – und das spricht entschieden für sie.

Über wirkliche Menschen kann man natürlich immer auch etwas Negatives sagen – wenn man will. Aber warum soll man das wollen? Wenn man bei psychisch kranken Menschen immer nur ihre Defizite zum Thema macht, dann geht es denen nicht besser, und einem selbst tut das auch nicht gut. Moderne Psychotherapiemethoden machen das deswegen anders und sprechen Patienten gezielt auf ihre Ressourcen an, auf das also, was funktioniert. Wenn Menschen ihre vergessenen Kräfte wiederentdecken, dann können sie damit die Krisen ihres Lebens besser überwinden. Da das bei einzelnen Menschen gut funktioniert und inzwischen auch in der Unternehmensberatung mit Erfolg umgesetzt wird, hatte ich den Gedanken, eine solche Sichtweise auch mal probeweise auf die katholische Kirche anzuwenden. Daraus entstand das Buch »Der blockierte Riese – Psycho-Analyse der katholischen Kirche«, das mit manchen vor allem in Deutschland grassierenden dummen Vorurteilen aufräumt und auf das für nähere Informationen zum Wesen und zur Geschichte der katholischen Kirche hier verwiesen sei.

Ich war immer der Auffassung, dass man die Kirche sehr wohl kritisieren kann – aber dann muss man sie erst einmal kennenlernen und darf nicht auf all die zahlreichen jahrhundertealten Vorurteile und Falschmeldungen aus der antikirchlichen Mottenkiste hereinfallen. Wenn man weiß, wie viel unsachlicher Unsinn in einem wenige Monate dauernden Wahlkampf über die jeweils andere Seite in die Welt gesetzt wird, kann man ermessen, was eine 2000 Jahre dauernde Kampagne von Kirchengegnern so alles zusammenbringt. Wer den Mut hat, seine Lieblingsvorurteile über Kreuzzüge, Inquisition, Hexenverfolgung und vieles andere der kalten Dusche nüchterner Wissenschaft auszusetzen, dem sei das soeben erschienene brillante Werk von Arnold Angenendt »Toleranz und Gewalt. Das Christentum zwischen Bibel und Schwert« empfohlen.

Wer sich also möglichst vorurteilsfrei mit der Geschichte der Kirche befasst, der wird gewiss manche unbestreitbaren Schattenseiten sehen, aber auch viel Licht, sehr viel Licht. Beeindruckende Gestalten haben das Licht des Glaubens durch die Jahrhunderte getragen. Freilich nie ein gleißendes Licht, das Glauben erzwingt und alles durch göttlichen Glanz versengt. In den ersten Jahrhunderten haben sie mit hohem intellektuellem Engagement das Christentum in die Kultur des Römischen Reiches hineingetragen und dabei umgekehrt die Schätze der griechischen Philosophie und der römischen Tradition verinnerlicht. Christen haben keine Gewalt angewandt, beugten sich aber auch keiner Gewalt.

Sie bekannten ihren Glauben und gingen dafür in diversen Christenverfolgungen vor die Löwen. Das überzeugte. Der römische Kaiser Konstantin sah in der kleinen Gruppe der Christen die einzige Hoffnung für die Zukunft des Reiches und machte eine folgenreiche Kehrtwendung. Künftig sollten die Christen nicht nur eine geistliche Bewegung sein, sondern auch Staat und Gesellschaft prägen und lenken. Eine, wie wir heute wissen, für die Christen selbst nicht immer erfreuliche Gratwanderung.

In den Unruhen der Völkerwanderungszeit haben dann die Klöster die geistigen Schätze der Antike zu uns herübergerettet. Das Mittelalter schenkte der Menschheit einen fast unglaublichen geistigen Reichtum mit seinen Kathedralen aus Stein und aus Gedanken. Doch vor allem waren es die zahlreichen spirituellen Aufbrüche, die in Zeiten der kirchlichen Dekadenz die alte Dame immer wieder aufrüttelten: die Zisterzienser, die Franziskaner, die Dominikaner und viele andere. Die Krise der beginnenden Neuzeit brachte die Wunde der Reformation, die aber im Ringen um den rechten Glauben auf beiden Seiten den Glauben auch vertiefte und die Kirche zur notwendigen Reform auf dem Konzil von Trient zwang. Diese Reform war nicht das Werk der kirchlichen Institution, sondern der vielen neuen geistlichen Bewegungen und der vielen Heiligen, die das Konzil umstanden. Im Zeitalter des beginnenden Kults des Individuums wurde den Menschen durch Ignatius von Loyola, durch Teresa von Ávila, durch Phillipus Neri und viele andere der Weg zu einer intensiven individuellen, ganz persönlichen Frömmigkeit gezeigt. Diese neue glutvolle Frömmigkeit nahm im Barock kulturprägende Gestalt an.

Doch wir sahen schon, dass dann die Theologie ermüdete und bloß noch zur sterilen Kontroverstheologie zwischen den christlichen Konfessionen verkam. Die Fragen der Menschen gingen wohl allzu oft ins Leere und der Atheismus begann, ohne großen intellektuellen Widerstand sein Haupt zu erheben. Georges Minois meint sogar, Luther und das Konzil von Trient hätten dem Atheismus den Weg gebahnt. Luther, indem er Gott vom persönlichen Glauben jedes Einzelnen abhängig gemacht habe, und das Konzil von Trient, indem es durch seine strenge Trennung zwischen Sakralem und Profanem die Welt entgöttlicht habe. Doch diese Sicht ist sicher zu klischeehaft.

Schließlich waren die Vorstellungen vom Christentum oft bei den Christen selbst und auch bei seinen Gegnern nur noch sehr vage da. Im Jahre 1797 fragt Chateaubriand, wie viel Zeit wohl noch dem Christentum vergönnt sein werde, und antwortet selbst: »Ein paar Jahre noch.« 1895 verkündet das Manifest einiger französischer Intellektueller, der Glaube lasse sich völlig in Geschichte auflösen. Jesus sei eine schiere Erfindung der Kirche. Man behauptete, die Bibel sei erst Jahrhunderte nach Christus geschrieben worden, das Johannesevangelium vielleicht gar erst im 4. Jahrhundert.

Doch während dieser ganzen Zeit hat die Kirche sich über alle äußeren Krisen hinweg innerlich lebendig gehalten. Auch in dieser Zeit fehlte es nicht an beeindruckenden Heiligen, spirituellen und sozial tätigen Genies wie Vinzenz von Paul (1581–1660), dem umtriebigen ersten Feministen, oder Franz von Sales (1567 bis 1622), dem heute noch lesenswerten Meister des geistlichen Lebens. Wie durch ein Wunder überlebte die Kirche die Wirren der Französischen Revolution und ging sogar geistlich erstarkt daraus hervor. Das 19. Jahrhundert, das dann die letzten heftigen Angriffe des militanten Atheismus sah, ist zugleich das Jahrhundert mit den meisten Ordensgründungen in der gesamten Kirchengeschichte und eine Zeit einer beispiellosen Konversionsbewegung zur katholischen Kirche.

Nach dem argumentativen Super-GAU des Atheismus zu Beginn des 20. Jahrhunderts wurden dann auch manche alten antikirchlichen Vorurteile widerlegt. Kurz darauf fand man im Sand der ägyptischen Wüste den berühmten »Papyrus Ryland P52«, der Sätze aus dem Johannesevangelium aufwies, die identisch mit unserem heutigen Text sind. Eine genaue Untersuchung ergab, dass der Papyrus aus dem Jahre 130 n. Chr. stammte. Damit waren auch die abenteuerlichen Theorien, man habe sich das Johannesevangelium erst Jahrhunderte nach dem Tod Jesu zusammengedichtet, definitiv erledigt.

Die Kirche und die Theologie öffneten sich wieder mehr der Welt. Das löste eine gewisse Unruhe aus – in der Welt und in der Kirche. Nach dem großen geistlichen Ereignis des Zweiten Vatikanischen Konzils fand die Kirche dann unter Papst Johannes Paul II. wieder zu einer Dynamik zurück, die sie als einzigen spirituellen »Global player« zu einer international einflussreichen Größe macht. Die aufblühenden eindrucksvollen neuen geistlichen Bewegungen geben dieser Entwicklung Substanz.

In unseren Tagen hat Papst Benedikt XVI., einer der großen Intellektuellen auf dem Stuhle Petri, in gewisser Weise seine ganze hochgescheite theologische Arbeit der Aufgabe gewidmet, das alte fromme Mütterchen, das in die Kirche geht, betet, seinen Nächsten hilft und im Vertrauen auf Jesus Christus in Frieden stirbt, zu schützen, zu verteidigen, aber auch als leuchtendes Vorbild ins Licht zu setzen. Und der gleiche Papst betont immer wieder, wie viel das Christentum der Geschichte der Vernunft verdankt. Als er auf dem Petersplatz öffentlich vor 100 000 Jugendlichen von Studenten gefragt wurde, wie man angesichts der ganz ohne den lieben Gott funktionierenden Mathematik an Gott glauben könne, da antwortete er aus dem Stegreif mit den Worten: »Der große Galilei hat gesagt …«, und dann legte er dar, dass für Galilei und viele Wissenschaftler nach ihm bis hin zu Einstein die einfache mathematische Struktur der Schöpfung ein besonderer Grund der Bewunderung des Schöpfers war.

Die erste Enzyklika des Papstes mit dem Titel »Gott ist die Liebe« ist eine Einführung in das Christentum für jeden wachen Atheisten. Sie kommt ohne Fremdwortgeklingel aus, aber sie stellt sich den entscheidenden Fragen, zitiert zum ersten Mal in einem päpstlichen Text Friedrich Nietzsche und sprengt damit alle vatikanischen Üblichkeiten. Und sie ist zugleich eine überzeugende Antwort auf Nietzsche, den einzig wirklich bis zum Letzten konsequenten Leugner Gottes. Diese Enzyklika fasst auf wenigen Seiten das Wesentliche des Christentums geistreich und intensiv zusammen: »Am Anfang des Christseins steht nicht ein ethischer Entschluss oder eine große Idee, sondern die Begegnung mit einem Ereignis, mit einer Person, die unserem Leben einen neuen Horizont und damit seine entscheidende Richtung gibt …« Zur Verwunderung vieler ist diese Enzyklika sogar sexy. »Eros will uns zum Göttlichen hinreißen … Dieser Gott liebt den Menschen … Ja, es gibt Vereinigung des Menschen mit Gott – der Urtraum des Menschen –, aber diese Vereinigung ist nicht Verschmelzen, Untergehen im namenlosen Ozean des Göttlichen, sondern ist Einheit, die Liebe schafft, in der beide – Gott und der Mensch – sie selbst bleiben und doch ganz eins werden … Wenn die Berührung mit Gott in meinem Leben ganz fehlt, dann kann ich im anderen immer nur den anderen sehen und kann das göttliche Bild in ihm nicht erkennen. Wenn ich aber die Zuwendung zum Nächsten aus meinem Leben ganz weglasse und nur ›fromm‹ sein möchte, nur meine ›religiösen Pflichten‹ tun, dann verdorrt auch die Gottesbeziehung. Dann ist sie nur noch ›korrekt‹, aber ohne Liebe. Nur meine Bereitschaft, auf den Nächsten zuzugehen, ihm Liebe zu erweisen, macht mich auch fühlsam Gott gegenüber.«

Wie nah sich mitunter zutiefst christliche Überzeugungen und nachdenkliche atheistische Positionen kommen können, beweist folgendes Zitat Ludwig Feuerbachs: »In der Liebe allein ist der Gott. Der christliche Gott ist selbst nur eine Abstraktion von der menschlichen Liebe, nur ein Bild derselben.« So plädiert Feuerbach für eine Verehrung der Menschheit durch Solidarität und Nächstenliebe. Und dann beginnt man auch bei Feuerbach zu zweifeln, ob er nicht in Wirklichkeit bloß ein von den Christen enttäuschter Christ ist. Der Urvater des Atheismus redet den Christen – zu Recht – ins christliche Gewissen: »Die wahren Atheisten sind die heutigen Christen, die behaupten, an Gott zu glauben, aber genau so leben, als ob er nicht existiere; diese Christen glauben nicht mehr an die Güte, die Gerechtigkeit, die Liebe, d. h. alles, was Gott definiert; diese Christen, die nicht mehr an das Wunder, sondern an die Technologie glauben, die mehr Vertrauen in die Lebensversicherungen setzen als ins Gebet; die angesichts des Elends nicht mehr im Gebet Zuflucht suchen, sondern beim Vorsorgestaat.« Nicht weniger als anonymen Atheismus wirft Feuerbach also den Christen vor. Er freut sich nicht darüber, wie er eigentlich müsste, er wirft es ihnen tatsächlich vor. Doch warum? War Ludwig Feuerbach, der ursprünglich Theologie studieren wollte, in Wirklichkeit ein an seinem Idealismus verzweifelter »anonymer Christ«?

Als in der frühen Christenheit einige Leute behaupteten, nur der sei ein wahrer Christ, der in die Geheimnisse des Christentums vollständig eingeweiht sei, der mit anderen Worten genau wisse, was das Christentum sei, da war das die erste große Gefährdung des Christentums von innen her. Die Heilstat Gottes für alle Menschen und vor allem die Schwachen wäre plötzlich nur noch eine Religion für eine »wissende« Elite gewesen. Eine Religion für eine bildungsbeflissene Intelligenz vielleicht, einer unter vielen esoterischen Mysterienkulten des Römischen Reiches. Eine solche Religion ohne Lebensernst wäre wie ein großes Quizspiel: Wer Glück hat und alles weiß, hat gewonnen. Eine lächerliche Vorstellung! Der heilige Irenäus von Lyon merkte sarkastisch an, es gäbe einige, die redeten so daher, als seien sie bei der Geburt des Sohnes Gottes als Hebamme dabei gewesen. Die Kirche jedenfalls hat von Anbeginn darauf geachtet, nicht zu einer »Lehre« herabzusinken, in der die ganze Welt auf einen simplen Begriff gebracht wird. Unter anderem hat auch die Vierzahl der Evangelien dafür gesorgt, dass man sich bei der Unterschiedlichkeit der Berichte nicht einen allzu schlichten Reim auf das personale Ereignis der Menschwerdung Gottes machen konnte. Die Evangelien sind kein Lehrbuch. Sie berichten aus unterschiedlichen Perspektiven von ein und derselben Person. Es ist eine Respektlosigkeit gegenüber einer Person, sie bloß auf irgendeinen Begriff zu bringen, wird Sören Kierkegaard später sagen.

Gegen diese Tendenzen, die man später Gnosis nennen sollte und die ein erlösendes geheimes Wissen über Gott propagierten, wurde dann der erste Johannesbrief geschrieben. Er ist ganz kurz, nur etwa vier Seiten lang, und fasst dennoch das Wesentliche des Christentums eindrucksvoll zusammen. Der erste Johannesbrief ist sozusagen eine Kurz-Bibel für Manager, die wenig Zeit haben. Und an der zentralen Stelle dieses großartigen Textes steht: »Brüder und Schwestern, wir sollen einander lieben, denn die Liebe ist aus Gott und jeder, der liebt, ist aus Gott gezeugt und kennt Gott. Wer nicht liebt, hat Gott nicht erkannt, denn Gott ist die Liebe.« Das Entscheidende ist: »Jeder, der liebt … kennt Gott«, ist Christ, obwohl er es vielleicht gar nicht weiß. Und: »Wer nicht liebt« und ist bestallter Christ, Priester, Bischof, Papst, aber er liebt nicht, von dem heißt es, er »hat Gott nicht erkannt«; der ist also Atheist, der sich nur mit den Lippen zu Christus bekennt, denn »Gott ist die Liebe«. Das wird später Feuerbach genauso sehen wie der erste Johannesbrief.

Diese Botschaft war revolutionär. Sie stellte das Christentum von dem Kopf auf die Füße, um es mit Karl Marx zu sagen. Sie war ein einziger Lobpreis auf das wortkarge schlichte alte Mütterchen und eine scharfe Warnung an die wortgewaltigen Theologen aller Epochen. Die tätige Liebe war das Entscheidende und nicht das Wissen über Gott.

Eines Tages rief mich ein Bekannter an: Ob ich ihm eine Bibel besorgen könne? Er habe sich diesmal so unglaublich in eine Frau verliebt, dass er den Eindruck habe, das gehe irgendwie tiefer. Er wolle sofort die Bibel lesen. Ich muss dazu sagen, dass dieser Bekannte sehr nett und sozial engagiert war; aber mit dem christlichen Glauben hatte er eigentlich nie etwas zu tun gehabt. Seine Eltern hatten ihn nicht taufen lassen, und er hatte sich immer zum Atheismus bekannt. Er wusste, dass ich Christ bin, und hatte mit mir schon einige Male über den Glauben an Gott auf durchaus hohem Niveau diskutiert – freilich bloß theoretisch. Und jetzt hatte es offensichtlich »Woom« gemacht. Er hatte sich wirklich verliebt. Und die Liebe zu dieser Frau ließ ihn nicht bloß ahnen, sondern erleben, dass es über den Tod hinaus noch etwas geben müsse.

Der große Philosoph Josef Pieper, der ein sehr einfühlsames Büchlein »Über die Liebe« geschrieben hat, sagt darin, lieben heiße sagen: »Gut, dass es dich gibt.« Lieben heißt zugleich sagen: Du sollst nicht sterben. Für diesen sehr rationalen Bekannten wurde nicht die Philosophie, mit der er sich intensiv befasst hatte, der Weg zu Gott. Ganz unerwartet war für ihn die Liebe zum Gottesbeweis geworden. »Eros will uns zum Göttlichen hinreißen«, sagte oben der Papst.

Gott kann man erfahren durch die erlebte Übereinstimmung der tiefsten Erfahrungen, die man macht, mit der Überzeugung von der Existenz Gottes. Und mit der Gewissheit dieser Antwort mag man dann zuversichtlich auf dem Sterbebett liegen – und die Angehörigen trösten, wie ich das bei sterbenden Christen oft erlebt habe und wie die Welt das beim Sterben Papst Johannes Pauls II. erleben konnte. Man kann nicht auf Probe leben, man kann nicht auf Probe sterben, hatte der Papst zu Beginn seines Pontifikats gesagt. Und er starb nicht auf Probe ... Ich kann mich erinnern, dass es Atheisten gab, die im Fernsehen eine für sie ganz unerklärliche Trauer über den Tod des Papstes äußerten. Das völlig neue und seither anhaltende Interesse am Christentum hat gewiss nicht zuletzt auch mit dem öffentlichen Sterben dieses Papstes zu tun. Das tiefste und glaubwürdigste Bekenntnis eines Menschen geschieht wohl im Sterben, und das ergreift manch einen mehr als alle guten Worte.

Denn die vielleicht wichtigste Stunde in unserem Leben ist die Sterbestunde, wo das Leben ausgezeitigt ist und zur lebendigen Endgültigkeit des ewigen Lebens gerinnt. Die Antwort, die ein Mensch in ruhiger Überzeugung auf dem Sterbebett gibt, ist niemals ein auf den Effekt berechnetes Kunstprodukt, sie ist unvermeidlich eine Antwort, mit der man wirklich leben und sterben kann.

Und diese Antwort beantwortet dann auch die Fragen, die sich in diesem Buch stellten. Der Gott der christlichen Antwort ist nicht der abstrakte Gott der Philosophen oder der ferne Gott des Islam. Es ist der Gott der größten denkbaren Nähe zu den Menschen, der Identität mit dem Menschen Jesus, die wir auch heute noch im Heiligen Geist erkennen und persönlich erleben können. Dennoch aber ist er uneingeschränkt der eine Gott. Wer deswegen vom Christentum zum Islam übertritt, weil er annimmt, das Christentum sei nicht richtig monotheistisch, dem ist über dem Studium der vielen anderen Religionen die religiöse Heimatkunde entgangen. Christen glauben an den einen Gott, der aber nicht unendlich fern, sondern unendlich nah ist. Und der keine einsame starre monolithische Größe, sondern in drei Personen in sich eine lebendige Beziehung göttlicher Liebe ist.

Daher braucht Gott die Welt nicht, um sich in ihr selbst zu verwirklichen, wie Hegel meint. Dann wären wir bloß nützliche Narren am Hof eines gelangweilten Despoten. Vielmehr erschafft Gott in Freiheit die Welt und uns Menschen aus überquellender, sich verschenkender Liebe, die er selbst ist, wie wir seit Tod und Auferstehung Jesu sicher wissen. Jeder Mensch, der liebt, hat eine Ahnung von Ewigkeit. Der Christ lebt in der Gewissheit, dass diese Ahnung von der über alle Zeit hinausreichenden ewigen Liebe keine Illusion, sondern Wahrheit ist.

Wer in die kraftvolle Bewegung göttlicher Liebe einstimmt, indem er über sich selbst hinausgeht und uneigennützig liebt, dem ist nach der Rechtsordnung Gottes wirklich ewiges Leben verheißen. Für ihn gilt: »Wo uns keine Stimme mehr erreichen kann, da ist Er« (J. Ratzinger). Wer aber bloß zusieht, dass er möglichst viel für sich hat – auch bei den Tätigkeiten, die er Liebe nennt –, dem gehört nach seinem Tod nach der Rechtsordnung der Menschen genau das, was zivilrechtlich einer Leiche gehört, nämlich nichts. Damit aber wird der lebendige Gott selbst ein Gegenbild zum gesellschaftlich herrschenden starren Narzissmus unserer Tage.

Person sein, das heißt für Gott aus christlicher Überzeugung, nicht abgegrenzt sein, sondern im Dialog sein, in Beziehung stehen. Ein solches Bild vom Menschen und von der Gesellschaft fühlt sich anders an als jene kalte Addition von egoistischen Marktsubjekten, die sich selbst rücksichtslos im Markt behaupten wollen und die meinen, dann zu gewinnen, wenn sie selbst für sich viel zusammengerafft haben – um später das Einzelzimmer im Altenpflegeheim schön auszustatten. Die anonyme Bestattung ist dann ein konsequentes Ende. Der Mensch als Abbild eines dreifaltigen Gottes, der Gemeinschaft, der Liebe ist, das ist demgegenüber ein wirkliches Hoffnungsbild für die ganze Gesellschaft.

Die Menschwerdung Gottes ist deswegen im Grunde etwas sehr Einfaches, weil sie auf eine Weise, die man sich selbst nicht herleiten könnte, viele Komplikationen, die man sonst mit der Idee eines Gottes hätte, löst. Der Gott der Philosophen dagegen beschwört immer wieder unlösbare Schwierigkeiten herauf. Der Gott der Philosophen ist ein Gott, der jedenfalls leidenschaftslos über den Dingen steht. An diesen Gott kann man die Theodizeefrage schon richten, die ernste oder empörte Frage, wie dieser coole Gott sich angesichts so vielen Leids rechtfertigen will. Doch große Philosophen selbst, wie Sören Kierkegaard und Gabriel Marcel, haben eine solche Gerichtsshow mit einem selbst ausgedachten lieben Gott für kompletten Unsinn gehalten. Der Gott, den man da anklagte, war gar nicht Gott. »Eine Wahrheit ohne Barmherzigkeit ist nicht Gott«, hat Pascal gesagt. Die Frage nach dem Sinn von Leid stellt sich aber ganz anders, wenn man die Gewissheit hat, dass Gott selbst Mensch geworden ist und aus Liebe zu den Menschen nicht nur scheinbar, sondern wirklich entsetzlich als Mensch und damit wie ein Mensch gelitten hat, um uns dauerhaft von allem Leid zu erlösen. Der Gott, an den die Christen glauben, ist kein bloß kalt allmächtiger, sondern ein leidenschaftlich mitleidender.

Ein solcher Gott, der nicht in erster Linie allmächtig, sondern vor allem ein menschgewordener Gott ist, kommt natürlich auch mit dem Respekt vor der Freiheit des Menschen nicht wirklich in Konflikt. Der Harvard-Soziologe Orlando Patterson nennt das Christentum sogar »die erste und einzige Weltreligion, die zum höchsten religiösen Ziel die Freiheit erklärte«. Und ein aus Liebe mitleidender Gott kann so auch kein Gott sein, der vor allem dauernd erbittert mit dem moralischen Zeigefinger herumfuchtelt.

Diese scheußliche Erfindung des 19. Jahrhunderts, der Kinderschreck mit wallendem Bart, ist eine verheerende Entstellung des christlichen Gottes. Das Christentum ist keine Morallehre, es ist vielmehr eine Überzeugung von der Erlösung der Menschen durch einen Gott, der die Liebe ist. Es ist damit nicht bloß eine Weltanschauung, sondern vor allem eine Menschenanschauung.

Der Mensch ist nach christlichem Glauben nicht nur Geschöpf Gottes, das sind die Tiere auch. Der Mensch ist Abbild Gottes und durch die Menschwerdung Gottes Bruder und Schwester Gottes – eine fast unglaubliche Vorstellung, die für andere Religionen gotteslästerlich klingt. Damit hat er eine so enorme Würde, dass der Schutz des Menschen von der Zeugung an bis zum natürlichen Tod nicht nur irgendeine moralische Aufgabe von Christen ist, sondern eine Aufgabe, die sie aus dem Zentrum ihres Glaubens heraus verpflichtet. Damit hat das christliche Gottesbild direkte Auswirkungen auf viele bioethische Überzeugungen.

Dieser Glaube an Gott respektiert die Vernunft, aber er ist dennoch nicht ein Glaube nur für eine intellektuelle Elite. Im Gegenteil, der Glaube an Jesus Christus verlangt die Reinigung der Vernunft von hochmütiger Selbstüberschätzung. Damit tut der Glaube etwas, was der Vernunft selbst gar nicht fremd ist. Nur eine Vernunft, die sich ihrer Grenzen bewusst ist, kann heute wissenschaftlich ernst genommen werden. Man könnte sagen, der Glaube bringt die Vernunft zur Vernunft. Auf diese Weise kann die Vernunft selbstbewusst, aber auch bescheiden und demütig werden, wie dazumal die »Weisen aus dem Morgenland«, die vor einem Säugling in Palästina die Knie beugten. So haben das auch große Philosophen selbst gesehen. Blaise Pascal: »Ich werde es hier nicht unternehmen, mit natürlichen Gründen die Existenz Gottes oder die Unsterblichkeit der Seele oder irgendetwas dieser Art zu beweisen; nicht nur deshalb, weil ich mich nicht stark genug fühlen werde, um in der Natur etwas zu finden, was verhärtete Atheisten überzeugen könnte, sondern vielmehr darum, weil diese Erkenntnis ohne Jesus Christus nutzlos und unfruchtbar ist.« David Hume: »Philosophischer Skeptiker zu sein ist bei einem Gelehrten der erste und wesentlichste Schritt auf dem Weg zu einem echten gläubigen Christen.« Karl Jaspers, Immanuel Kant kommentierend: »Denn würde uns hier Wissen zuteil, so würde unsere Freiheit gelähmt. Es ist, als ob die Gottheit das uns Höchste – das Aus-sich-selber-Sein der Freiheit – schaffen wollte, aber, um es möglich zu machen, sich selbst verbergen musste.« Allerdings gilt auch, was Joseph Ratzinger gesagt hat: »Dem, der glaubt, wird freilich immer mehr sichtbar werden, wie voller Vernunft das Bekenntnis zu jener Liebe ist, die den Tod überwunden hat.«

Die Gottesvorstellung, die sich die reine Vernunft machte, ist gescheitert. Alles Zwingende ist ohnehin der personalen Begegnung mit Gott nicht angemessen. Ein überwältigender Gottesbeweis, ein für jeden vernünftigen Menschen zum Glauben an Gott zwingendes Wunder, wäre tatsächlich »überwältigend«, gewaltsam den Menschen auf die Knie zwingend, jede menschliche Freiheit auslöschend. Nicht die Logik also zwingt zum Glauben an Gott, obwohl viele gute Gründe dafür sprechen, nicht die Mathematik zwingt zum Glauben an Gott, auch die Moral nicht und längst nicht mehr die staatliche oder gar kirchliche Macht. Nur ein wirklich erfahrbarer wahrer und wirklicher Gott, der den Menschen in seiner Freiheit respektiert, kann die Antwort auf das Fragen der Menschen sein. Der Mensch kann sich ihm öffnen oder nicht, ihm vertrauen oder nicht, ihn bezweifeln oder ihm glauben.

Dieser Glaube ist daher keine Leistung, die von spirituellen Hochleistungschristen errungen wird, sondern ganz im Gegenteil ein Geschenk Gottes an alle Menschen, die sich dafür öffnen oder wenigstens nicht verschließen. Der theologische Ausdruck für dieses Geschenk heißt Gnade. Ein Zugang zu Gott kann zum Beispiel gelingen, indem man einfach einmal anfängt zu beten, obwohl man – noch – gar nicht an Gott glaubt. Schon im Alten Testament steht der Satz: »Wer mich von ganzem Herzen sucht, von dem lasse ich mich finden.« Der geniale Blaise Pascal hat einem solchen Suchenden einmal gesagt: »Sie wollen zum Glauben gelangen und kennen nicht den Weg dazu? ... Lernen Sie von denen, die früher wie Sie von Zweifeln geplagt wurden ... Ahmen Sie deren Handlungsweise nach, tun Sie alles, was der Glaube verlangt, als wenn Sie schon gläubig wären. Besuchen Sie die Messe, gebrauchen Sie Weihwasser usw., das wird Sie zweifellos einfältig machen und zum Glauben führen.« In seinem neuen Jesusbuch schreibt Papst Benedikt XVI.: »Das Fragen nach Gott, das Suchen nach seinem Gesicht – das ist die erste und grundlegende Bedingung für den Aufstieg, der in die Begegnung mit Gott führt.«

Das Neue Testament nimmt die Szene Edith Steins an der Tür von Frau Reinach fast vorweg, wenn es im Matthäusevangelium heißt: »Klopft an und es wird euch aufgetan.« Ein solcher Glaube hat viel mit Vertrauen zu tun. Kinder können auf anrührende Weise grenzenlos vertrauen. Sie können ihren Eltern vertrauen wie Abraham seinem Gott. Das ist nicht kindliche Naivität, das ist ein unglaubliches Gefühl voll menschlicher Zärtlichkeit. Ein solches Vertrauen ist Voraussetzung für wirkliches Glück. »Wenn ihr nicht werdet wie die Kinder, werdet ihr nicht in das Himmelreich eingehen.« Dieser Satz hatte mich als kritischer Jüngling abgeschreckt. Doch mit der Zeit habe ich dann nicht nur meinen Glauben an Gott, sondern auch die tiefe Wahrheit dieses Satzes wiedergewonnen. Nicht um Vernunftfeindschaft geht es hier. Es geht um die höchst vernünftige Einsicht, dass Vernunft jedenfalls für das Glück nicht reicht. Tiefes Vertrauen in einen Grund aller Dinge, in einen guten Schöpfer und Erhalter der Welt und einen Gott, der in meiner Sterbestunde mich nicht im Stich lässt, das ist überhaupt nicht kindisch, das ist vielmehr das Geheimnis des wahren Glücks.

Diese Geborgenheit der Welt und der Menschen in der guten Hand Gottes zeigt sich gerade in der katholischen Tradition in der reichen Ausfüllung von Raum und Zeit durch heilige Orte und heilige Tage. Ja auch der Raum zwischen Gott und den Menschen ist durch die Engel tröstlich ausgefüllt und belebt. Ein solcher Glaube kann natürlich nie bloß privat sein, er beansprucht immer, öffentlich zu sein.

So wurde und wird also das Licht des Glaubens durch die Jahrhunderte bis heute weitergetragen. Doch dieses Licht hat auch seine Geschichte im Leben des Einzelnen. Der große John Henry Newman, der mit hoher intellektueller und emotionaler Intensität den richtigen Weg gesucht hat und schließlich vom anglikanischen Glauben zur katholischen Kirche konvertierte, hat über seinen Glaubensweg ein wirklich ergreifendes Gedicht geschrieben, das ich hier in einer Übersetzung von Cordelia Spaemann folgen lasse:

Führ, mildes Licht

Führ, mildes Licht inmitten Dunkelheit,
führ du mich an.
Die Nacht ist finster und die Heimat weit.
Führ du mich an.
Hab acht auf meinen Fuß. Was ferne liegt,
verlang ich nicht zu sehn. Ein Schritt genügt.

Ich war nicht immer so, dass ich dich bat:
führ du mich an.
Ich übersah und wählte meinen Pfad
viel lieber selbst. Doch nun:
führ du mich an!
Ich liebte Glanz und Ruhm, Verwegenheit.
Stolz lenkte mich. Denk nicht vergangner Zeit!

So lang schon schützte mich dein Arm. Gewiss
Führt deine Macht
mich noch durch Sumpf und Strom und Klippen, bis
vorbei die Nacht.
Und mit dem Morgen ist das Lächeln da
von Engeln, die ich längst geliebt –
und eine Weile nicht mehr sah.

In einem Buch über Gott aber sei zum Schluss dieses Kapitels über die Antwort das große Glaubensbekenntnis von Nizäa (325 n. Chr.) und Konstantinopel (381 n. Chr.) zitiert, das noch heute die Christen aller Konfessionen eint. Es fasst die wesentlichen Dogmen des Christentums, das heißt die Glaubensinhalte, von denen ja schon die Rede war, endgültig zusammen. Dieses ehrwürdige uralte Dokument berührt wohl jeden, der die temperamentvollen und geistreichen Debatten kennt, die diesen Text hervorgebracht haben, einen Text, der nicht nur in seinen Begriffen, sondern auch in seinen Bildern den menschgewordenen Gott verkündet, ohne ihm zu nahe zu treten:

»Wir glauben an den einen Gott, den Vater, den Allmächtigen, der alles geschaffen hat, Himmel und Erde, die sichtbare und die unsichtbare Welt. Und an den einen Herrn Jesus Christus, Gottes eingeborenen Sohn, aus dem Vater geboren vor aller Zeit: Gott von Gott, Licht vom Licht, wahrer Gott vom wahren Gott, gezeugt, nicht geschaffen, eines Wesens mit dem Vater; durch ihn ist alles geschaffen. Für uns Menschen und zu unserem Heil ist er vom Himmel gekommen, hat Fleisch angenommen durch den Heiligen Geist von der Jungfrau Maria und ist Mensch geworden. Er wurde für uns gekreuzigt unter Pontius Pilatus, hat gelitten und ist begraben worden, ist am dritten Tage auferstanden nach der Schrift und aufgefahren in den Himmel. Er sitzt zur Rechten des Vaters und wird wiederkommen in Herrlichkeit, zu richten die Lebenden und die Toten; seiner Herrschaft wird kein Ende sein. Wir glauben an den Heiligen Geist, der Herr ist und lebendig macht, der aus dem Vater (und dem Sohn) hervorgeht, der mit dem Vater und dem Sohn angebetet und verherrlicht wird, der gesprochen hat durch die Propheten und die eine, heilige, katholische und apostolische Kirche. Wir bekennen die eine Taufe zur Vergebung der Sünden. Wir erwarten die Auferstehung der Toten und das Leben der kommenden Welt. Amen.«

Alles andere – können Sie vergessen.

The day after – Die Werte, die Wahrheit und das Glück

1. Unerwartete Lösungen

Die junge Top-Managerin war tief depressiv. Sie hatte einen tollen Job, beruflichen Erfolg und Beziehungen zu Männern, wie frau sie heute so hat. Aber sie hatte sich in letzter Zeit von aller Welt zurückgezogen. Allein in ihrer Wohnung, grübelte sie düster vor sich hin. Ihr Arzt war inzwischen auch ratlos. Er hatte alles versucht. Nichts hatte geholfen. Eine entfernte Freundin hatte von ihrer schlimmen Lage gehört und entschloss sich, sie zu besuchen. Die Situation war wirklich dramatisch. In einem solchen Job kann man sich Ausfälle nicht leisten. Und wenn der Job weg wäre, dann würde sie überhaupt nicht mehr weiterwissen. Doch an Arbeiten war ernsthaft gar nicht zu denken. Sie konnte einfach nicht mehr. Sie war am Ende. Die Freundin hatte keine Ahnung von Depressionen. Sinnvolle Gespräche konnte man mit der Managerin in diesem Zustand auch nicht führen. Sogar gemeinsam zu beten klappte nicht. Zumal die Managerin schon seit langem den Kontakt mit dem lieben Gott aus Zeitgründen und aus mangelndem Interesse eingestellt hatte. Was also war zu tun?

Da entschloss sich die Freundin zu etwas Ungewöhnlichem. Sie schlug der Managerin eine Wallfahrt vor. Das war eigentlich psychiatrisch nicht besonders sinnvoll. Depressiven Menschen geht es gewöhnlich bei noch so erlebnisreichen oder sogar erholsamen Reisen nicht selten noch schlechter, da sie erleben müssen, wie alle anderen gut drauf sind, nur sie selbst kommen durch alle äußeren Ablenkungen aus dem inneren Tief nicht heraus. Doch die Managerin hatte ohnehin nichts mehr zu verlieren. Alle anderen Versuche waren ja fehlgeschlagen und die Lage war verzweifelt. So fuhren sie los. Es war eine ziemlich weite, beschwerliche Reise, denn es ging ins Ausland. Doch irgendwie kamen sie an. Und dort vor Ort begann die Managerin plötzlich zu beten. Zu beten, wie sie noch nie gebetet hatte, denn sie erlebte auf einmal ganz intensiv, dass diese Gebete nicht ins Nichts gingen, sondern ankamen, bei Gott.

Die Managerin war schlagartig aus ihrer monatelangen Depression heraus. Und mehr noch, sie hatte sich bekehrt, wie man so sagt. Als sie wieder zu Hause ankamen, nahm sie Religionsunterricht bei einem alten weisen Priester, ließ sich das Sakrament der Firmung spenden, das sie mangels Interesse als Jugendliche versäumt hatte. Sie fuhr noch einmal zu jenem Wallfahrtsort, gemeinsam mit dem jungen Mann, mit dem sie damals befreundet war. Doch als der ihr einen Heiratsantrag machte, da hörte sie sich selbst sagen: »Ich bin schon vergeben.«

Der junge Mann muss ziemlich perplex gewesen sein. Doch sie meinte damit, sie sei an Jesus vergeben. Und eines Tages war ihr, als sagte Jesus zu ihr: »Willst du mir dienen in Einfachheit und Armut?« Da entschloss sie sich, in einen der strengsten katholischen Orden einzutreten, in den Karmel. Das hielt nun sogar die Freundin, die mit ihr damals zu jener Wallfahrt aufgebrochen war, für übertrieben und riet dringend ab. Aus einem Moment heraus das ganze Leben über den Haufen zu werfen, das schien unverantwortlich.

Als Psychiater kann man zu diesem Fall eine Menge sagen. Man könnte vermuten, dass die Depression ungewöhnlicherweise zufällig bei jener Wallfahrt spontan abgeklungen ist. Man könnte den Ordenseintritt für eine verhängnisvolle Überreaktion halten aus übertriebener Dankbarkeit für das Abklingen der schrecklichen Depression. Man würde dringend warnen, da Depressionen dieses Ausmaßes gewöhnlich phasenhaft verlaufen, also wiederkommen – und dann wahrscheinlich nicht einfach durch eine Wallfahrt weggehen würden. Außerdem wird man als

Psychiater hellhörig, wenn von einer inneren Eingebung die Rede ist, die nicht von dieser Welt sein soll. Schließlich ist der Kontrast zwischen einem Leben als Managerin und dem Leben in einem Kloster mit strenger Klausur (die Schwestern verlassen das Kloster nie) und stundenlangen Gebeten für einen zu Depressionen neigenden Menschen unmöglich zu bewältigen. Je strenger der Orden, desto stabiler müssen die Mitglieder sein. Doch die junge Managerin ließ sich nicht beirren, kündigte ihren Top-Job zum Bedauern ihres Unternehmens und trat in den Karmel ein.

Das Ganze ist nun 19 Jahre her. Die junge Frau hat nie mehr eine Depression bekommen. Sie ist einer der glücklichsten Menschen, die ich kenne, zum Bersten gesund und voller Vitalität. Fast jedes Jahr besuchen wir sie, und psychiatrisch ist sie nach wie vor völlig unergiebig. So etwas wie Stimmen hat sie auch nicht mehr gehört, und so muss die damalige Eingebung irgendetwas anderes gewesen sein als ein Krankheitssymptom. Sie erzählte mir übrigens, dass der Arzt, der sie damals vergeblich behandelt hatte, von dieser Entwicklung so frappiert war, dass er selbst zu jenem Wallfahrtsort fahren wollte.

Der amerikanische Spielfilm »The Day After« beschrieb den Tag nach der atomaren Katastrophe. Nichts war für die Menschen mehr wie vorher. Alles hatte sich geändert. Das Leben musste ganz neu beginnen. Was ist dabei vergleichbar mit dem Tag, nachdem man den Glauben an Gott gefunden hat? An Lebensroutinen ändert sich wahrscheinlich nicht viel. Man wird weiter sein Frühstücksei schätzen. Doch im Grunde ändert sich alles, und zwar viel grundlegender als nach einem Atombombenabwurf. Die ganze Orientierung des Lebens ändert sich.

Heidegger beschreibt das Leben zu Recht als »Sein zum Tode« und meint damit, dass jeder Tag im Leben eines Menschen im mehr oder weniger ausdrücklichen Bewusstsein des sicheren Todes gelebt und von diesem Bewusstsein geprägt wird. Doch dann ist das Ereignis, den Glauben an Gott gefunden zu haben, die Änderung dieses Bewusstseins hin zum Dasein als »Sein zum ewigen Leben«. Und das macht »Woom«.

Auch Edith Stein blieb nicht stehen nach der Taufe. Auch bei ihr änderte sich das ganze Leben radikal. Auch sie trat übrigens in einen Karmel ein. Die atheistische Philosophin wurde eine große Beterin und ging schließlich als getaufte Jüdin den Weg nach Auschwitz. Für intellektuelle Gottessucher sind ihre Werke noch heute eine Fundgrube.

Natürlich startet der Heilige Geist nicht mit jedem bis in den Karmel durch, keine Sorge. Der Franzose André Frossard war Atheist. Sein Vater war Mitbegründer der Kommunistischen Partei in Frankreich gewesen. Der gelassene Atheismus von Frossard war durch nichts erschüttert. Da betrat er als 20-Jähriger am 8. Juli 1935 eine kleine Kapelle in der Rue D'Ulm im Pariser Quartier Latin, um dort nach einem Freund Ausschau zu halten. Er trat, wie er später berichtete, um 17 Uhr 10 in die Kapelle ein – und um 17 Uhr 15 verließ er sie als katholischer Christ. André Frossard war nicht verrückt. Er wurde zu einem der bekanntesten Schriftsteller und Journalisten Frankreichs und im Jahre 1987 sogar in die Académie Française aufgenommen.

Er tat sich auch nicht wichtig mit diesem Erlebnis. Erst 35 Jahre danach schrieb er seinen Weltbestseller »Gott existiert. Ich bin ihm begegnet«. Darin beschreibt er, wie er auf der Suche nach einem Freund mit den Augen über die Betenden hinweggeglitten sei und an der zweiten Kerze links vom Kreuz plötzlich hängengeblieben sei, »nicht an der ersten, nicht an der dritten, sondern an der zweiten ...« Und da geschah es. Zuerst hörte er die Worte »geistliches Leben« und plötzlich hatte er ein Erlebnis von Licht, von Milde, von Ordnung im Universum, von Evidenz Gottes »die Evidenz, die Gegenwart ist, die Evidenz, die Person ist, die Person dessen, den ich vor einer Sekunde noch geleugnet habe, den die Christen unseren Vater nennen«.

Draußen fragt ihn der Freund, der etwas Besonderes in seinem Gesichtsausdruck bemerkt hatte: »Ja, was hast du denn?« – »Ich bin katholisch«, ist die für ihn und den Freund verblüffende Antwort. Es blieb kein Momenterlebnis. Frossard nahm Religionsunterricht, ließ sich taufen und starb mit 80 Jahren 1995 als bekennender katholischer Christ. Aber in einen Orden trat er nie ein ...

Solche Erlebnisse geschehen nicht bloß bei Berühmtheiten. Noch neulich traf ich einen Mann, dem es genauso ergangen war. Er war als hoher Beamter viel unterwegs. Und eines Tages in einem bestimmten Hotelzimmer, da begann er plötzlich zu glauben. Er hatte sich zwar mal mit dem Glauben befasst, aber mehr von Ferne. Es war auch nichts Außergewöhnliches an diesem Tag vorgefallen. Es war einfach passiert. Auch dieser Mann war psychiatrisch übrigens erschreckend unauffällig, sympathisch, unaufdringlich; er erzählte das Ganze mehr beiläufig.

Der Albanerin Agnes Gonxa Bojaxhiu war es ganz anders ergangen. Auch bei ihr gab es eine große Änderung in ihrem Leben. Sie war zwar schon getauft, war Christin und trat sogar in einen Orden ein. Aber irgendwie hatte sie das Gefühl, dass Gott noch etwas anderes mit ihr vorhatte. Und bei einer Eisenbahnfahrt von Kalkutta nach Darjeeling am 10. September 1946 erlebte sie den Tag der Entscheidung. So gründete sie als Mutter Teresa einen neuen Orden, die Missionarinnen der Nächstenliebe. Dieser Orden ist nicht bloß ein karitativer Orden, der den »Ärmsten der Armen«, wie Mutter Teresa immer wieder betonte, zu helfen hat. Die Schwestern treffen sich morgens zu intensivem Gebet und zur Anbetung. Mutter Teresa war der Auffassung, dass die oft zermürbende Arbeit in den Slums der Welt durch viel Gebet nicht noch schwerer, sondern überhaupt erst ertragbar sei. Burn-out-Syndrome sind bei den immer gut gelaunten Mutter-Teresa-Schwestern offenbar unbekannt.

Mutter Teresa hatte eine eigentümlich existenzielle Art der Begegnung mit Menschen. Sie hatte sehr intensive, liebevolle Augen, und sie schaute Menschen so an, als gäbe es in diesem Moment für sie keinen anderen auf der Welt. Sie hatte die besondere Fähigkeit, die auch manche Psychotherapeuten haben, nicht nur die Worte zu hören, sondern in der ganzen Haltung eines Gesprächspartners zu erahnen, was wirklich hinter den Worten steckte. In einem Interview wurde sie stark angegriffen:

»Sie lieben die Armen, und das ist gut. Aber wie steht es mit dem Reichtum des Vatikan und der Kirche?« Ihre Reaktion war typisch. Sie schaute den Reporter auf ihre Art an und entgegnete: »Sie sind nicht glücklich. Irgendetwas ärgert Sie, Sie haben keinen Frieden.« Der Reporter war verblüfft, unbeirrt fuhr sie fort: »Sie sollten mehr Glauben haben!« – »Und wie bekomme ich Glauben?«, fragte der andere. »Sie sollten beten.« – »Ich kann nicht beten.« – »Dann werde ich es für Sie tun. Aber versuchen Sie einmal, Ihren Mitmenschen ein Lächeln zu schenken. Ein Lächeln ist wie eine Berührung. Es bringt etwas von der Wirklichkeit Gottes in unser Leben.« Der Journalist hatte eigentlich nur gefragt, was »man« so fragt. Mutter Teresa hatte ihm aber nicht geantwortet, wie »man« so antwortet. Sie hatte ihm ganz persönlich auf das geantwortet, was sie in ihm wirklich erlebte. Und er hatte das verstanden. Ein andermal wurde sie von einem Journalisten gefragt: »Was muss sich ändern in der Kirche?« Sie sah dem Reporter tief in die Augen und antwortete lächelnd: »Sie und ich!«

2. Karl Valentin und die Mystik

Nicht jeder hat die Chance, Heiligen physisch zu begegnen. Doch geistlich kann man sich von den Berichten über solche Menschen anregen lassen. Gerade Papst Johannes Paul II. hat eine große Zahl von Heiligsprechungen vorgenommen, damit man sich auf seinem Weg zum Glauben oder im Glauben an konkreten Menschen aus Fleisch und Blut orientieren kann, und nicht bloß an einem Katechismus, der zwar die Glaubenslehren der Kirche erläutert und zusammenfasst, aber ein Buch ist und ein Buch bleibt. Vielleicht hat diese ausgeprägte Orientierung an vorbildlichen Menschen mit der Prägung des Papstes durch die moderne philosophische Anthropologie des 20. Jahrhunderts zu tun, die den einzelnen Menschen in den Mittelpunkt rückte. Geschichten von Heiligen haben mich in der Kindheit und Jugend sehr geprägt. So zum Beispiel die Geschichte des heiligen Damian Deveuster, eines belgischen Priesters, der auf eine Leprainsel ging, um den Leprakranken aufopfernd zu helfen, und damit bewusst das Risiko in Kauf nahm, sich selbst anzustecken, was dann tatsächlich eintrat. Auch als Erwachsener waren es immer gelebte Geschichten des Glaubens, die mich besonders berührt haben.

Atheisten können nicht nur durch das innere Gebet zum Glauben an Gott finden. Man kann einfach durch uneigennütziges Handeln diesen Weg entdecken. Der römische Offizier Martin war noch kein Christ. Da begegnete ihm plötzlich am Tor der Stadt Amiens ein frierender Bettler. Martin zügelte sein Pferd, hieb seinen Mantel in zwei Stücke, gab die eine Hälfte dem frierenden Bettler und zog weiter. Martin tat das nicht, um ein christliches Gebot zu erfüllen. Martin war kein Christ. Doch nachts sah er im Traum die gleiche Szene. Der Bettler aber war plötzlich Christus. Bald darauf ließ Martin sich taufen. Später wurde er ein bedeutender Bischof, dessen Heiligkeit bis in unsere Zeit hineinstrahlt. Es gibt also einen inneren und auch einen äußeren Weg zu Gott.

Der Philosoph Robert Spaemann ist ein nüchterner Mann. Eines Tages erzählte er mir Folgendes: Seine Frau hatte an ihrem gemeinsamen Urlaubsort einen Schlaganfall erlitten und lag im Sterben. Den Gedanken, einen 200 Kilometer entfernt wohnenden befreundeten Priester für die Sterbegebete herbeizurufen, hatte Spaemann rasch wieder verworfen, weil er dem vielbeschäftigten Priester die lange Fahrt nicht zumuten wollte. Er wollte stattdessen an einem öffentlichen Kartentelefon den Hausarzt um einen Rat bitten und dazu die Rufnummernauskunft anrufen. Er kannte nämlich weder die Nummer des Arztes noch die des Priesters. Aus Versehen wählte er statt der 1 die 0, bemerkte sofort den Fehler und wollte aufhängen und neu wählen. Da ertönte vom anderen Ende der Leitung her die Stimme des Priesters, bei dem das Telefon geläutet hatte. Spaemann sagte daraufhin: »Ich war es nicht, der bei Ihnen geläutet hat, aber ich nehme an, ich weiß, wer es war. Bitte kommen Sie, meine Frau liegt im Sterben.« Das alles geschah im Beisein seiner Tochter, die mit in der Telefonzelle war. Dass das Telefon bei einem Priester in Stuttgart läutet, weil ein Anrufer in Freising bei München an einem öffentlichen Kartentelefon versehentlich eine 0 gewählt hat, kann man wohl nur als ein Wunder bezeichnen, auch wenn man, wie Spaemann, den Gebrauch dieses Wortes an sehr restriktive Bedingungen knüpft, Bedingungen, die Spaemann veranlassen zu sagen, er habe in seinem Leben bis dahin niemals ein Wunder erlebt. Wer den Philosophen Robert Spaemann kennt, weiß, dass der ein eher zur Skepsis geneigter und höchst rational argumentierender Mensch ist, der unerschrocken stets das sagt, was er denkt. An der Glaubwürdigkeit von Robert Spaemann habe ich nicht den geringsten Zweifel. Das Phänomen bleibt unerklärbar. »Wunder muss man weitererzählen«, hat mir Robert Spaemann gesagt. Dennoch, kein Christ ist verpflichtet, an Wunder zu glauben.

Solche Ereignisse sind mehr oder weniger direkte Begegnungen mit Gott, die freilich nur wenigen Menschen geschenkt werden. Zu Beginn dieses Buches hatten wir aber schon darauf hingewiesen, dass man nach christlichem Glauben Gott in der Begegnung mit Menschen erleben kann. Solche unspektakulären Begegnungen mit »The-day-after-Christen« haben mir persönlich zum Beispiel den Zugang zum Glauben wieder ermöglicht. Sie kennen sicher solche Begegnungen, wo man im Urlaub oder bei anderen Gelegenheiten zufällig einen außergewöhnlichen Menschen trifft, mit dem man ein tiefes Gespräch führen kann.

Nach einer Talkshow sagte mir die inzwischen verstorbene Schauspielerin Elisabeth Volkmann ganz unvermittelt, wie sehr sie sich der katholischen Kirche verbunden fühle. Gerade im Mediengeschäft gibt es viele, die im persönlichen Gespräch so ganz anders sind, als man gedacht hatte, nachdenklicher, offener für existenzielle Fragen. In der oft seelenmörderischen Hektik dieser Scheinwelt spielen solche Menschen vielleicht eine bedeutende Rolle. Aber sie sehnen sich danach, in der wahren Welt keine Rolle spielen zu müssen, sondern bloß einmal sie selbst sein zu dürfen. In dieser wahren Welt stirbt man übrigens sogar wirklich, während im Fernsehen jeden Abend alte Filme laufen, in denen makabrerweise alle Rollen von wirklich Toten gespielt werden. Das heißt, wer im Fernsehen lebendig wirkt, ist in Wirklichkeit oft tot, und wer im Fernsehen beim Tatort ermordet wird, ist in Wirklichkeit putzmunter. Im Fernsehen ist alles gleich-gültig und nichts end-gültig. So sorgt das Fernsehen in gewisser Weise mit dafür, dass wir den Tod nicht mehr ernst nehmen – und das Leben auch nicht.

Beim Weltjugendtag in Köln im Jahre 2005 musste dem von allem Christlichen unbeleckten Fernsehredakteur, der für die Übertragung der Papstmesse auf dem Marienfeld verantwortlich war, die heilige Messe erklärt werden, damit er die Kameraführung professionell dirigieren konnte. Als der Weltjugendtag vorbei war, rief er den Priester an, der ihm die Eucharistiefeier erläutert hatte, und bat ihn um die Taufe. Allein eine ernsthafte Erklärung des Sinns der Liturgie hatte gereicht, um eine existenzielle Wende zu vollziehen.

Bei demselben Massenereignis waren einige christliche Indonesierinnen im Rotlichtviertel Kölns untergebracht. Jeden Morgen und jeden Abend kamen sie bei einer Prostituierten vorbei und erzählten ihr begeistert von den Veranstaltungen und von ihrem Glauben. Am letzten Tag verabschiedeten sie sich von der Prostituierten und fingen plötzlich hemmungslos an zu weinen. Als die Frau fragte, was denn los sei, brach es aus ihnen heraus: Sie seien so traurig, dass sie, die Prostituierte, diese große Freude des Glaubens nicht erleben könne. – Die Geschichte wurde nicht von den Indonesierinnen berichtet, die waren in ihr fernes Land zurückgekehrt. Die Prostituierte war es, die bald darauf bei einem Priester anrief. Sie erzählte, dass es das erste Mal in ihrem Leben gewesen sei, dass Menschen um sie geweint hätten. Und sie fragte den Priester, wie man Christin werden könne.

Doch was passiert dann the day after – am Tag danach? Nicht alle werden ins Kloster gehen, wo sie dann eine Ordensregel haben, die sagt, wo's langgeht. Andernfalls hätte das Christentum auch ein biologisches Problem. Der Glaube ist, wie Gott, keine theoretische Größe, sondern lebendig. Es geht also jetzt schlicht ums christliche Leben. Und so, wie die christliche Gottesvorstellung in Wahrheit nicht kompliziert ist, ist auch das christliche Leben im Grunde einfach.

Zunächst – wie funktioniert ein erfülltes spirituelles Leben? Wie es riskant ist zu behaupten, man würde sich mit seiner Frau immer wortlos verstehen, so funktioniert das auch bei Gott nicht. Mit anderen Worten, das möglichst tägliche Gebet ist wichtig. Wer davon ausgeht, es reiche, ein für alle Male einfach an die Existenz Gottes zu glauben, der ist wahrscheinlich bloß bis zum Gott der Philosophen vorgestoßen. Mit einem lebendigen Gott muss man auch lebendig sprechen. Dass die katholische Kirche darüber hinaus verlangt, dass man mindestens an allen Sonn- und kirchlichen Feiertagen die Messe besucht, entspricht ganz der katholischen Auffassung, dass auch eine Ehe keine theoretische Veranstaltung ist, sondern körperlich vollzogen werden muss. Es ist aber darüber hinaus nützlich, in den unvermeidlichen Zeiten innerlicher geistlicher Trockenheit wenigstens einen unveränderbaren äußerlichen Rhythmus des Lebens zu haben. Gerade in Zeiten der Trockenheit muss man unermüdlich die Felder bewässern – damit es irgendwann wieder blüht. Die Juden haben in ihrer jahrhundertelangen Zerstreuung die Erfahrung gemacht: Nicht die Juden haben den Sabbat gehalten, der Sabbat hat die Juden gehalten. Die weltweite Gemeinschaft der Juden, die in ganz unterschiedlichen Kulturen leben mussten, hielt nicht durch irgendein organisatorisches Band zusammen – das gab es nicht –, sondern durch die ehrfürchtige Feier des Sabbats in allen Ländern der Erde. Die verbindliche gemeinsame Gottesdienstfeier macht klar, dass der Glaube an Gott nicht Privatsache ist und dass die Kirche nicht vor allem eine Bürokratie ist, sondern eine sichtbare lebendige wirkliche Gemeinschaft von wirklichen Christen.

Ab und zu muss man dann aber auch mal spirituell volltanken, damit man nicht in die Lage Karl Valentins kommt: »Heute in mich gegangen – auch nichts los!« Solche gehaltvollen Reisen nach innen nennt man Exerzitien oder Einkehrtage. Es sind keine fernöstlichen meditativen Reisen nach nirgendwo, in denen man mit abnehmender Begeisterung das eigene Ich umkreist, um dann irgendwann ermüdet im Nirwana zu versinken. Solche intensiven Tage haben vielmehr konkrete geistliche Ergebnisse. Der heilige Ignatius von Loyola hat dazu ein Programm entworfen, das psychologisch genial gestrickt ist. I. H. Schultz hat das später unter anderem als Vorbild für sein weit bekanntes »autogenes Training« genommen. Top-Manager und andere kreative Führungskräfte nutzen nicht selten diese ausgeklügelte Form der Öffnung des Ich zu klarerem Blick, um nicht immer nur in der eigenen Soße zu schwimmen. Heute gibt es auch »Exerzitien im Alltag« für Leute, die einen geistlichen Weg gehen wollen, ohne zeitweilig aus ihrem Job auszusteigen. Manchem wird wirklich gute geistliche Literatur weiterhelfen, etwa Teresa von Ávila, Bernhard von Clairvaux und die Weisheit der Mystiker.

Auch »Kloster auf Zeit«, zum Beispiel in einem ganz normalen Benediktinerkloster, erfreut sich in solchen Kreisen inzwischen wachsender Beliebtheit. Die Regel des heiligen Benedikt hat das römische Ordnungsdenken und die christliche Spiritualität auf eine so fruchtbare Weise verbunden, dass sie seit 1500 Jahren bis heute an psychologischer Weisheit unerreicht ist. Und – kleiner Tipp für Sie, lieber Leser – die Regel 53 verpflichtet den Abt des Klosters, jedem Gast zu Füßen zu fallen und ihn zu behandeln, als sei er Christus selbst. Zugegeben, zu Füßen ist mir noch kein Abt gefallen, aber in den gastlichen Benediktinerklöstern Europas habe ich als finanziell knapp ausgestatteter Jugendlicher und auch später auf Reisen immer freundliche Aufnahme gefunden und manches Gespräch geführt, das mir weitergeholfen hat. Und auch nur zu wissen, dass zu den regelmäßigen täglichen Gebetszeiten alle Benediktiner der Welt im Sinne einer katholischen Arbeitsteilung auch für unsereins mitbeten, auch während Sie das hier lesen, ist gerade in den schwierigen Momenten des Lebens außerordentlich tröstlich.

3. Wie man Banküberfälle in Grenzen hält

Freilich ist es ein häufiges Missverständnis, dass Christen im Wesentlichen eine Liturgiefeiertruppe seien, die über ihre Kirchensteuer nebenher auch noch sozial engagiert ist – Rotarier für Fromme sozusagen. Als die Schriftgelehrten Jesus die alles entscheidende Frage stellten, wie man in den Himmel kommen könne, da erzählte er ihnen das Gleichnis vom barmherzigen Samariter. Dieses Gleichnis war nicht nur eine Provokation für das damalige wohlanständige Establishment, da die Samariter für Juden so ziemlich das Letzte waren. Dieses Gleichnis ist auch für jeden Christen, der es nicht schafft wegzuhören, eine Zumutung. Um in den Himmel zu kommen, muss ich persönlich dem Nächstbesten rückhaltlos helfen, der meine Hilfe braucht. Im Zeitalter des elektronischen Terminkalenders und angesichts der vielen unsympathischen Nächstbesten wirkt diese Forderung fast utopisch. Doch da ist Jesus ziemlich unerbittlich. Diese Haltung ist die Bedingung fürs ewige Leben, wobei man vielleicht noch sicherheitshalber hinzufügen muss, dass sich der liebe Gott die Entscheidung darüber, ob das in einem Leben gelungen ist, am Jüngsten Tag selbst vorbehalten hat.

Ein Christ muss *the day after* also ziemlich wach durchs Leben gehen. Die Aufforderung Martin Heideggers zur Entschiedenheit angesichts der Unwiederholbarkeit jedes Moments wird hier ausgesprochen praktisch. Sich klarzumachen, dass ein bestimmter Mitmensch es vielleicht gerade heute gebraucht hätte, dass ich ihn anlächle oder ihm sonst etwas Gutes tue – und dennoch bin ich achtlos an ihm vorbeigegangen, das ist für Christen beunruhigend. Ich kann das ja nie mehr nachholen. Ich kann diesen Menschen vielleicht morgen anlächeln. Aber das ändert überhaupt nichts daran, dass dieser eine unwiederholbare Tag seines Lebens durch meine Schuld ein trauriger Tag gewesen ist. Man hat einmal gesagt, der liebe Gott sei ein Gott der Kleinigkeiten. Das heißt nicht, dass er kleinlich ist, aber dass man nicht im Gefühl, permanent höchstpersönlich die ganze Welt erlösen zu müssen, an der konkreten scheinbar so kleinen Not vor der eigenen Nase vorbeischauen darf. Den Einsamen, den Leidenden, den Kranken, den Sterbenden in der Nachbarschaft einfach besuchen, höchstpersönlich übrigens, das ist genauso selbstverständliche schlichte Christenpflicht wie den Glauben zu bekennen und für diese Menschen zu beten. Gegenüber dem aufgeblasenen elitären Pathos der geschwätzigen Esoterik ist gutes Christentum also alltägliches Christentum, ganz einfach und praktisch. Als sich der heilige Augustinus nach einem wilden und heiligen Leben – in dieser Reihenfolge, sonst wird man nicht wirklich heilig – der Frage stellte, was man denn tun müsse, um ein guter Christ zu sein, da gab er die vielleicht kürzeste Antwort, die darauf jemals gegeben wurde: »Liebe, und tu, was du willst!« Was aber natürlich gar nicht so leicht ist, wie es klingt.

Diese Gesellschaft braucht vielleicht wie nie zuvor echte menschliche Zuwendung, nicht bloß bezahlte. Bestimmte, viel diskutierte soziologische Entwicklungen, vor allem die Lockerung der familiären Bindungen und zugleich die Überalterung der Gesellschaft, haben dazu geführt, dass die Sorge um Menschen in Not immer mehr in professionelle Hände gelegt wurde. Das war unvermeidlich. Darum muss man es aber nicht gleich bejubeln. Die jahrelangen und erst in letzter Zeit abebbenden, vielfach dümmlichen antikirchlichen Kampagnen haben vergessen lassen, dass es auch für Atheisten und Agnostiker kälter in dieser Gesellschaft wird, wenn Ordensleute, Diakonissen und andere uneigennützige Christen Menschen in Not nicht mehr helfen, und zwar nicht gegen Geld, sondern aus Menschenliebe.

Man muss auch einmal den political incorrecten Vergleich mit der kalten und sterilen Selbstverwirklichungskultur wagen, die in Besitz, Macht und Bedürfnisbefriedigung vergeblich das Heil sucht. Dagegen haben jahrhundertelang Millionen von Christen für ihren selbstlosen und opferbereiten Dienst um des Himmelreichs willen auf Familie und persönlichen Besitz verzichtet. Man hat mit pseudopsychologischen Argumenten die Selbstlosigkeit diskriminiert, dagegen für »Autonomie« plädiert, Aufopferungsbereitschaft als psychische Störung verdächtigt und im Sinne des neomarxistischen Arbeitspathos »dienen« und »Dienst« als religiöses Überbleibsel ausgemerzt, um daraus »arbeiten« und »Arbeit« zu machen. Alles wurde professionalisiert, und professionelle Hilfe verdient Bezahlung. Doch ist natürlich Hilfe gegen Bezahlung etwas ganz anderes als Hilfe aus bloßer Menschenfreundlichkeit. Nicht immer schlechter, gewiss, aber ganz sicher auch nicht immer besser. Der Mensch als Minutenwert für die Versorgung durch den Pflegedienst ist etwas anderes als ein Mensch, um den man sich umfassend und von Herzen sorgt.

Man klagt darüber, dass der soziale Kitt der Gesellschaft verloren zu gehen droht. Viele Singles, die nach einer im Verhältnis zu einer 90-jährigen Gesamtlebenszeit vergleichsweise kurzen anstrengenden Periode der Lebensabschnittspartner enttäuscht und vereinsamt in kleinen Wohnungen der Großstädte der Demenz entgegengehen, sind das trostlose Ergebnis des Traums vom unbegrenzten Glück. Im späten Mittelalter taten sich alleinstehende Frauen in den Beginenhöfen Belgiens und Hollands zusammen. Sie wohnten beieinander, hielten gemeinsame Gebetszeiten ab und waren sozial tätig. Die von Feministinnen manchmal etwas ironisch, aber auch respektvoll als »eingeschlechtliche Wohngemeinschaften« apostrophierten katholischen Orden waren in aller Regel ein Segen für die Menschen selbst und für die Gesellschaft. Vergleichbare Modelle werden heute wieder lebhaft diskutiert. Kluge Atheisten sollten im höchst eigenen Interesse mal Reklame für katholische Orden machen …

Und schließlich gibt es den berühmten Satz des Mitbegründers der »Frankfurter Schule«, Max Horkheimer: »Warum soll ich gut sein, wenn es keinen Gott gibt?« Mit diesem Satz, der auf einen Gedanken Nietzsches zurückgeht, wird deutlich, dass die heute viel beschworene Wertedebatte letztlich in der Luft hängt, wenn sie die Frage nach Gott ängstlich vermeidet. Die Frankfurter Schule hat sich um die Beschreibung der Bedingungen einer funktionierenden freiheitlichen Gesellschaft bemüht. Es gibt also nicht nur die schon erwähnte Angst des linken Atheisten Gregor Gysi vor einer gottlosen Gesellschaft, weil eine solche Gesellschaft wahrscheinlich unsolidarisch sein wird. Es gibt auch die Sorge, dass eine Gesellschaft, in der die Menschen nicht auf Grund eines durch den Glauben an Gott gebildeten Gewissens gut sein wollen – ein Polizeistaat werden könnte. Darin würde der Staat bloß mit der Methode des Strafrechts die Menschen zwingen, gut zu sein, und eine allgegenwärtige Polizei müsste das durchsetzen. Nicht dass nicht auch Atheisten ein höchst sensibles Gewissen haben und Christen gewissenlos sein können. Es geht um die Wirkung in die Masse hinein.

Nicht nur Voltaire wusste, dass man mit dem Atheismus, mit dem er persönlich spielte, keinen Staat machen kann. Natürlich beweist so etwas keineswegs die Existenz Gottes, aber es macht zumindest klar, dass die naive Zurückdrängung der Religion ins rein Private durch den Staat gefährlich ist – für den Staat, nicht für die Religion. Deswegen müssten auch die so genannten Freidenker eigentlich im Sinne einer funktionierenden Demokratie mit Nachdruck dafür sorgen, dass Kirchen als »ethosbildende Verbände«, wie der Philosoph Wolfgang Kluxen sie deswegen genannt hat, weiterhin gegenüber Kegelclubs und Tierschutzvereinen privilegiert bleiben. Nur so kann der Respekt vor der gleichen Würde jedes Menschen gewahrt werden, die sich ja nicht auf wissenschaftliche Messergebnisse gründet, sondern auf der jüdisch-christlichen Überzeugung, dass jeder Mensch geliebtes Abbild Gottes ist. Nur so kann dann auch dem scharfsinnig argumentierenden menschenverachtenden Ethiker Peter Singer wirksam widersprochen werden, der sich als Tierschützer sieht und einen Schimpansen schützenswerter findet als einen späten Alzheimerpatienten, da der Schimpanse unstreitig aktuell über mehr »Intelligenz« verfügt. Nur so also werden gerade die Schwächsten der Gesellschaft um ihrer selbst und ihrer Würde willen geachtet – und Banküberfälle halten sich in Grenzen. Mit der radikalen und konsequenten Position Friedrich Nietzsches jedenfalls sind weder der Sozialismus noch der Liberalismus, noch auch die ökologische Bewegung vereinbar. Der bis zum Letzten durchdachte konsequente Atheismus ist streng genommen politikunfähig.

Dem Christentum ist ein tyrannischer Gott fremd. Gott ist die Liebe und er ist in sich dreifaltige Gemeinschaft. Dieses Bild ist mit demokratischen Gedanken gut vereinbar, und vor allem verfügt das Christentum über einen ideologiekritischen Impuls. Wenn Gott transzendent ist, wenn er nicht identisch ist mit dieser Welt, dann verdienen innerweltliche Ziele niemals göttliche Verehrung, sind immer nur vorläufig, nie endgültig. Umso mehr müssen sich Christen dann freilich für die nie ideal erreichbare Humanisierung der Gesellschaft plagen, dafür beten und sich dabei stets bewusst bleiben, dass sie mit all ihren gut gemeinten Bemühungen irren können.

Wohin steuert das Christentum, wohin steuert zumal die größte christliche Gemeinschaft, die katholische Kirche? Der französische Schriftsteller André Malraux hat gesagt: Das 21. Jahrhundert wird religiös sein oder es wird nicht sein. Und der französische Soziologe Delumeau meinte: »Ich glaube zu erkennen, dass sich eine Spur abzeichnet, die eines verjüngten elitären Christentums.« Wer die katholischen Weltjugendtage erlebt, die regelmäßig mehr als eine Million ganz normaler, vitaler, gläubiger junger Menschen auf die Beine bringen, und wer die vielen neuen, sehr ernsthaften geistlichen Bewegungen beobachtet, wird die Diagnose einer Verjüngung vitalen Christentums bestätigen. Und wenn Elite nicht eine kleine arrogante Clique sein soll, sondern Menschen beschreibt, die *the day after* »Salz der Erde« sein wollen, dann ist auch die Rede von der Elite wohl zutreffend. In die Schar moderner Propheten hatte sich auch der Theologe Karl Rahner eingereiht, als er voraussagte: »Der Fromme von morgen wird ein ›Mystiker‹ sein ... oder er wird nicht mehr sein.« Doch ein wenig zögert man bei so viel festredentauglichem Pathos. Denn das alte fromme und hilfsbereite Mütterchen, das abends sorgfältig seine dritten Zähne ablegt, ist gewiss keine Mystikerin und wird das auch künftig kaum werden. Doch sie ist Christin, ganz gewiss, und eine vorbildliche obendrein.

Gott und die Psychologie – Berührungen

1. Ein beunruhigender Psychiater

Ich saß im prachtvollen alten Rathaussaal von Lindau. Soeben hatte Jürg Willi in jenem angenehmen Schweizer Idiom, in dem selbst die größten Katastrophen nur halb so schlimm klingen, mit seinem Seminar begonnen. Jürg Willi ist der weltbekannte Gründervater moderner Paartherapie. Seine Bücher sind in viele Sprachen übersetzt und seine Veranstaltungen stets überfüllt. Dabei neigt er, wie viele Schweizer, die ich kenne, zur Vernachlässigung jeder Rücksicht auf das, was »man« so sagt, und, wenn nötig, zu hintersinniger Provokation. Ich war davon bei den Lindauer Psychotherapiewochen schon einige Male Zeuge geworden.

Doch was ich diesmal erleben sollte, sprengte alles Bisherige: Es sollte über die Liebe gehen. Scheinbar ein selbstverständliches Thema für Psychotherapeuten, doch, wie Willi erstaunt festgestellt hatte, bisher vor allem ein Thema für Patienten, nicht jedoch für ihre Behandler. Die legten in der Regel bei Verdacht auf Verliebtheit die Stirn in Falten und faselten etwas von »regressiven Phänomenen«, »Realitätsverlust«, »psychoseähnlichem Zustand« und so weiter.

Die ökologisch-systemische Therapie Jürg Willis orientiert sich an den Ressourcen, an den Kräften und Fähigkeiten der Patienten. Und ressourcenorientiert ging er auch mit dem Thema Liebe um. Warum Therapeuten eigentlich immer die Verliebtheit beschimpften, sei gar nicht einzusehen. Der Zustand der Verliebtheit halte zumeist nicht ein ganzes Leben lang an, aber dennoch sei die Erinnerung daran und auch das zwischenzeitliche

Aufblitzen von Verliebtheit ein wichtiger stabilisierender Faktor für eine glückliche Beziehung. Das war noch alles zwar sehr anregend, aber nicht so völlig unerwartet.

Doch dann schrieb Jürg Willi plötzlich den Begriff »Person« an die Tafel, auch den Begriff »Trinität«, sprach von Jesus Christus, dem Sohn Gottes, von innertrinitarischer Liebe der drei göttlichen Personen zueinander und dass die menschliche Liebe ein Abbild der göttlichen Liebe sei. Und er sprach davon nicht religionswissenschaftlich distanziert, er sprach davon wie von einer Realität. Ich war überrascht. Ich hatte in meiner Psychotherapieausbildung manche ungewöhnlichen Erlebnisse gehabt. So etwas aber hatte ich noch nicht erlebt. Man muss dazu wissen, dass man in Psychokreisen über alles mit einer unaufgeregten Nüchternheit reden kann, von sexuellen Absonderlichkeiten jeder Art und jeden Ausmaßes bis hin zu den merkwürdigsten persönlichen Skurrilitäten, doch über Religion – redet man nie! Es sei denn negativ in Form von irgendwelchen schlimmen Erfahrungen mit bigotten Religionsvertretern oder einer nervig frommen Mutter, Tante, Großmutter etc.

Und jetzt also das! Ich beobachtete das Publikum. Psychos sind daran gewöhnt, auch in ungewöhnlichen Situationen nicht die Fassung zu verlieren und immer so zu tun, als sei das alles irgendwie ganz normal. Der Tabubruch kam gar nicht als Tabubruch an. Auch am nächsten Tag waren noch genauso viele Hörer da wie am Vortag und die Diskussion über die Bedeutung der Religion in der Psychotherapie verlief sehr interessiert, sehr offen und ohne die sonst üblichen Vorurteile. Und sie endete nicht mit einer Antwort, sondern mit einer Frage: Wie sehr muss man Religion, wenn sie denn für einen Menschen der tragende Sinn seines Lebens ist, in der Psychotherapie berücksichtigen?

Seit diesem Seminar bin ich in einer anregenden Diskussion mit Jürg Willi über das Thema Psychotherapie und Religion. Ich bin eher für eine strenge Trennung der Bereiche Psychotherapie und Seelsorge. Andererseits ist der Gesichtspunkt von Jürg Willi bedenkenswert, dass nicht nur die Liebe, sondern auch die

Religion als wirkliche Kraft für das Leben mancher Menschen von Psychotherapeuten wohl zu wenig berücksichtigt wird. Zumindest muss ein seriöser Psychotherapeut erkennen, wo seine psychotherapeutische Kompetenz an ihre Grenze kommt und er zum Beispiel an einen Seelsorger abgeben sollte, der etwas ganz anderes macht als Psychotherapie. Und diese Grenze gibt es auch für den Psychotherapeuten persönlich, den Moment jenseits der Therapie, in dem es für ihn existenziell wird und wo vielleicht auch der Psychotherapeut in die Knie geht – und der Seelsorge bedarf.

Doch was ist das dann – Seelsorge? Könnte es sogar so etwas geben wie Seelsorge für Atheisten? Mir hat da die Dialogphilosophie des jüdischen Religionsphilosophen Martin Buber weitergeholfen. Was Buber beschreibt, ist etwas völlig anderes als das banale, aber im Trend liegende Geschwätz über Dialog mit allem und jedem. Dialog heißt bei Buber die wirklich existenzielle Begegnung von Mensch zu Mensch, von Du zu Ich. Buber ist geradezu der Auffassung, dass das Ich erst am Du sich seiner selbst bewusst wird. Und wirklich, zuerst merkt das Baby nicht, dass es selbst existiert. Es merkt vielmehr, dass seine Mutter da ist und auf es reagiert, und durch das liebevolle Du der Mutter merkt es erst, dass es selbst als ein Ich existiert. Kaiser Friedrich II. hat im 13. Jahrhundert die berüchtigten Isolationsversuche angeordnet. Er hat Kinder ohne menschlichen sprachlichen Kontakt aufziehen lassen – um herauszufinden, was die »Ursprache« sei, Hebräisch, Griechisch, Latein oder etwas anderes. Das Experiment scheiterte, man bekam die Ursprache nicht heraus, denn alle Kinder – starben! Ohne den auch sprachlichen Kontakt mit Menschen kann der Mensch offensichtlich nicht existieren. So ist der Mensch von seinen ersten Atemzügen an eine dialogische Existenz – und darin Abbild des dreifaltigen Gottes, würde der christliche Theologe hinzufügen. Ein wirklicher Dialog im Sinne von Martin Buber bedeutet aber nicht bloß, irgendwie miteinander zu reden nach dem bekannten Psychiaterwitz: »Wo geht es zum Bahnhof?« – »Weiß ich auch nicht, aber Hauptsache, wir haben darüber geredet!« Dialog nach Buber heißt, sich dem anderen gegenüber wirklich zu öffnen, sich von ihm existenziell berühren zu lassen und auch selbst den anderen wirklich im Kern seiner Existenz berühren zu wollen.

So etwas ist nach meiner Auffassung das Wesen von Seelsorge. Der Seelsorger muss also auch sich selber existenziell öffnen, auch von seinem Glauben sprechen, persönlich, echt, unvertretbar und keinesfalls künstlich methodisch. Natürlich muss er dafür gewisse Grenzen einhalten. Erotische Offenbarungen wären gegebenenfalls zwar auch existenziell, gehören aber selbstverständlich nicht in die Seelsorge. Wer diese Grenze nicht einhalten kann, ist für Seelsorge ungeeignet. Doch sich nur hinter irgendeiner gelernten Psychomethode zu verstecken, über den anderen Menschen zu reden, aber von sich selbst und seinem Glauben überhaupt nichts rauszulassen, ist nicht professionell, sondern im Grunde entwürdigend für das »Seelsorgskind«, das damit als Erwachsener nicht wirklich ernst genommen wird. Eine echte seelsorgliche Beziehung hat nämlich überhaupt nichts zu tun mit einer zeitlich begrenzten, manipulativen methodischen Beziehung auf Zeit für Geld, wie ich Psychotherapie definiere.

Gibt es dann so etwas wie Seelsorge für Atheisten? Bei meinem Studium der vielen Psychotherapiemethoden fiel mir eine Methode auf, die ich im Grunde nicht für eine Psychotherapiemethode halte, sondern die existenzielle Beziehung voraussetzt. Es ist die schon erwähnte Existenzanalyse Ludwig Binswangers. Binswanger hat vor allem aus der Philosophie Martin Heideggers eine Weise der Beziehung hergeleitet, die voraussetzt, dass der »Therapeut« angesichts des Bewusstseins des eigenen »Seins zum Tode« dem »Patienten« in der Tiefe seiner Existenz wirklich und echt begegnet. Mir ist dabei bloß nicht klar geworden, wie man dafür Geld nehmen kann. Ich glaube, dass eine existenztherapeutische Beziehung genauso intensiv ist wie das, was wir gemeinhin Seelsorge nennen und was viel tiefer gehen muss, als Psychotherapie gehen darf. Wenn eine solche kostbare existenzielle Beziehung zwischen zwei Menschen wirklich gelingt, dann ist das nie das

Ergebnis einer sorgfältigen professionellen Strategie, sondern dann ist das ein Geschenk. Die Theologen nennen das Gnade. Und selbst wenn diese beiden Atheisten sind, würde die christliche Theologie einräumen, dass sie in dieser tiefen Beziehung zu diesem anderen Menschen den menschgewordenen Gott erleben können. Nirgends ist in der Bibel davon die Rede, dass die Armen, die Gefangenen, die zu Tröstenden, in denen Christus uns nicht theoretisch, sondern wirklich begegnet, getaufte Arme, getaufte Gefangene und getaufte Menschen in Not sind.

Und damit sind wir zur Frage vorgedrungen, wie und wo Gott in die psychologische Situation eines Menschen eintritt. Denn der umgekehrte Weg, mit den Methoden der Psychologie zu Gott vorzustoßen, hatte sich oben als aussichtslos erwiesen. Wie und wo berührt Gott die menschliche Seele?

Ich kann mich gut erinnern, dass es für mich eine Irritation darstellte, zu Beginn meines Studiums der Psychiatrie zu erfahren, dass es ganz normal ist, dass gewisse psychisch Kranke Stimmen hören. Durch bestimmte Behandlungsmethoden schafft man es meistens, dass diese Stimmen verschwinden. Es war klar, was das für die Beurteilung der Religion bedeuten konnte. Bei religiösen Genies aller Religionen kommt es ganz selbstverständlich vor, dass sie auch Stimmen hören. Göttliche Stimmen zwar, aber dass Gott mit ihnen rede, behaupten mitunter auch Patienten. Ich war beunruhigt. Sollte man die zündenden Erlebnisse der Religionsgeschichte schlicht auf psychotische Episoden zurückführen, und hätte die zeitige Erfindung der gegen Halluzinationen gut wirksamen Neuroleptika der Menschheit von vornherein die Religionen erspart? Hatte grundsätzlich niemand, also auch ich nicht, die Chance, durch außergewöhnliche religiöse Erlebnisse von Gott ganz persönlich angesprochen zu werden, da die Psychiater dieser Welt jedes denkbare derartige Ereignis sofort süffisant lächelnd durch eine Diagnose entlarven würden?

Ein erfahrener katholischer Psychiater steigerte meine Beunruhigung noch, als er leichthin meinte, was er am heiligen Franz von Assisi so bewundere, sei, dass der mit seiner Schizophrenie so eindrucksvoll umgegangen sei. Zweifellos, wenn ein junger Mann in abgerissenen Klamotten in dem Stadtbezirk, für den mein Krankenhaus zuständig ist, irgendwo öffentlich eine abgerissene kleine Kapelle wiederaufbauen würde und auf die Befragung durch den Beamten des Ordnungsamts, wie er denn dazu käme, antworten würde, das hätte ihm eine Stimme befohlen – wir hätten sehr schnell einen neuen Patienten bei uns. Der heilige Franz hörte von dem heute berühmten Kreuz von San Damiano die Stimme Christi: »Bau meine Kirche wieder auf!« Franz verstand das zunächst einmal ganz konkretistisch – und baute die Kapelle, in der das Kreuz hing, wieder auf.

Millionen von Menschen pilgern heute an diesen Ort. Könnte man behaupten, bei einer funktionierenden psychiatrischen Regionalversorgung im Umbrien des 13. Jahrhunderts wäre die Kirche San Damiano bis heute nicht wiederaufgebaut, der Franziskanerorden nie gegründet und der Roman »Der Name der Rose« nie geschrieben worden?

Für mich wurde die Beunruhigung durch solche Fragen zu einer fruchtbaren intellektuellen Herausforderung, mich mit den wissenschaftstheoretischen Grundlagen meines Faches Psychiatrie gründlicher zu befassen. Wissenschaft heißt, mit den Mitteln der Vernunft die Phänomene, denen wir begegnen, auf den Begriff zu bringen. Was sind im Falle der Medizin die Phänomene? Es sind die Zustände körperlichen und seelischen Leidens von Menschen. Litt Franz von Assisi in diesem Sinne? Gewiss nicht! Freilich gibt es im speziellen Fall der Psychiatrie gewisse ganz »verrückt« wirkende Menschen, die aber subjektiv an diesem Zustand keineswegs leiden. Sind diese Menschen dann nur deswegen als krank zu bezeichnen, weil vielleicht die Gesellschaft unter ihnen leidet? Gewiss auch nicht. Doch können diese außergewöhnlichen Zustände dazu führen, dass dieser Mensch durch die Art seiner Kommunikation und seiner Handlungen letztlich auch für sich selbst keine konstruktiven Ergebnisse zeitigt und dann mittel- und langfristig doch an der durch seine bestimmte Art der Außergewöhnlichkeit bedingten Isolation leidet.

Eines jedenfalls ist klar: Ohne seelisches Leiden wäre die Psychiatrie nie erfunden worden. Und schon nach Aristoteles ist die Diagnose des Arztes niemals ein Wert an sich, sondern sie ist eine zweckgebundene Erkenntnis. Der Zweck der Diagnose ist ausschließlich, leidenden Menschen zu helfen. Der einzige Zweck der Diagnose ist also die Therapie. So hat man bis heute eine Menge an psychiatrischen Diagnosen gefunden, die im Dienst all der Menschen stehen, die an ihren seelischen Zuständen leiden, weil diese Diagnosen den Weg zu wirksamen Therapien öffnen. Ohne seelisch leidende Menschen gäbe es keine Psychiatrie. Außergewöhnlichkeit allein reicht für eine Diagnose nicht aus, denn gerade die unterschiedlich außergewöhnlichen Menschen geben bekanntlich unserem Leben die Farbe und sie sind es oft, die die großen Fortschritte der Menschheit bewirkt haben.

Als Phänomen beschrieben, ist das Erlebnis des heiligen Franz von Assisi in San Damiano zweifellos außergewöhnlich. Aber eines ist gewiss: Wenn es nur außergewöhnliche Menschen wie Franz von Assisi gegeben hätte, wäre die Psychiatrie nie erfunden worden. Franz von Assisi haben seine außergewöhnlichen Erlebnisse und Fähigkeiten keineswegs in eine destruktive psychotische Isolation geführt, einen Zustand also, der von niemandem mehr verstanden werden kann. Ganz im Gegenteil: Diese außergewöhnlichen Zustände haben auf andere Menschen auf beispiellose Weise konstruktiv, begeisternd und motivierend gewirkt. Bald war ganz Europa von den Ideen des heiligen Franz erfasst. Bis heute leben Tausende von engagierten Franziskanerinnen und Franziskanern nach dem Vorbild dieses vitalen religiösen Genies. Einen diagnostischen Begriff, den man bei der Beobachtung von Kranken gefunden hat, einfach auf Gesunde zu übertragen, ist ein wissenschaftstheoretischer Fehler. Gewisse außergewöhnliche psychische Phänomene, die bei leidenden psychisch Kranken typischerweise vorkommen, können grundsätzlich selbstverständlich auch bei Gesunden vorkommen. Eine Krankheitsdiagnose ergibt sich erst aus der Würdigung aller zugänglichen Phänomene.

Dabei ist bei Franz von Assisi klar: Auch ein atheistischer Psychiater könnte hier unter Berücksichtigung der wissenschaftlichen Möglichkeiten und Grenzen der Psychiatrie niemals die Diagnose der Schizophrenie stellen. Franz von Assisi war von berstender Gesundheit. Die Stimme vom Kreuz von San Damiano hatte sich nicht einem kranken Gehirn entwunden, sie war das außergewöhnliche Erlebnis eines außergewöhnlichen, ganz von Gott ergriffenen Menschen.

Professor Heinrich begann seinen Vortrag mit der gewohnten Präzision. Die spanischen Jesuiten hätten ihn eines Tages gebeten, anlässlich eines allfälligen Jubiläums ein psychiatrisches Gutachten über ihren Ordensgründer, den heiligen Ignatius von Loyola, zu erstellen. Und sie hätten gleich zu Anfang mit aller gebotenen Zurückhaltung darauf hingewiesen, dass sie gar nichts dagegen hätten, wenn da herauskäme, dass der Jesuitenerfinder ein kleines bisschen verrückt gewesen sei. Mit leichtem Amüsement berichtete Professor Heinrich das – denn jeder, der ihn kannte, wusste, dass sein psychiatrisches Urteil stets von unbestechlicher Genauigkeit war. Kurt Heinrich ist einer der renommiertesten Psychiater Deutschlands, und er sprach vor überfülltem Saal auf dem meistbesuchten Psychiaterkongress in Köln. Was dann folgte, war eine exakte und ausführliche, unter psychiatrischen Gesichtspunkten erhobene Lebensgeschichte des Gutachtenfalls Ignatius von Loyola, ein vollständiger psychischer Befund und dann die Beurteilung.

In der Lebensgeschichte gab es allerhand außergewöhnliche Phänomene, sie gewannen allerdings nie die Ausprägung krankheitswertiger Symptome. Ignatius war immer ein extremer Mensch. Am Beginn seines Lebens von unbegrenztem oberflächlichem Lebenshunger, ein Vertreter der spanischen Schickeria des 16. Jahrhunderts, arrogant, eitel, ein Kriegs- und Frauenheld zugleich. Dann die Bombe: Beinverletzung, Krankenlager, innerliche Erschütterung, Lektüre des Ludolf von Sachsen, des Thomas a Kempis, völlige Änderung des Lebens, Entscheidung zur Gründung der Gesellschaft Jesu, des Eliteordens der katholischen Kirche, militärische Ordensorganisation mit einem »General« an der Spitze, Verfassung des Exerzitienbuchs, eines Meisterwerks des spirituellen Lebens. Ein Leben von unglaublicher Intensität unter dem Anruf Gottes.

Kurt Heinrich schilderte das alles nüchtern analysierend. Und am Schluss kam er zu dem Ergebnis: Ignatius von Loyola zeigt keinerlei Symptome einer psychischen Störung, er war vielmehr gewiss einer der genialsten Menschen aller Zeiten. Außergewöhnlichkeit gleich als krank zu diskriminieren ist spießig, jedenfalls nicht wissenschaftlich. Das war das Ergebnis der sorgfältigen psychiatrischen Untersuchung des heiligen Ignatius.

2. Ein unpässlicher Walfisch

Doch wie würden wir selbst reagieren, wenn wir tatsächlich plötzlich den Anruf oder gar die Stimme Gottes vernehmen würden? Wenn Gott wirklich existiert, dann kann das schließlich nicht unmöglich sein. Naive Menschen, die das wirkliche Leben noch kaum an sich herangelassen haben, werden sich so etwas vielleicht »total super« vorstellen: Da weiß man endlich einmal aus erster Hand, was Sache ist, wo's langgeht. Da kann das eigene seit langem schon zu wahrhaft göttlichen Dimensionen aufgepustete Ego sich mal endlich auf Augenhöhe mit dem echten lieben Gott ein spektakuläres Tête-à-Tête liefern ...

Wer im großen Buch der Menschheitsgeschichte blättert, erfährt, dass solche Hoffnungen immer schon allzu menschlich waren. Bei den alten Griechen gab es Menschen, die sich neugierig an die Tische der Götter auf dem Olymp gedrängt hatten, doch schrecklich mussten Sisyphos, Tantalos und viele andere dafür büßen. Und die Juden zur Zeit Jesu konnten es gar nicht erwarten, die machtvolle Stimme ihres Gottes auf die verachteten römischen Besatzer herunterdonnern zu hören. Der Gott, der da erhofft wurde, war stets ein Gott, der in der eigenen kleinen Lebensbilanz als erfreulicher Pluspunkt verbucht werden konnte.

In Wahrheit aber ist der allmächtige und barmherzige Gott nicht verbuchbar. Er tritt ergreifend und erschütternd in das Leben der Menschen ein, reißt sie aus allem Lebensallerlei heraus und weist ihnen kraftvoll den Weg. Mose hütet die Schafe seines Schwiegervaters am Berge Horeb, da ergeht die Weisung Gottes an ihn: »Führe mein Volk aus Ägypten heraus!« Mose weicht zunächst zurück, dann aber schlägt er alle Lebenspläne, die er wohl hatte, in den Wind und tut, was Gott ihm aufträgt. Den Propheten Jona packt schlicht die Panik, als Gott ihn ruft. So schnell er kann, macht er sich zu Schiff aus dem Staub. Das Schiff kommt im Unwetter nicht voran, und als Jona sich zur Errettung der Besatzung über Bord werfen lässt, frisst ihn ein großer Fisch, der ihn aber auf Geheiß Jahwes nach drei Tagen wieder an Land speit. Da ist Jona klar, dass er dem Ruf Gottes nicht ausweichen kann. Petrus und Andreas werden von Jesus von ihren Fischerbooten wegberufen und folgen ihm auf der Stelle nach.

Wen Gott ruft, den ergreift er ganz. Die Pläne des Menschen durchkreuzt er. Nach dem schrecklichen Attentat auf die Twin-Towers in New York sagte ein Prediger beim Gottesdienst: »Wie kann man Gott zum Lachen bringen? – Indem man ihm erzählt, was man für morgen plant.« Selbst manche Päpste des Mittelalters rechneten nicht mit einem Gott, der sie selbst ergreifen konnte, sondern auch sie träumten sich einen Gott, der für sie die anderen ergriff. Sie träumten von der Herrschaft über alle Fürsten der Erde, doch was sie erhielten, war das Desaster der päpstlichen Autorität in der großen abendländischen Kirchenspaltung. Die Päpste der Renaissance träumten von einem gesicherten Territorialfürstentum in Mittelitalien und sie bekamen die Zerstörung Roms, den schrecklichen Sacco di Roma. Die Päpste der Gegenreformation träumten von einer restlosen Unterwerfung des Protestantismus, sie bekamen den grausamen Dreißigjährigen Krieg und die Zementierung der Konfessionsspaltung. Die Päpste des 19. Jahrhunderts träumten von einer Befestigung des Kirchenstaats, sie bekamen seine Vernichtung. Dennoch war das, was dann jeweils wirklich eintrat, unendlich viel besser, als selbst ein Papst je zu träumen gewagt hätte. Aus den unendlichen mittelalterlichen Streitigkeiten um die weltliche Macht brachen sich die gewaltigen geistlichen Bewegungen der Franziskaner und Dominikaner Bahn. Der Überdruss an den Oberflächlichkeiten, den Streitereien und Intrigen der Renaissance gebar das tiefgründige Jahrhundert der Heiligen. Aus den entsetzlichen Greueln des Dreißigjährigen Kriegs entsprang die glutvolle Religiosität der Barockzeit und schließlich befreite das Ende des Kirchenstaats das Papsttum von seiner Fesselung ans alltägliche politische Geschäft zur inzwischen weltweit anerkannten geistlichen und moralischen Instanz.

Eichendorff hat es so formuliert:

»Du bist's, der, was wir bauen,
Mild über uns zerbricht,
Dass wir den Himmel schauen –
Darum so klag ich nicht.«

Wenn Gott also wirklich eingreift, und er wird sich das kaum von uns verbieten lassen, dann dürfen wir uns das nicht harmlos vorstellen und auch nicht »wunschgemäß«, so wie ein braver dienstbeflissener Handwerker seine Aufträge abarbeitet. Der allmächtige Gott ist nicht unser Angestellter. Sein Geist weht, wo, wie und wann er will. Er könnte Sie, lieber Leser, jetzt im nächsten Moment ergreifen, ganz persönlich, und ob Sie zu seinem Willen dann ja oder nein sagen, das könnte für Sie persönlich alles entscheiden. Geistesgegenwärtig leben heißt in einem solchen Sinne, für den Anruf Gottes jederzeit bereit sein.

Das schöne, aber auch beunruhigende biblische Gleichnis von den klugen und den törichten Jungfrauen macht das deutlich. Wer beim Eintreffen des Bräutigams nicht mit genügend Öl in den Leuchtern vorbereitet ist, hat keine Chance. Wer rund um die Uhr bloß mit Besitz, Macht, Bedürfnisbefriedigung beschäftigt ist und nicht wenigstens mit der Funzel seines Verstandes Ausschau hält nach dem, was wirklich trägt, der stürzt irgendwann plötzlich ins ewige Nichts. Der respektvolle Umgang von Juden mit ihren Kindern hatte auch damit zu tun, dass zumindest jeder Junge theoretisch der Messias sein konnte. Ein faszinierender Gedanke ... Gott kann jederzeit eingreifen.

»Lebendiges Leben ist, das Unerwartete zuzulassen, sich dem Moment zur Verfügung zu halten, bereit zu sein für das, was mit einem geschehen will«, diese mündliche Mitteilung des großen Theologen Hans Urs von Balthasar berichtet Jürg Willi in seinem neuesten Buch »Wendepunkte im Lebenslauf«. Und auch in diesem Buch nimmt er den christlichen Glauben ganz ernst: »Vom Ereignischarakter biblischen Lebens leitet sich eine charakteristische religiöse Haltung ab, eine Haltung des Horchens, wie sie sich besonders eindrücklich in der religiösen Kunst, insbesondere in romanischen Skulpturen von Heiligen darstellt. Diese stehen da mit weit aufgerissenen Augen und nach außen gekehrten Handflächen, ein Ausdruck des Staunens, der Behutsamkeit und der größtmöglichen Offenheit für das Angesprochenwerden ... Wie weit sind wir bereit, bedingungslos Folge zu leisten, uns in Anspruch nehmen zu lassen von dem, was an uns herantritt, auch wenn das mit persönlichem Verzicht und mit Leiden verbunden ist?« Und er zitiert die hinreißende jüdische Philosophin Simone Weil (1909–1943): »Wer mit Gott nicht eines seiner Wunschbilder empfangen will, der muss warten können – in gänzlicher Aufmerksamkeit.« Der Glaube ist nach alter christlicher Lehre keine Leistung, er wird von Gott durch den Heiligen Geist geschenkt – wenn der Mensch sich nicht absichtlich verschließt.

Vor allem waren es die Mystiker, die von dem unbegreiflichen Gott ganz ergriffen wurden und aus dieser Ergriffenheit heraus den Christen in den Orden und draußen in der Welt Orientierung gaben. Der Theologe Klaus Berger, der durch seine Werke für viele das Christentum wieder zum Leuchten gebracht hat, plädiert dafür, diese reichen spirituellen Quellen wieder für heutiges Christsein lebendig zu machen: die großen Zisterziensermystikerinnen Gertrud die Große von Helfta und Mechthild von

Hackeborn, ebenso Mechthild von Magdeburg und später Meister Eckhart, Teresa von Ávila und die vielen anderen.

Auch in unseren Tagen gibt es Mystiker. Ein enger Freund Papst Johannes Pauls II. erzählte mir von solchen tiefen Gottesbegegnungen dieses großen Beters.

Echte Mystiker haben übrigens das mystische Erleben nicht absichtlich gesucht, sondern sie haben eher versucht, solche die ganze Person erschütternden Erlebnisse nach Möglichkeit zu vermeiden. Ihr Ziel war nicht das Leben in mystischer Verzückung, sondern ein schlichtes christliches Leben. Und so haben sie ihre tiefen Erfahrungen des Berührtwerdens von Gott als Aufrufe zu einem immer entschiedeneren Christsein verstanden. Nur deswegen haben sie auch uns mystisch unbegabten Menschen etwas zu sagen. Wer sich bloß aus Neugier fürs Außergewöhnliche mit Mystik befasst, hat christliche Mystik nicht wirklich begriffen.

Aber warum könnte Gott nur durch außergewöhnliche Erlebnisse von Mystikern zu uns reden und nicht vielleicht sogar durch einen psychisch kranken Menschen? Wenn Jesus sagt, dass wir gerade in den kranken, schwachen Menschen Christus, und das heißt Gott, begegnen können, dann wäre so etwas keineswegs auszuschließen, ganz im Gegenteil. Die Alternative: Entweder es ist krank oder es ist ein »echtes« geistliches Erlebnis, gilt nicht in jedem Fall. Gewiss, wir Psychiater könnten unseren Beruf nicht verantwortungsvoll ausüben, wenn wir immer zunächst einmal der Frage nachgehen würden, ob der schizophrene Patient, der im Wahne lebt, der Prophet Jeremias zu sein, uns nicht vielleicht doch göttliche Botschaften übermittelt. Wir werden gut daran tun, ihn unter den legitimen Perspektiven der psychiatrischen Wissenschaft zu diagnostizieren und dann nach den Regeln der ärztlichen Kunst wirksam zu behandeln. Daher brauchen Christen, die psychisch erkranken, auch nicht unbedingt einen christlichen Psychiater, sondern vor allem einen guten Psychiater vor Ort, der ihr Christentum respektiert und im übrigen den Stand der Wissenschaft kennt und kompetent anwenden kann.

Dennoch ist es möglich, das, was uns in solchen psychisch

kranken Menschen begegnet, zugleich unter einer anderen Perspektive als Anruf Gottes zu deuten. Wie wir oben schon sahen, ist die Krankheitsperspektive nämlich niemals die einzige Perspektive, unter der man einen Menschen betrachten kann. Mancher psychisch kranke Mensch kann die Lage unserer Welt zuweilen hellsichtiger analysieren als der kluge Kommentator abends in den Nachrichten. Alkoholiker sind oft dünnhäutiger und damit auch sensibler als viele plumpe und robuste so genannte Normale, die im alltäglichen Leben ohne viel Federlesens über Leichen gehen. Für manchen Alkoholiker, der plötzlich nicht mehr »funktionierte«, war die Bewältigung der Krankheit sein ganz persönlicher Weg zum Glauben an Gott. Und der liebevolle Blick eines demenzkranken Menschen kann viel mehr Humanität und Würde vermitteln als der kalte Blick des örtlich und zeitlich präzise orientierten Managers, der gar nicht gemerkt hat, dass er noch nie über den Tellerrand seines verrinnenden Lebens hinausgeblickt hat. In der Antike galt die Epilepsie als *morbus sacer,* als heilige Krankheit, weil man glaubte, der Epileptiker habe im Anfall Kontakt mit der Gottheit. Gaius Julius Caesar war Epileptiker, Sokrates wahrscheinlich auch; und was wären wir ohne die unsterblichen Dichtungen Fjodor Dostojewskis, der ebenfalls Epileptiker war. Was schließlich der Apostel Paulus, der bekanntlich vor Damaskus ein Erlebnis hatte, das noch heute unterschiedlichste medizinische Deutungen erfährt, mit seinem berühmten »Stachel im Fleisch« gemeint hat, ist immer noch umstritten. Doch war es wahrscheinlich irgendein Gebrechen, das ihn keineswegs lähmte, sondern anspornte im Dienst an seinem Herrn Jesus Christus, der ihn vor Damaskus zum Apostel berufen hatte.

Wir definieren eine so genannte normale Welt, in der man anständigerweise keine Stimmen hört, die nicht von allen gehört werden können, in der man möglichst nicht über Sex, gar nicht über Geld und überhaupt nicht über Gott redet, in der man stets das tut, was »man« so tut. Es ist eine starr konstruierte Welt, in der jedes außergewöhnliche Erlebnis gar nicht mehr wirklich möglich ist, denn alles, was die Üblichkeiten sprengt, ist dann natürlich – krank. Nietzsche prophetisch in seinem »Zarathustra«: »Jeder will das Gleiche; jeder ist gleich: wer anders fühlt, geht freiwillig ins Irrenhaus.« In einer solchen Welt kann aber Gott, wenn es ihn denn wirklich gäbe, gar nicht in Erscheinung treten, er wäre ein Blindgänger, ein Fall für Feuerwehr und Ordnungsamt. Und auf die Grabsteine dieser schrecklich normalen Menschen könnte man den Spruch meißeln: »Er lebte still und unscheinbar, er starb, weil es so üblich war.«

Der »Atheismus« der Spießer ist heute das Problem, das Heer der total normalen Mitläufer, die ihr Fähnchen stets nach dem Wind hängen, ihre Meinung nach den neusten Umfragen richten und für die die Existenz Gottes folgerichtig davon abhängt, wie viele Deutsche an ihn glauben. Als ob die Mehrheit der Deutschen nicht schon an ziemlich viel Unsinn geglaubt hat und in unruhigen Zeiten nicht nur kleine Minderheiten der Hort des Glaubens an unverlierbare Wahrheiten gewesen seien.

3. Ein schüchterner Löwe

Doch gerade in solch düsteren Zeiten im Schatten entsetzlicher Verbrechen und erdrückender Schuld berührte Gott, der die Liebe ist, viele Menschen am tiefsten. Denn er offenbarte sich da besonders intensiv als aus aller Schuld und Not befreiender Gott. Ein Gott, der bloß wahr wäre, der bloß der allmächtige Schöpfer der Welt und der gerechte Garant der sittlichen Ordnung wäre, ein solcher Gott wäre zwar kein Dämon, aber gewiss auch beängstigend für uns fehlbare Menschen. Doch das Entscheidende der christlichen Offenbarung ist, dass der allmächtige Gott, der menschgewordene Gott, die Liebe ist. Und Erlösung ist daher nicht irgendein göttliches Nebenprodukt.

Ich bekenne, dass mir Predigten leider oft nicht lange im Gedächtnis bleiben. Aber an eine Predigt Ende der achtziger Jahre erinnere ich mich noch heute sehr genau. Es war eine Karfreitagspredigt im Campo Santo Teutonico in Rom. Nur über zwei Worte predigte Kardinal Ratzinger damals. Über die Worte Jesu am Kreuz: »Mich dürstet.« An diesen beiden Worten erläuterte der Kardinal das Entscheidende des Christentums. Menschwerdung, Fleischwerdung Gottes, das bedeute, dass Gott bis in die Sinnlichkeit hinein Mensch geworden sei. Eine Vorstellung, die gerade für die intellektuellen Heiden der ersten Jahrhunderte skandalös war. Und dann deutete Kardinal Ratzinger unter Rückgriff auf die frühchristlichen Apologeten und die Kirchenväter das »Mich dürstet« als den geradezu sinnlichen Durst Gottes nach der Erlösung der Menschen ...

Wo war Gott in Auschwitz? hat man gefragt. Der Philosoph Robert Spaemann hat geantwortet: am Kreuz. Nur ein für die Menschen und mit den Menschen leidender Gott hat auch im menschengemachten Horror der Vernichtungslager Bestand. Die Polin Wanda Poltawska kam mit 19 Jahren ins Konzentrationslager. Vier Jahre durchlebte sie die Hölle. Sie gehörte zu den Gefangenen, an denen die menschenverachtenden Nazi-Ärzte medizinische Versuche machten. Bakterien wurden in die Beinmuskulatur gespritzt und man beobachtete den Verlauf. Viele Gefangene starben. Wanda Poltawska überlebte.

In ihrem auch auf Deutsch erschienenen Buch »Und ich fürchte meine Träume« berichtet sie ohne jedes Pathos nüchtern über das tagtägliche Grauen. Über all das Entsetzliche verlor sie nie ihre Würde – und nie ihren Glauben. Eher am Rande erfährt man im Buch, dass sie Christin ist – weil sie das Rosenkranzgebet erwähnt. Nach dem Krieg studierte sie Medizin, um Ärztin zu werden und mit dafür zu sorgen, dass Ärzte sich niemals mehr zu solchen Verbrechen hinreißen lassen. Sie wurde eine enge Mitarbeiterin des Erzbischofs von Krakau, der sie später, als er Papst wurde, nach Rom in die Päpstliche Akademie für das Leben berief. Da habe ich die kleine, aufrechte, tiefgläubige Frau getroffen. Sie schreibt in ihrem Buch, dass ihr noch heute, wenn sie Deutsch höre, unwillkürlich ein Schauer über den Rücken laufe. Doch sie sprach mit mir sehr freundlich – deutsch ...

Der Philosoph Karl Jaspers nennt Schuld ein unvermeidliches Grundexistenzial des Menschen. Doch die Hirnforscher wollen sie heute wegeskamotieren; manche Psychologen kennen nur noch Schuldkomplexe und sogar der ein oder andere Priester versucht dem Beichtenden die Schuld auszureden. Vielleicht hat das Übermaß an menschlicher Schuld, das der sich von Gott losreißende Mensch im 20. Jahrhundert auf sich geladen hat, dazu verführt, ihre Existenz einfach zu leugnen. Doch verdrängte Schuld ist nicht fort, sie wirkt untergründig weiter. Mag sein, dass die extreme Zunahme von Angststörungen damit zu tun hat. Und wirklich, wenn es Gott nicht gibt, wenn es Schuld nicht gibt und wenn es auch keine Erlösung gibt, dann ist die Welt beängstigend. Fragen Sie Nietzsche! Wenn Adolf Hitler, Josef Stalin und Mao Tse-tung nur schuldlose Opfer ihrer Hirnfunktionen waren, dann lauert um die nächste Ecke das nächste unschuldige Grauen. Mit ein bisschen Political Correctness, ein paar Demonstratiönchen und einer Leserbriefkampagne allein wird man das nicht verhindern und vor allem nicht ertragen. Wenn es so um den Menschen stände, könnte man Goethes Mephisto nur recht geben: »Denn alles, was entsteht, ist wert, dass es zugrunde geht; / Drum besser wärs, dass nichts entstünde …« Es hilft also alles nichts; man kann nicht einfach vor der Wirklichkeit weglaufen, nicht vor der Wirklichkeit Gottes und auch nicht vor der Wirklichkeit der Schuld, man muss sich dem Drama menschlicher Schuld stellen. Dazu muss man sie zunächst einmal auch beim Namen nennen.

Der junge Priester aus gutem Hause war eher schüchtern. Er hielt sich selbst für wenig begabt und war politisch von begrenzter Urteilsfähigkeit. Vor allem galt er als untalentierter Prediger. Man hatte ihn als Kompromisskandidaten sogar zum Bischof gemacht. Doch die Amtsgnade hatte augenscheinlich noch nicht viel bewirkt. Bischof von Preysing von Berlin, der die Gefahr des Nationalsozialismus schon sehr früh erkannt hatte und sich auch öffentlich als Gegner des Regimes bekannt hatte, war manches Mal ziemlich ärgerlich über seinen schwerfälligen Amtsbruder, den Bischof von Münster, von dem hier die Rede ist, Clemens August Graf von Galen. Doch da wurde von Galen gemeldet, man ermorde geistig und seelisch Behinderte in den Kliniken und nenne das »Euthanasie«, »lebensunwertem Leben« einen »guten Tod« geben. Der Bischof war entsetzt.

Und nun geschah das Unglaubliche. Es war, als hätte Gott selbst ihn gerufen. Von Stund an sollte der träge, große Mann niemals mehr träge sein. Bischof Clemens August Graf von Galen wurde der »Löwe von Münster«. Er stieg auf die Kanzel und donnerte mit leiser Stimme, aber völlig klar und unmissverständlich gegen diese Barbarei und – er nannte die Schuld beim Namen. Die Gemeinde hielt den Atem an, auch das Mörder-Regime hielt für einen Moment den Atem an. Bischof von Galen rechnete mit allem. Er blieb trotzdem unbeugsam und erhielt sich sogar seinen Humor. Als eines Tages die Gestapo kam, um ihn abzuführen, bat er die auffällig unauffälligen Herren, sich noch eben etwas überziehen zu dürfen. Nach wenigen Minuten stand er vor ihnen – in vollem bischöflichen Ornat mit Mitra und Stab: »Meine Herren, wir können gehen ...« Man stelle sich vor: Am helllichten Tage führen zwei Herren den Bischof von Münster mitten durch die erzkatholische Stadt. Da die beiden Herren mit ihrem Leben noch nicht abgeschlossen hatten, verzichteten sie auf die Auslösung eines Volksaufstands. Und auch Adolf Hitler scheute dieses eine Mal den Skandal – und dekretierte das Ende der Euthanasieaktion. Clemens August Graf von Galen fühlte sich von Gott berufen, Schuld laut Schuld zu nennen. Das machte ihn zum Löwen von Münster.

Doch wie heute mit Schuld umgehen? Eine Zeit, die die Schuld verdrängt, hat auch einen menschlichen Umgang mit Schuld verlernt. Es fehlt inzwischen jedes Maß. Kleine Fehltritte und große Übeltaten werden gleichermaßen mit selbstgerechter Häme unerbittlich an den öffentlichen Pranger gezerrt. Und im Grunde geht es dann um die wenn nicht physische, so doch geistige Vernichtung eines Menschen.

Würde Gott genauso reagieren, hätte niemand von uns eine

Chance. Doch Jesus zeigt uns einen anderen Gott. Als er die Tochter des Jairus von den Toten erweckt, tut er es mit den Worten: *Talita kum*. Süßes kleines Mädchen, steh auf! Wir haben im Theologiestudium gelernt, dass das Wort *Talita* zu den zärtlichsten der aramäischen Sprache gehört. Und diese intensive liebevolle Zuwendung zeigt Jesus auch beim Umgang mit Schuld. Denn wirkliche Schuld ist ja eigentlich etwas Schreckliches, nicht Wiedergutzumachendes. Wenn ich jemanden gekränkt habe, dann habe ich ihm vielleicht einen unwiederholbaren Tag seines Lebens verdüstert. Diesen Tag bekommt der Betreffende niemals wieder. Wie soll ich also als Mensch mit meiner eigenen Schuld angemessen umgehen, wenn ich nichts wiedergutmachen kann? Wie soll ich meine Schuld jemals wieder loswerden? Manche Psychotherapeuten lassen Patienten ihre Schuld und ihr Bedauern darüber auf ein Blatt Papier schreiben und verbrennen es dann in einem kleinen Ritus.

Diese Geste der Hilflosigkeit gegenüber der Schuld mag manchmal psychologisch etwas helfen. Doch wer genau darüber nachdenkt, dem ist klar, dass damit die Schuld nicht wirklich verbrannt ist. Denn im Grunde könnte nur der allmächtige Gott Schuld wirksam vergeben.

Damit wird klar, was das eigentlich bedeutet, dass Jesus der Kirche die ungeheure Vollmacht hinterlassen hat, Sünden wirklich zu vergeben. Gewiss, es hat auch schlechte Beichtväter gegeben, doch welche immense befreiende Entlastung Menschen aufs Ganze gesehen jahrhundertelang durch das Beichtsakrament erfahren haben, das ist gerade aus psychologischer Sicht kaum zu ermessen. Im Beichtsakrament spricht Gott wirksam jeden einzelnen Christen persönlich an als der zärtliche erlösende Gott, der die Liebe ist. Doch ist das kein Automatismus. Auch die Beichte nimmt den freien Menschen ernst. Nur wer sich ernsthaft zu seiner Schuld bekennt und sich ebenso ernsthaft wenigstens vornimmt, solche Sünden künftig zu unterlassen, kann wirksam beichten.

Kein Maler hat den Umgang Jesu mit Schuld besser darzustellen vermocht als Jacopo Tintoretto in seinem großartigen Werk »Jesus und die Ehebrecherin«, das sich heute im Palazzo Barberini in Rom befindet. Die biblische Geschichte ist bekannt: Die Schriftgelehrten zerren eine Ehebrecherin vor Jesus und fragen ihn, was sie mit ihr machen sollen. Es ist eine Falle, denn Jesus weiß und sie wissen, dass in den Schriften steht, man solle sie steinigen. Was sich nun abspielt, ist von dichtester Dramatik. Jesus blickt den auf ihn eindringenden Schriftgelehrten ins Gesicht und – schweigt. Dann beugt er sich langsam nieder und malt mit dem Finger ruhig in den Sand. Die Schriftgelehrten sind verblüfft. Erneut dringen sie in ihn. Doch Jesus malt ungerührt weiter in den Sand. Nun fühlen sie sich provoziert und bestehen auf einer Antwort. Da richtet sich Jesus auf und spricht die berühmten Worte: »Wer von euch ohne Sünde ist, werfe den ersten Stein«, beugt sich nieder und malt wieder ruhig in den Sand. Und dann schreibt die Bibel, dass nach und nach alle weggingen. Nach einiger Zeit blickt Jesus auf und sieht, dass alle weg sind. Vor ihm steht nur noch die Ehebrecherin.

Und was nun folgt, hat Tintoretto meisterhaft dargestellt. Man sieht Jesus auf einem Stein sitzend, den Körper ein wenig nach vorne gebeugt und den Blick höchst intensiv – liebevoll, aber ernst – nur auf einen Menschen gerichtet, auf die in eitler Kleidung und Geste in diesem Moment geradezu erstarrte Ehebrecherin. Die um sie her schemenhaft wegeilenden Menschen, die sie völlig isoliert und allein zurücklassen, nimmt Jesus gar nicht wahr. Fast hypnotisch schaut er die Frau an mit einer freundlich einladenden Geste der Hand und sie schaut ihn an. In diesem Augenblick scheint es nur diese beiden Menschen zu geben. Und was Jesus jetzt sagt, hat die Bibel überliefert: »Hat dich keiner verurteilt?« Sie sagt: »Keiner, Herr.« Und nun antwortet Jesus: »Dann will auch ich dich nicht verurteilen. Geh und sündige von jetzt an nicht mehr.«

Das ist der Gott der Liebe, nicht der liebe Gott aus dem christlichen Schlussverkauf: »Heile, heile Mausespeck, in hundert Jahr'n ist alles weg …« Das ist die wirksame Vergebung von

Schuld, aber auch die ernste Aufforderung, künftig nicht mehr zu sündigen. Und aus dem Munde Jesu ist das noch mehr, es ist geradezu eine Berufung. Dass Jesus gerade Schwache und Schuldige beruft, ist ein besonderer Hinweis darauf, dass er die Erlösung allen Menschen verkündet.

Sogar in die Elite seiner Jüngerschar, ins Apostelkollegium der Zwölf, beruft er zwielichtige Gestalten, übel beleumundete Zöllner zum Beispiel. Aber diese Berufungen durch Jesus haben es in sich. Sie reißen die Menschen heraus aus ihrem Alltag. Die ergreifendste Darstellung einer Berufung in der Weltkunstgeschichte ist ebenfalls in Rom zu sehen. Der Kardinal del Monte beauftragte den jungen Maler Michelangelo Merisi, genannt Caravaggio, mit der Ausmalung der letzten linken Seitenkapelle in der französischen Nationalkirche. Sie war die Grabkapelle des Matteo Contarelli und sollte den Ruhm von dessen Namenspatron, dem heiligen Apostel Matthäus, künden. Doch was der junge temperamentvolle und eigenwillige Maler da als Altargemälde ablieferte, war für den auftraggebenden Kardinal eine Zumutung. Ein dummer Bauer bekommt durch einen Engel das Matthäusevangelium diktiert. Und dieser Bauer, der kaum des Schreibens mächtig schien – sollte nun der Namenspatron des gelehrten Verstorbenen sein, der heilige Apostel und Evangelist Matthäus! Der Kardinal war empört und forderte ein neues Bild. Caravaggio bequemte sich zu einer etwas entschärften Zweitversion, die den IQ des heiligen Matthäus allerdings nicht erheblich ansteigen lässt. Was Caravaggio, der eine Vorliebe für die Abbildung von möglichst realistischen Menschen aus dem einfachen Volk hatte, auf eindrückliche Weise darstellen wollte, war die Inspiration der Heiligen Schrift durch Gott selbst. Das Matthäusevangelium war nicht das Produkt eines cleveren Herrn Matthäus, sondern Wort Gottes, überbracht von einem wunderschönen Engel an einen ziemlich schlichten Menschen. Dass Caravaggio nichts gegen den heiligen Matthäus hatte, sieht man auf dem berühmten Bild an der linken Seitenwand, der schon erwähnten Berufung des Matthäus. Da ist Matthäus kein Bauer mehr, sondern ein prachtvoll gekleideter Zolleintreiber, der umgeben von unterwürfigen Angestellten und Kunden sein Geld auf einen Tisch zählt. Diese Darstellung wird dem Herrn Kardinal wohl besser gefallen haben – auf den ersten Blick. Denn Caravaggio hat auf geniale Weise genau den Moment erfasst, in dem Matthäus – diese seine wohlsituierte Welt verlässt. Während nämlich noch seine rechte Hand Geld auf den Tisch zählt, hat sich etwas Unglaubliches ereignet. Mit namenlosem Staunen schaut das Gesicht des Zöllners in eine dunkle Ecke des Raums, in der ein Mann steht, dessen Antlitz aber halb im Schatten liegt. Man nimmt nur seinen rechten Arm wahr mit der Hand und dem Zeigefinger, der mit Bestimmtheit auf Matthäus zeigt. Und Matthäus greift mit seiner linken Hand, mit der er fragend und zugleich erkennend auf sich selbst deutet, diese Berufungsgeste auf. Niemand sonst auf dem Bild außer ihm und Jesus hat dieses innere Ereignis bemerkt – und der Betrachter dieses Kunstwerks, der sich fragen mag, ob auch ihm so etwas zustoßen könnte.

Kaum je ist psychologisch so eindrucksvoll dargestellt worden, was Berufung eigentlich ist: plötzlich von Gott herausgerufen zu sein aus seinem bisherigen dahinplätschernden Leben, alles stehen und liegen zu lassen und einen neuen Weg zu beschreiten. Und vielleicht ist ohnehin die Kunst manchmal ein besseres Medium, um auf solche Weise das Wesentliche im Leben zum Ausdruck zu bringen, als irgendwelche dürren Worte.

Zu Anfang unseres Buches hatten wir Musik und Kunst als Bereiche beschrieben, die über das rein Materielle hinausweisen. Ob Kunst und Musik aber ganz konkret auf Gott hinweisen können, das war offengeblieben. Jetzt am Ende unseres Durchgangs durch all die Geisteskathedralen der Menschheitsgeschichte soll dieser Frage nachgegangen werden. Es ist die Frage, ob Gotteserfahrung sinnlich möglich ist, ob sich Gott durch Kunst und Musik Menschen offenbaren kann.

Kunst und Musik – Die Sinnlichkeit der Wahrheit

1. Die Schönheit wird die Welt retten

Als ich mit einem guten protestantischen Freund wieder einmal nach Venedig kam, wollte ich ihm das für mich ergreifendste Kunstwerk der Stadt zeigen: die Assunta von Tizian. Ich inszenierte das ein bisschen. Erst gingen wir in die Scuola di San Rocco nebenan und sahen dort den großartigen Bilderzyklus der Geschichte Jesu von Jacopo Tintoretto. Vor allem die gewaltige Kreuzigung, bei der der Gekreuzigte auf den Betrachter zu stürzen scheint, um ihn mit ausgebreiteten Armen in das Ereignis seiner Erlösung einzubeziehen, hinterlässt stets einen tiefen Eindruck. Jacopo Tintoretto malte in einer Zeit nach dem Konzil von Trient, da die Menschen wieder den Glauben vertieften. Nicht zuletzt von frommen Laien in Venedig war ja der Schwung ausgegangen, der zu der neuen Glaubensbegeisterung nach dem Konzil von Trient geführt hatte. Diese glutvolle Frömmigkeit atmet die Scuola di San Rocco in Venedig. Dann erst gingen wir hinüber in die Franziskanerhauptkirche I Frari, die man von der Seite betritt. Ich führte meinen Freund nicht sofort zum Hauptaltar, sondern zunächst ganz nach hinten vor das verschlossene Hauptportal. Dann forderte ich ihn auf, sich umzudrehen. Und von diesem Punkt aus sieht man sie in der Ferne über dem Hochaltar schweben: die Assunta, die Himmelfahrt von Tizian. Tief beeindruckt schritt mein Freund nun langsam nach vorne. Unten sah man die Apostel, je nach Temperament aufgewühlt, gestikulierend, ergriffen, in sich gekehrt in herrlichen Farben. Unvergesslich das glühende Rot des ihr geradezu nachstrebenden Künders der göttlichen Liebe, des Apostels Johannes, und oben im Kreis der Engel zwischen Erde und Himmel schwebend und von Gott Vater liebend erwartet – plötzlich stockte mein Freund. Bis jetzt war er davon ausgegangen, dass hier die Himmelfahrt Christi dargestellt sei. Doch nun sah er, dass es die Himmelfahrt Mariens war, die ihn da ergriff. Eine gewisse protestantische Ernüchterung trat bei ihm ein. Dennoch blieb auch bei ihm der großartige künstlerische Eindruck. Der größte Kunsthistoriker des 19. Jahrhunderts, Jakob Burckhardt, Protestant auch er, ein nüchterner Mann, hat über die Assunta geschrieben: »Die untere Gruppe ist der wahrste Glutausbruch der Begeisterung; wie mächtig zieht es die Apostel, der Jungfrau nachzuschweben! In einigen Köpfen verklärt sich der tizianische Charakter zu himmlischer Schönheit. Oben, in dem jubelnden Reigen, ist von den erwachsenen Engeln der, welcher die Krone bringt, in ganzer, herrlicher Gestalt gebildet; von den übrigen sieht man nur die überirdisch schönen Köpfe, während die Putten in ganzer Figur, ebenfalls in ihrer Art erhaben dargestellt sind. Wenn Corregio eingewirkt haben sollte, so ist er doch hier an wahrer Himmelsfähigkeit der Gestalten weit übertroffen. Der Gottvater ist von weniger idealem Typ als die Christusköpfe Tizians; vom Gürtel an verschwindet er in der Glorie, welche die Jungfrau umstrahlt. Sie steht leicht und sicher auf den noch ideal, nicht mathematisch wirklich gedachten Wolken; ihre Füße sind ganz sichtbar. Ihr rotes Gewand hebt sich ab von dem gewaltig wehenden, vorn geschürzten dunkelblauen Mantel. Der Ausdruck aber ist eine der höchsten Divinationen, um welche sich die Kunst glücklich zu preisen hat; die letzten irdischen Bande springen; sie atmet Seligkeit.«

Dass die Jungfrau Maria sozusagen vergöttlicht wurde, das wollte dem aufrechten Protestantismus meines Freundes nicht in den Sinn. Doch meint die katholische und die orthodoxe Kirche mit der Verehrung der Gottesmutter Maria keineswegs ihre Aufnahme in die göttliche Dreieinigkeit, wie C.G. Jung das naiv vorschlug. Ganz im Gegenteil. Maria wird gerade deswegen so besonders verehrt, weil sie immer ganz Mensch blieb. Gewiss, Gott hat sie aus der Sündenverstricktheit aller Menschen herausgehoben, hat sie dadurch zu etwas Ungeheurem befähigt, nämlich »Mutter Gottes« zu werden. Denn wenn Gott nicht theoretisch, bloß symbolhaft oder gerüchteweise Mensch werden wollte, dann musste er wirklich geboren werden, wie jeder Mensch. Allerdings war Maria dennoch ein freier Mensch wie wir. Sie hätte dieses unheimliche Projekt verweigern können. Doch sie verweigerte sich nicht. Und so steht ein – menschliches – Wort, ihr »fiat« (so geschehe es), am Anfang der – göttlichen – Erlösungsgeschichte. Durch die Menschwerdung Gottes sind aber dann alle Menschen in gewisser Weise auf eine Stufe mit Gott erhoben. Wir alle sind nicht nur Kinder Gottes, sondern ganz im Ernst Brüder und Schwestern Gottes, nämlich des Sohnes Gottes. Natürlich sind wir nicht Gott, wie auch Maria nicht Gott war. Aber alle Menschen sind durch die Menschwerdung Gottes in eine fast unglaubliche Nähe zu Gott gerückt. Und die Erste, die diese Nähe geradezu leiblich erlebt hat, ist Maria.

Deswegen versetzen sich viele katholische, orthodoxe und inzwischen auch protestantische Christen so dankbar hinein in Maria, die Gott in Ewigkeit so nah ist, wie wir selbst nach all dem irdischen Leid ihm für immer nah sein wollen. Kein Christ darf Maria anbeten. Sie wird auch von Katholiken nur um Fürbitte bei Gott gebeten, wie die anderen Heiligen auch und wie vielleicht auch manche unserer verstorbenen Angehörigen, denen wir im Gebet nahe sind. Übrigens wird Maria deswegen auf den meisten Andachtsbildern zusammen mit dem Jesuskind dargestellt, damit der Beter vor diesem Bild zugleich angeregt wird, den menschgewordenen Gott anzubeten, der auf dem Arm Mariens dargestellt ist.

So ist die Assunta von Tizian in I Frari in Venedig ein Lobpreis Gottes, der die Menschen erlöst hat, der sie herausreißt aus dem täglichen Allerlei in den Himmel hinein und dort liebevoll empfängt. Und die Hoffnung, die dieses Meisterwerk zum Ausdruck bringt, ist: Sie ist eine von uns, die Madonna. Während Luther in Wittenberg seine Thesen gegen allzu viel kirchliche Fesseln schrieb, malte Tizian in Venedig die großartige Befreiung des Menschen durch den gnädigen Gott an den Altar der Kirche Santa Maria Gloriosa dei Frari. 1519, nur zwei Jahre nach Luthers Thesen, wurde die Assunta unter großer Anteilnahme der Bevölkerung enthüllt. Der Glaube und die Sehnsucht der Apostel, die Freude Mariens, die Gnade des gütigen Gottes, all das war dem deutschen Reformator, der rührende Mariengebete geschrieben hat, sehr nahe. Übrigens hat mir mein protestantischer Freund Jahrzehnte nach diesem Erlebnis ein eindrucksvolles Buch über Maria geschenkt. Protestant ist er immer noch.

Wenn auch nur wenig über Maria in der Bibel steht – und viel mehr über die Schriftgelehrten –, so wäre es ein groteskes Missverständnis der Heiligen Schrift, aber auch jeder anderen Schrift, wenn man die qualitative Bedeutung der erwähnten Menschen sozusagen quantitativ messen wollte. Maria tritt in der Bibel kurz und klar auf. Sie sagt ihr »Ja« zur Verkündigung des Engels. Sie erlebt dann die vielen Ereignisse, die Jesus als Sohn Gottes erweisen, und »bewahrt alles in ihrem Herzen«, wie es heißt. Und dann, in der entscheidenden Stunde unter dem Kreuz, ist sie wieder da. Sie hält keine Rede, sie hat keinen großen Auftritt, sie ist einfach da.

Vor allem die deutsche Frömmigkeit des späten Mittelalters hat dieses gottergebene Ausharren im größten Leid mit höchster sinnlicher Drastik dargestellt. Immerhin ist ja das Zuschauen beim Foltertod des eigenen Sohnes – nicht weniger war eine Kreuzigung in Wirklichkeit – an Grausamkeit kaum zu überbieten. Maria mit sieben Schwertern im Herzen, den sieben Schmerzen Mariens, Maria mit dem Leichnam ihres Sohnes auf dem Schoß, die Pietà. Wer das heute für übertrieben hält, der kann sich nicht hineinversetzen in das namenlose Leid der Menschen in diesen Zeiten und ahnt selbst nichts von dem Leid, das auch ihn irgendwann ereilen kann. Vor diesen Andachtsbildern mit der leidenden Muttergottes knieten in all den Jahrhunderten Tausende Mütter, nachdem sie gerade ihr Kind durch frühen Tod verloren hatten, nachdem ihr Mann in einem der vielen sinnlosen Kriege gefallen war, nachdem die Pest, eine Hungersnot oder sonstige Unbill alle irdischen Hoffnungen zunichte gemacht hatte. Und von der leidenden Maria fühlten sie sich in ihrer entsetzlichen Not verstanden, sie baten sie um Fürbitte bei ihrem Sohn, den sie mit Tränen in den Augen anbeteten. Auch in Mel Gibsons eindrucksvollem Film »Die Passion Christi« ist das entsetzliche Leiden Christi vor allem im mitleidenden Gesicht der großartigen Mariadarstellerin mitzuerleben. So ist Maria immer eine von uns. Und deswegen hat Michelangelo da Caravaggio stets schlichte Mädchen aus dem Volk und keine vornehmen Damen als Vorbilder für seine Madonnen genommen. Gewiss, niemals hat die Kirche den Christen vorgeschrieben, Maria um Fürbitte anzurufen. Die Menschen haben sich diesen Weg selbst gesucht. Und weise Seelsorger haben sich liebevoll bemüht, dass die Marienverehrung nicht abglitt in Marienanbetung.

Den sonneverwöhnten Italienern waren Kunstwerke, die über sinnliche Eindrücke ganz auf innerliche Versenkung zielten, eher fremd. Darstellungen der Pietà waren deswegen der italienischen Kunst des 15. Jahrhunderts unbekannt. Als daher der französische Kardinal Jean de Villiers de la Grollaye im Jahre 1498 den blutjungen Florentiner Künstler Michelangelo Buonarroti aufforderte, für die Kapelle der französischen Könige am Petersdom eine Skulptur zu schaffen, da war es wohl seiner Kenntnis der kirchlichen Kunst nördlich der Alpen zuzuschreiben, dass er bei dem 23-jährigen Bildhauer eine Pietà in Auftrag gab. Und Michelangelo schuf ein Kunstwerk von ewiger Gültigkeit, das einzige, das er bis zur Politur vollendete. Die Pietà, die heute in der ersten rechten Seitenkapelle in Sankt Peter in Rom steht, ist der berückende und erschütternde sinnliche Ausdruck des christlichen Glaubens an den menschgewordenen, mitleidenden und erlösenden Gott. In den unruhigen Gewandfalten Mariens scheint noch das quälende Leid nachzuklingen, doch je mehr es dem Gesicht zu geht, desto ruhiger werden die Linien, und im wunderschönen jugendlichen Antlitz der Madonna ist alle Not und alles

Leid überwunden. Dieser Gesichtsausdruck ist nicht rätselhaft wie bei der Mona Lisa des Leonardo, er ist voll geheimnisvollen Wissens. Gefasst, ja fast lächelnd richtet sie den Blick auf den toten Sohn in ihrem Schoß.

In diesem herrlich modellierten toten Christus hat Michelangelo mit aller Kunst seiner Zeit und seines Genies den Menschen schlechthin dargestellt – den Menschen, dieses wunderbare Geschöpf Gottes, das aus einer Mutter geboren wird, das leidet und stirbt – und um dessen gewisse Auferstehung das Lächeln der Madonna schon weiß. Menschwerdung Gottes, Leiden, Tod und Auferstehung – die Pietà umfasst das ganze Christentum. Doch die Pietà des Michelangelo in Sankt Peter ist kein stilles Zwiegespräch zwischen Mutter und Sohn. Sie ist ein Andachtsbild, denn mit dem linken Arm lädt die Madonna uns voller Anmut ein, mit ihr zusammen in diesem Christus Gottes Sohn anzubeten. Wer dieser Einladung folgt, ist Christ. Die Pietà des tieffrommen Michelangelo gehört zu den Kunstwerken, bei deren Anblick man Christ werden kann.

Die Schönheit wird die Welt retten, sagt der Dichter Dostojewski, und der Physiker Albert Einstein wird dem hinzufügen: »Das Schönste, was wir erleben können, ist das Geheimnisvolle. Es ist das Grundgefühl, das an der Wiege von wahrer Wissenschaft und Kunst steht.« Die Pietà entstammt der tiefen deutschen Frömmigkeitstradition, und Michelangelo hat sie uns in romanischer Schönheit geschenkt. Am Vorabend der Reformation haben auf diese Weise noch einmal geistige Wahrheit und sinnliche Schönheit zusammengefunden. Als Martin Luther zehn Jahre später nach Rom kommt, wird er sie wohl gesehen haben, die Pietà. Doch nichts berichtet er davon; die sinnliche Wahrheit, die in ihrer Schönheit liegt, hat ihn wohl nicht berührt. Vielleicht wären die Geschichte der Kirche und die Geschichte Europas anders verlaufen, wenn dieser Deutsche diesen Italiener besser verstanden hätte – und die italienischen Päpste und Prälaten der Kurie frömmer vor diesem deutsch-italienischen Andachtsbild gebetet hätten.

2. Ein geheimnisvolles Gesicht

Milliarden von Christen haben vor den ungezählten Marienbildern dieser Welt gebetet. Ihre religiöse Bedeutung übertraf nicht selten bei weitem den künstlerischen Wert. Die Madonna von Tschenstochau hat die Polen in all der Not ihrer Geschichte nicht verzweifeln lassen. Und ohne das wunderbare Bildwerk der indianisch aussehenden Madonna von Guadeloupe wäre die Christianisierung Amerikas wahrscheinlich kaum denkbar gewesen. Selbst manche Kitschmadonna, vor der Menschen Trost suchten und fanden, hat mehr humane Bedeutung als das künstlerisch beachtliche Marienporträt im Bilderdepot des Louvre.

Das Fürbittgebet, das die Menschen unzählige Male an Maria richteten, das »Ave Maria«, ist genauso schlicht und kurz wie die Erwähnungen Mariens in der Bibel, auf die es Bezug nimmt: »Gegrüßet seist du Maria, voll der Gnade, der Herr ist mit dir, du bist gebenedeit (gesegnet) unter den Frauen und gebenedeit ist die Frucht deines Leibes Jesus. Heilige Maria, Mutter Gottes, bitte für uns Sünder, jetzt und in der Stunde unseres Todes. Amen.« Das Gebet endet mit der Bitte um Fürsprache Mariens in den beiden wichtigsten Augenblicken unseres Lebens. Es ist gewiss kein Zufall, dass gerade dieses Gebet sich in der Vertonung von Schubert oder Bach/Gounod besonderer Volkstümlichkeit erfreut. Es geht zu Herzen, wie man so sagt.

Das Christentum ist die sinnlichste Religion, die es gibt, denn es glaubt an die Menschwerdung, an die Fleischwerdung Gottes. Gott, das ist also nicht eine abstrakte Größe, eine Idee oder ein philosophisches Postulat. Gott hat ein menschliches Angesicht. Das Angesicht Jesu Christi. Für uns heute nach 2000 Jahren Christentum ein gängiger Gedanke, doch im Grunde etwas höchst Merkwürdiges. Und für die Christen früherer Zeiten durchaus ein Problem. Du sollst dir kein Bild von Gott machen, heißt das zweite der Zehn Gebote des Alten Testaments. Doch im Lichte der Menschwerdung Gottes wurde das neu gelesen. Zwar durften nach wie vor keine Bildwerke als Gott angebetet werden, aber als Repräsentanten des Heiligen wurden sinnliche Bilder in dieser sinnlichen Religion selbstverständlich. Irgendwann dann im 8. Jahrhundert kam im östlichen Christentum die Gegenbewegung. Fanatische Gruppen versuchten, alle Bilder hinwegzufegen. Manche hochverehrten Ikonen fanden in Italien Aufnahme. Doch der Bildersturm scheiterte, und von da an wurden die Bilder gerade in der östlichen Christenheit besonders verehrt. Schon das Malen einer Ikone ist kein technischer oder auch nur künstlerischer Vorgang. Die Ikone wird vom frommen Maler unter inständigen Gebeten »geschrieben«. So hat Gott schon im Malvorgang seine Hand im Spiel. Diese geheimnisvoll glänzenden Ikonen zeigen die Gegenwart Gottes unter den Menschen an. Mir selbst ist es mehr als einmal so gegangen: Ich blickte in die Augen einer Ikone. Ich war da. Und Gott war da.

Das wahre Abbild Christi sei gefunden. So konnte man neulich lesen. Die Geschichte klang wie ein veritabler Krimi: In einem Abruzzendorf in Mittelitalien werde seit fast 400 Jahren ein Muschelseidentuch verehrt, das das Abbild Christi zeige. Der Journalist Paul Badde hatte aber herausgefunden, dass es sich wohl in Wirklichkeit um das wahrscheinlich vor etwa 400 Jahren aus Rom verschwundene, hochverehrte, uralte, so genannte »Schweißtuch der Veronika« handeln musste, das im Grab auf dem Gesicht Jesu gelegen hatte. Menschen, die es gesehen haben, waren tief beeindruckt von dem Gesichtsausdruck Christi, den man darauf erblicken konnte. Um Kunst kann es dabei freilich eigentlich nicht gehen, denn auf Muschelseide halten keine Farben. Natürlich gibt es jetzt um die Echtheit und die Eigenart des Tuches heftige Debatten. Doch im Grunde ist die Echtheit von sekundärer Bedeutung. Dass Christen an einen Gott glauben, von dem es so ein Abbild geben *könnte*, ist die sinnliche Erkenntnis in Manoppello. Sogar der Papst hat Manoppello besucht. Er hat die Echtheit des Bildes weder bestätigt noch bestritten. Aber er hat sich selbst und alle Christen an diesem Ort sinnfällig daran erinnert, dass Gott uns in Jesus Christus sein menschliches Gesicht gezeigt hat. Und dass wir hinschauen dürfen, ohne – wie noch die Engel bei Jesaja – unser Gesicht vor dem unendlichen Glanz Gottes zu verhüllen.

Der Clou von Reliquien ist ohnehin nicht, ob sie wirklich echt sind. Das interessierte schon die mittelalterlichen Menschen nur am Rande. Der Clou ist, dass der menschgewordene Gott hier sinnlich, geradezu leibhaftig erlebbar wird. Und so hilft die Reliquie dem Beter, der vor ihr kniet, sein Gebet spirituell zu vertiefen und zugleich auf die konkrete Welt, deren Teil die Reliquie unzweifelhaft ist, auszurichten.

Ein unglaubliches Schauspiel begab sich zu Paris am 12. August des Jahres 1239. Man sah den französischen König barfuß und nur mit einem langen Hemd bekleidet ein Gefäß durch die Gassen von Paris tragen. Viel Volk stand an dem Weg, den der König nahm. Doch der König hatte nur Augen für den kostbaren Inhalt dieses Gefäßes, das er feierlich in seine Hauptstadt trug. Es war König Ludwig IX., den man später »den Heiligen« nennen sollte. Und der Gegenstand seiner ergriffenen Verehrung war eine geradezu unvorstellbare Reliquie: Es war die Dornenkrone Christi, die der König im Osten erworben hatte und nun nach Frankreich, zur »ältesten Tochter der Kirche« heimholte. Diese Dornenkrone, dieser fassbare und sichtbare Gegenstand hatte den Sohn Gottes berührt, verletzt, gequält, war damit Teil des Leidens Christi, das allen Menschen den Weg zum ewigen Leben bei Gott eröffnet hatte. Die mittelalterlichen Menschen lebten erheblich intensiver als wir, sinnlicher vor allem, wie es Johan Huizinga in seinem berühmten »Herbst des Mittelalters« meisterhaft dargestellt hat. Und die Bewohner von Paris erlebten atemlos schweigend dieses ergreifende heilige Schauspiel: Der Herrscher des stolzen Frankreichs, der damals mächtigste König Europas, hatte sich aller Insignien seiner königlichen Macht entledigt und trug demütig in eigener Person die Dornenkrone seines Herrn durch Paris.

Wo sollte er diese Kostbarkeit niederlegen? Was war ein Ort, der dieser heiligen Reliquie würdig war? Wohl nur der Himmel konnte das sein, da war der König sicher. Doch über den Himmel gebot er nicht, der mächtige Herrscher Frankreichs, nur über Menschen. Und so befahl er, eigens für diese heiligste aller Kronen den Himmel auf Erden zu schaffen, den schönsten Kirchenraum der damaligen Welt: die Sainte Chapelle auf der Île de la Cité mitten im Herzen von Paris. Als das Werk schließlich vollendet war, waren der König und der ganze Hof anwesend. Wie gebannt sahen die Volksmassen, wie ihr König, wie Ludwig der Heilige zum ersten Mal hinaufschritt in den gewaltigsten Reliquienschrein, der jemals geschaffen wurde, das gläserne Wunderwerk der Sainte Chapelle. Als er eintrat in diesen mystischen Raum, der vom vielfarbigen Licht der kostbaren ins Unendliche hochstrebenden Glasfenster durchströmt wurde, wurde der König Teil einer Welt, die dem Diesseits entrückt war.

Die Sainte Chapelle war die mit allen damals verfügbaren technischen Finessen, mit einem innigen Glauben und mit den Mitteln höchster Kunst hervorgebrachte diesseitige Darstellung des Jenseits. Die Fenster vor allem waren mit höchster künstlerischer Perfektion geschaffen. Bis ins letzte Detail waren die heiligen Geschichten hier meisterhaft erzählt, und diese prachtvollen Bilderteppiche zogen sich bis zur im Unendlichen schwebenden Decke der heiligen Kapelle.

Herrlich mussten diese filigran ausgearbeiteten Geschichten auch da aussehen – doch niemand, absolut niemand, konnte sie da sehen in dieser Zeit ohne Ferngläser. Was sollte das also? Warum schuf man höchste Kunst – die niemand betrachten konnte? Diese Frage wäre für den mittelalterlichen Menschen völlig unverständlich gewesen. Waren doch die Fenster nicht fürs neugierige Begaffen durch in späteren Jahrhunderten käferartig über solche Kunststätten herfallende Touristengruppen gemacht. Die herrlichen Glasfenster waren zur höheren Ehre Gottes geschaffen und sie waren Teil einer faszinierenden Idee. So wie der mittelalterliche Mensch diese diesseitige Welt viel intensiver erlebte als wir, so war ihm auch das Jenseits als Wirklichkeit plastisch gegenwärtig. Und wenn er den Blick erhob in der Sainte Chapelle und in den großartigen Chorhäusern der gotischen Kathedralen, dann konnte er mit seinen eigenen Augen Räume sehen, die wirklich existierten, aber die er in diesem Leben niemals würde betreten können, reale Räume von höchster Pracht mit wunderschönen Fenstern, die kein irdischer Mensch jemals würde schauen können – wie das Paradies, dessen irdische Ahnung diese Räume sein sollten. Das Paradies aber, das war die selige Schau Gottes.

Doch wie ist dieser paradiesische Eindruck noch zu steigern? Durch die Kunst natürlich, die der irdischen Materie noch mehr spottet als jene auf den Himmel hin durchsichtigen Wunderwerke aus Glas: durch Musik.

3. Was Engel in der Freizeit tun

Im Chor der riesigen Klosterkirche von Cluny, in dem ungezählte Mönche tagaus, tagein in kraftvollen gregorianischen Gesängen Gott lobten, stellten herrliche Gestalten die acht Grundtöne der Musik dar. Jede einzelne dieser um 1120 entstandenen Figuren, die sich verzückt über alles Irdische hinaussehnen, zeigt ein eigenes musikalisches Temperament. 360 Jahre später wird Melozzo da Forli die Menschheit an der Apsis der römischen Kirche Santi Apostoli mit seinen wunderschönen musizierenden Engeln beschenken, sinnlich-vergeistigte Gestalten voll prachtvoller Vitalität, die heute zum Weltruhm der Vatikanischen Pinakothek beitragen. Engel sind reine Geistwesen und sie verbinden nach uraltem Glauben das Geistige mit dem Sinnlichen, das Jenseits mit dem Diesseits, Gott mit den Menschen. Sie bringen Gottes Botschaft an Abraham, an den Propheten Elia, an Maria. Die diffuse religiöse Sehnsucht heutiger Menschen hat die Engel wiederentdeckt, die den Menschen hilfreich und zugleich mit all ihren Kräften Gott zugewandt sind. Nie hat man es sich anders vorstellen können, als dass die Engel im Angesicht Gottes musizieren. Ihre Begeisterung von Gott wird zur Musik, kann doch auch Musik zur Begeisterung von Gott führen.

So endet dieses Buch über Gott notwendigerweise mit Musik.

Der deutsche Film des Jahres 2006 hieß »Das Leben der Anderen«. Es ist ein berührender Streifen, der die Wandlung eines linientreuen Stasiagenten zum guten Menschen zeigt. Die entscheidende Wende geschieht, als der sonst immer so kontrollierte korrekte Funktionär beim Abhören seines ahnungslosen Opfers Musik hört. Der bespitzelte Regisseur spielt Klavier, und da rinnen ganz langsam Tränen aus den Augen des brillanten Schauspielers Ulrich Mühe. Von nun an ist er für seinen unmenschlichen Job verloren. Er wird zum Schutzengel seines Opfers. Der Regisseur Florian Henckel von Donnersmarck hat gesagt, die Idee zu dem Film sei ihm bei einem Leninzitat gekommen. Der habe über Beethovens »Appassionata« gesagt: »Ich kann sie nicht hören, sonst bringe ich die Revolution nicht zu Ende.« Ein starker Gedanke, der den ganzen feinsinnigen Film trägt. Musik erhebt den Menschen hier nicht irgendwie irgendwohin. Musik erhebt den Menschen hier zu einem besseren Menschsein – das übrigens, wie Kant schon wusste, in dieser Welt nicht zum Erfolg führt. Im Osten wird der zum Menschsein bekehrte Unmensch zu stupidesten Arbeiten abkommandiert, im Westen muss er Zeitschriften austragen. Eine gescheiterte Existenz sozusagen. Aber am Ende des Films möchte auch der Zuschauer diesem Weg folgen, den Musik geöffnet hat.

Zum ersten Mal in meinem Leben wollte ich vor Jahren das Requiem von Verdi hören. Es war Karfreitag, und Georges Prêtre, ein berühmter französischer Dirigent, sollte es in der römischen Oper zur Aufführung bringen. Mondänes römisches Publikum füllte die Ränge. Das Licht wurde abgedunkelt, und in diesem Moment geschah etwas Merkwürdiges. Über Lautsprecher gab es eine Ansage: »Heute ist Karfreitag, der Tag des Todes unseres Herrn Jesus Christus. Der Dirigent, das Orchester und der Chor bitten, auf jeglichen Beifall zu verzichten.« In ruhigem Ton wurde dieser Text in wohl zehn Sprachen verlesen. Dann begann das Requiem. Wer es kennt, wird verstehen, wie ergriffen ich war.

Und dann war es zu Ende. Stille. Die römische Oper schien den Atem anzuhalten. Niemand rührte sich. Man hatte nur ein geradezu unbändiges Bedürfnis: die Spannung zu lösen und zu klatschen. Doch man durfte nicht. Alles saß wie gebannt. Keiner stand auf. Der Dirigent verließ ohne auch nur einen Blick ins Publikum sein Pult. Der Chor, das Orchester verließen langsamen Schrittes in großem Schweigen die Bühne. Das Publikum blieb sitzen. Erst langsam erhob sich jemand, dann ein anderer. Schließlich gingen die Menschen zögernd, wie in Trance und schweigend zur Garderobe. Auch ich erhob mich, noch ganz ergriffen von dieser Musik. Nie mehr sollte ich so etwas erleben. Noch wochenlang war mir das Requiem von Verdi im Ohr und vielen anderen Zuhörern wird es ähnlich ergangen sein. Ich glaube, dass dieser Eindruck damit zu tun hatte, dass an jenem Karfreitag das Requiem von Giuseppe Verdi in der römischen Oper nicht, wie sonst so häufig, für den berechtigten Beifall des Publikums geboten wurde, sondern ich und wohl wir alle hatten den Eindruck, dass diese herrliche Musik mitten aus der so weltlichen römischen Oper direkt zu Gott aufgestiegen war. Und wir waren dabei gewesen.

Manche klagen heute darüber, dass Kirchen vielfach nur noch als Konzerträume genutzt werden. Doch liegt das, was da dann geschieht, wenn es würdevoll geschieht, nicht allzu weit von dem Gottesdienst entfernt, den die Engel von Ewigkeit zu Ewigkeit verrichten.

Johann Sebastian Bach hat ein musikalisches Werk hinterlassen, das wie kaum ein anderes aus tiefem Glauben heraus das Christentum in Musik übersetzte. Wem der Gott der Atheisten nichts sagt, wer den Gott der Lehrer und den Gott der Wissenschaftler hinter sich gelassen hat und wem der Gott der Philosophen keine lebendige Antwort zu geben vermochte, der mag in der gewaltigen Matthäuspassion und in der leidenschaftlichen Johannespassion des Leipziger Thomaskantors den Gott unseres Herrn Jesus Christus wirklich erleben. Wer selbst Leid erlebt hat, wer Sinnlosigkeit erlebt hat, Verzweiflung, der kann in der Matthäuspassion mit aller Emotionalität und Drastik, der die damalige Zeit mächtig war, einen Gott erleben, der all das geteilt hat und teilt und durch dieses Dunkel hindurch uns dennoch mit milder Hand kraftvoll zum erlösenden Licht hinaufführt. »O Haupt voll Blut und Wunden, voll Schmerz und voller Hohn, o Haupt, zum Spott gebunden mit einer Dornenkron, o Haupt, sonst schön gekrönet mit höchster Ehr und Zier, jetzt aber frech verhöhnet: gegrüßet seist du mir.« Und aus der Anbetung wird das Lied zum existenziellen Bittgebet: »Wenn ich einmal soll scheiden, so scheide nicht von mir. Wenn ich den Tod soll leiden, so tritt du dann herfür. Wenn mir am allerbängsten wird um das Herze sein, so reiß mich aus den Ängsten kraft deiner Angst und Pein.«

Der große evangelische Theologe Karl Barth hat einmal gesagt, er sei zwar sicher, dass die Engel in ihrer Dienstzeit Bach darbieten würden. In ihrer Freizeit jedoch würden sie gewiss Mozart spielen. Das Genie Mozarts hat es verstanden, in seiner Musik alle pralle Lust am diesseitigen Leben und alle unerschütterliche Hoffnung auf ein ewiges Leben bei Gott mitreißend zum Ausdruck zu bringen. Der Komponist der Arien des lebensfrohen Papageno schreibt auch das Laudate Dominum in seinen »Vesperae solemnes de confessore«, das wohl kaum einen Menschen unberührt lässt und die Seele zu Gott erhebt. Auch Mozart hat am Ende seines Lebens ein ergreifendes Requiem komponiert, das, so unvollendet wie er selbst, sein eigenes Requiem werden sollte. Doch in jedem Ton verheißt diese Totenmesse die sichere ewige Vollendung. Kann man sich vorstellen, dass diese Musik irrt?

Der Philosoph Robert Spaemann hat kürzlich einen grammatischen Gottesbeweis vorgelegt. Wenn es keinen Gott gebe, dann könne man nicht mehr wirklich sagen: Es wird irgendetwas gegeben haben. Denn irgendwann wird es niemanden mehr geben, der sich erinnern kann, und das wäre dann auch das Ende aller Vergangenheit. Es wird dann Sie, lieber Leser, und mich, den Autor dieses Buches, nicht gegeben haben. Weil es niemanden mehr gibt, für den es etwas gibt oder gegeben hat. Ein kaum ausdenkbarer Gedanke. Es wird aber dann auch Bach nicht gegeben haben, Mozart nicht und all die anderen Himmelsstürmer. Doch gelingt es Ihnen, lieber Leser, sich vorzustellen, dass diese Musik irgendwann einmal nicht mehr besteht, dass auch das, was sie auslöst, bloß ein hormongesteuerter Irrtum sei, der für alle Ewigkeit vergeht? Nur wenn es Gott gibt, wird »kein Wort einmal ungesprochen sein, kein Schmerz unerlitten, keine Freude unerlebt«. Nietzsche-resistent hat Robert Spaemann diesen Gottesbeweis genannt, und Nietzsche selbst hat gesagt: »Ich fürchte, wir werden Gott nicht los, weil wir noch an die Grammatik glauben.«

Musik ist materiell nicht festzumachen, sie besteht nicht aus dem Notenpapier, es sei denn, man verwechselte die Speisekarte im Restaurant mit dem Menü, das auf dem Teller serviert wird. Musik ist der existenzielle Beweis, dass es etwas Immaterielles gibt und dass das gut sein und Bestand haben kann. Wir billigen der Welt oft mehr Ewigkeit zu, als ihr zukommt, der Tagesschau zum Beispiel, die es ab dem Tag nach unserem Tod für uns in Wirklichkeit niemals mehr geben wird. Doch in Wahrheit berühren wir nicht in der Tagesschau die Ewigkeit, sondern in wirklich gelebter existenzieller Liebe zu Menschen und auch in wirklich erlebter, über alles Begreifen hinausgehender ergreifender Musik. Und diese Ewigkeit hat Bestand.

Wem schließlich Argumente wenig besagen und wer sich am Ende seines unruhigen Lebens Musik anhört, die ihn ergreift, etwa den zweiten Satz der »Pastorale« von Beethoven, die erquickende Ruhe nach dem Sturm, der mag sich dann fragen, ob er nicht doch vor seinem letzten Atemzug noch zu Gott, der so lange geduldig auf ihn warten musste, beten möchte.

Das Buch begann mit der – heidnischen – Totenklage um Lady Diana. Wenige Tage nach Lady Diana starb in Kalkutta Mutter Teresa, der Engel der Armen. Eine ganz andere Totenfeier wurde da in alle Welt übertragen. Fast heiter sah man die Schwestern des Ordens von Mutter Teresa sich um die Gäste kümmern. Man hatte merkwürdigerweise keinen Moment lang den Eindruck, diese ihre engsten Mitarbeiterinnen vermissten Mutter Teresa, denn sie waren sichtbar gewiss, dass ihre Ordensgründerin nun bei Gott sei – und um ihre Fürbitte angerufen werden könne. Diese Fürbitte hat seitdem schon vielen Menschen geholfen.

Höhepunkt dieser Totenfeier war natürlich die heilige Messe. Bei jeder heiligen Messe versammelt der Priester ausdrücklich alle Engel und Heiligen um den Altar, der ewige himmlische Gottesdienst und die irdische Feier vereinigen sich in einem Moment. Und wenn die Messe besonders feierlich ist, wird sie gesungen. Eine solche Messe in einer gotischen Kathedrale ist ein wahrhaft ganzheitliches Schauspiel. Denn was man hört, das sieht man da zugleich: ein Abbild des Himmels. Doch der Höhepunkt des christlichen Glaubens ist nicht die ästhetische Ergriffenheit bei einer Messe in der Sainte Chapelle. Mutter Teresa hat einmal gesagt: »Ich weiß nicht genau, wie der Himmel sein wird, aber ich weiß, dass, wenn wir sterben, und es kommt die Zeit, dass Gott uns richtet, er uns nicht fragen wird: Wie viele gute Sachen hast du in deinem Leben gemacht? Er wird uns eher fragen: Mit wie viel Liebe hast du das getan, was du getan hast?« Und ein andermal sagte sie: »Es ist wichtig, Gott zu finden. Und er kann nicht im Lärm und in der Rastlosigkeit gefunden werden. Gott ist ein Freund der Stille. Sieh doch, wie die Natur in Stille wächst: die Bäume, die Blumen, das Gras. Sieh die Sterne, den Mond und die Sonne, wie sie in Stille ihre Bahnen ziehen. Wir brauchen Stille, um fähig zu werden, Seelen zu berühren ...«

Nachwort

Dieses Buch ist ein sehr subjektives Buch, denn das Thema »Gott« fordert jeden Menschen ganz persönlich heraus. So werden verschiedene Menschen, wenn sie ein Buch etwa über Adler schreiben müssten, zu sehr ähnlichen Ergebnissen kommen. Wenn die gleichen Menschen jedoch über Gott schreiben sollten, würde gewiss jeder ein jeweils ganz anderes Buch verfassen. Daher ist es kaum verwunderlich, dass jeder Leser in diesem Buch bestimmte Aspekte vermissen und andere Gesichtspunkte überbetont finden wird.

Manch einer wird nicht nur am Inhalt, sondern auch an der Form Anstoß nehmen. Im Deutschen ist es üblich, ernsthaft über Ernstes zu reden und zu schreiben. Alles andere ist bestenfalls Kabarett, schlechtestenfalls Comedy und schlimmstenfalls Büttenrede. Im Angelsächsischen ist das ganz anders. Da ist man es gewohnt, über sehr ernste Themen durchaus auch humorvoll zu reden. Und ich gestehe, dass ich hier als kurzzeitig britisch besetzter Rheinländer einer angelsächsischen Mentalität näher stehe. Da ich bei ernsten Vorträgen zu ernsten Themen schnell ermüde, kommen mir selbst bei tiefsinnigen Vorträgen zwischenzeitlich immer wieder leichtsinnige Dinge in den Sinn, und die flechte ich dann auch ein. So kann ich mich – und mein Publikum – auch bei ernsten Vorträgen wach halten. Beim Thema Gott habe ich es eigentlich für unmöglich gehalten, diesen aufgelockerten Stil beizubehalten. Er hat sich dann aber doch irgendwie ergeben. Wen das allzu sehr befremdet, für den ist dieses Buch also nichts.

Im Kölner Karneval gab es eine Figur, die hieß »de Trööt«. Da kam dann ein Mann mit einer gewaltig großen Tuba auf die Bühne und erklärte umständlich, dass er jetzt darauf blasen wolle, wie er das genau machen werde und warum das jetzt doch nicht ginge. Nach 20 heiteren Minuten verließ er die Bühne – ohne einen einzigen Ton geblasen zu haben. Diesem Buch hier fehlt diese »Metaebene«, ich habe absichtlich nichts darüber geschrieben, wie man »die Menschen von heute« ansprechen sollte …

Schließlich sei noch erklärt, dass ich unter »die Kirche« in der Regel die katholische Kirche verstehe, zu der ich mich bekenne und bei der ich mich daher am besten auskenne. Meine vielen guten protestantischen Freunde werden freilich vieles von dem, was ich hier schreibe, genauso sehen. Entschuldigen muss ich mich bei »den Theologen«. Sie wurden manchmal allzu pauschal kritisiert. Getraut habe ich mich das nur, weil ich selbst einer bin. Auch als ich in meinem vorherigen Buch »Lebenslust« die Chefärzte auf die Schippe nahm, war das ohne Peinlichkeit nur möglich, weil ich selbst Chefarzt bin. Wenn Humor aber die Fähigkeit bedeutet, sich auch selber mal in Frage zu stellen, dann ist das für Ärzte und auch für Theologen eine gute Sache. Denn Ärzte, die ihre einmal gestellten Diagnosen für unfehlbar halten, sind eine Gefahr für ihre Patienten, und Theologen, die sich bloß als »Geheimräte Gottes« aufspielen, wie Walter Kasper das einmal schön karikiert hat, und so daherreden, als seien sie selbst der liebe Gott persönlich, gründen höchstens Sekten und helfen niemandem.

Die Theologie ist heute eine mühsame Disziplin geworden. Die Öffentlichkeit liebt eher die schrillen Gestalten, die laut »Skandal« rufen und der eigenen Kirche ausdauernd die Leviten lesen. Die Hunderte von redlichen Theologen werden kaum beachtet, die fleißig und auf hohem Niveau ihre wichtige Arbeit tun, um mit dem Licht der Vernunft heutigen Menschen den Glauben verständlich zu machen und das kostbare Glaubensgut weiterzutragen. Bis in die jüngste Zeit haben sie ansprechende Theologien hervorgebracht, denen auch dieses Buch viel verdankt, auch wenn sie hier nicht eigens entfaltet werden konnten. Diesen Theologen und auch den vielen Religionslehrern, die das alles »an der Front« umsetzen und keineswegs in verschwiegenen

Kellerbars Verschwörungen anzetteln, gebührt zweifellos Dank und Respekt.

Und auch zur *Vetula*, dem alten Mütterchen des heiligen Thomas von Aquin, sei noch ein Wort gesagt. Natürlich ist dieser historische Begriff nicht irgendwie sexistisch, sondern höchst respektvoll und liebevoll gemeint.

Umgekehrt mag man mir von anderer Seite vorhalten, zu viel Respekt vor Atheisten gezeigt zu haben. Doch habe ich so viele gute atheistische Freunde, die sich tiefe Gedanken über das Leben machen und uneigennützig leben, dass ich über Atheismus nicht einfach bloß theoretisch reden kann.

Danken möchte ich noch den Menschen, die das Manuskript Korrektur gelesen haben und denen das Buch manche Verbesserung verdankt. Besonders erwähnen möchte ich den Wissenschaftshistoriker Prof. Ernst-Peter Fischer, die Philosophen Prof. Robert Spaemann und Prof. Jörg Splett, die Theologen Prof. Wilhelm Breuning, Prof. Wendelin Knoch, Prof. Hans Waldenfels, Prof. Bertram Stubenrauch und Prof. Michael Schulz und viele andere. Sie alle haben dafür gesorgt, dass trotz des saloppen Stils hoffentlich nichts Falsches im Buch steht. Dennoch habe ich streng darauf geachtet, dass keine Theologensprache auftaucht. Das mag für Theologen selbst manchmal irritierend wirken. Mein Diplomvater Prof. Wilhelm Breuning meinte zu dem mitunter etwas hemdsärmeligen Sprachstil: »Ich habe an einigen Stellen geschluckt – aber dann war es runter …« Dafür danke ich den Theologen – zum hoffentlichen Nutzen des geneigten Lesers.

Ganz am Schluss beschleicht mich dann noch einmal die Sorge, dass man die unbestreitbaren Defizite dieses Buches zum Anlass nehmen könnte, nun endgültig die Suche nach Gott aufzugeben. Dazu kann ich nur noch einmal versichern, dass dieses Buch ein sehr subjektiver Versuch ist. Es gibt viele andere und gewiss bessere …

Manfred Lütz

Lebenslust

Über Risiken und Nebenwirkungen des Gesundheitswahns

Eine Anleitung zum glücklichen Leben

Unsere Vorfahren bauten Kathedralen, wir bauen Kliniken. Unsere Vorfahren retteten ihre Seele, wir retten unsere Figur. Keine Frage, wir haben eine neue Religion: *die Gesundheitsreligion*. Im Dienste der Gesundheit ruinieren wir unser Gesundheitssystem. Wir kasteien uns selbst mit Diät- und Fitnessterror und vergessen darüber fast, was das Leben ausmacht. Höchste Zeit für eine lustvolle Verteidigung der Lust.

»Manfred Lütz lehrt mit Witz die Kunst zu leben und zu sterben.«
Frankfurter Allgemeine Zeitung

288 Seiten, Hardcover mit Schutzumschlag
ISBN 978-3-426-27409-5

Robert Spaemann

Der letzte Gottesbeweis

Kann man die Existenz Gottes beweisen?
Oder sind wir dabei allein auf den Glauben angewiesen?
Und ist der Glaube an Gott vernünftig?

Schon Plato und Aristoteles beschäftigten sich mit diesen Fragen und kamen zu dem Schluss: Gottesbeweise sind denkbar.

Der Vortrag, dessen Text der Pattloch Verlag hier, zusammen mit einem gelehrten und erhellenden Beitrag über Gottesbeweise von Rolf Schönberger, herausbringt, trägt den Titel »Die Vernünftigkeit des Glaubens an Gott«. Am Ende des Textes steht ein Argument, das diese Vernünftigkeit zeigen soll und sich etwas großspurig als »letzter Gottesbeweis« präsentiert. Genau genommen ist ein rationales Argument dafür, etwas zu glauben, nicht dasselbe wie ein Beweis. Pascals »Wette« war ein Argument, an Gott zu glauben. Kants »Postulat« war ebenfalls ein solches Argument. Mein Argument sollte in dieser Reihe gesehen werden.
Robert Spaemann

127 Seiten, Hardcover mit Schutzumschlag
ISBN 978-3-629-02178-6

PATTLOCH